中外教育名著导读书系

U0629105

# 卢梭《爱弥儿》 的教育思想

李清雁  著

吉林文史出版社

图书在版编目（CIP）数据

卢梭《爱弥儿》的教育思想 / 李清雁著. —— 长春：
吉林文史出版社，2013.11（2021.6 重印）
（中外教育名著导读书系）
ISBN 978-7-5472-1785-6

Ⅰ.①卢… Ⅱ.①李… Ⅲ.①卢梭，
J.J.（1712~1778）– 教育思想 Ⅳ.①G40-095.65

中国版本图书馆CIP数据核字(2013)第275067号

# 卢梭《爱弥儿》的教育思想

LUSUOAIMIERDEJIAOYUSIXIANG

著/李清雁

责任编辑/高冰若

封面设计/李岩冰　董晓丽

印装/三河市燕春印务有限公司

开本/720mm×1000mm　1/16

字数/170千字

印张/11.5

版次/2013年12月第1版　2021年6月第6次印刷

出版发行/吉林文史出版社（长春市福祉大路5788号）

书号/ISBN 978-7-5472-1785-6

定价/39.80元

# 目录

# 第一部分

## 解读卢梭

    不理解卢梭为人就不可能对《爱弥儿》有深刻的理解，卢梭的特异性格和充满了坎坷的一生，都能为《爱弥儿》找到很好的注解。一个人的一生相比于人类的历史是极其的短暂而渺小，但是一个伟人的一生不仅在创造着历史，也在改写前人的历史，引领后人的历史发展。在历史的天空中，从来不乏星光耀眼的哲人和英雄，他们的思想与功绩在当时就被人传颂，即使因着各种各样的原因不能在当时闪耀于社会，但他们的光芒也不会被尘埃遮蔽，终将流芳百世。后人在前行之中，总是不忘要到他们那里去寻找精神的力量和行动的根源，他们的真知灼见和带有预见性的判断，也真的不辜负后人的期望，后人总是能从他们那里得到启迪和昭示，继续书写人类历史的画卷，而他们也就成为人类历史长河中不可磨灭的功勋，时常被后人提起和研读，将他们的思想发扬光大、福泽后世，卢梭就是他们当中的一位巨人。人不能拔着自己的头发离开地球，思想巨人的诞生也不是一蹴而就的，如果说丰厚的沃土才能长出肥美的庄稼，那么一个人的成就绝对不能离开他所赖以生存的社会时代背景，不能离开他所经历的人生轨迹，更不能脱离他成长之中的心路历程与思想脉搏。解读卢梭这个人，也是在解读他所生活的那个时代，他所走过的成长之路，他内心世界的渴求与表达。

# 第一章　卢梭生活的时空背景

卢梭生活在 18 世纪，他的祖籍是法国，出生在日内瓦，年少时曾在欧洲多个国家之间流浪，成年后常定居于巴黎，因此法国的风土人情对卢梭的影响占据相当重要地位。了解一个人不能不了解他所生活的国家和他所归属的民族，了解一个国家和民族不能不了解这个国家和民族所处的地理位置和历史，同时了解一个人还不能不了解这个人所生活的时代背景和当时社会的发展变化。我们解读卢梭，首先要了解卢梭生活的那个时代，那个时代他生活的国家状况，他生活于其中的那个国家地理和历史，这样有助于我们对卢梭这个人的全面理解和深刻把握。关于人和地理环境之间关系的理论认为人类的身心特征、民族特性、社会组织、文化发展等人文现象受自然环境，特别是受气候条件支配。早在古希腊时代思想家已开始注意人与气候的关系，希波克拉底、柏拉图和亚里士多德等人都认为，人的性格和智慧由气候决定。18 世纪法国启蒙思想家孟德斯鸠在《论法的精神》中接受了古希腊学者关于人与气候关系的思想，以气候的威力是世界上最高威力的观点为指导，认为地理环境，特别是气候、土壤和居住地域的大小，对于一个民族的生理、心理、性格、风俗、道德、精神面貌及其法律性质和政治制度都具有影响作用。19 世纪中叶，英国历史学家 H.T. 巴克尔认为气候是影响国家或民族文化发展的重要外部因素，德国地理学家 F. 拉采尔在 19 世纪末叶发表的著作《人类地理学》认为，人和动植物一样是地理环境的产物，人的活动、发展和抱负受到地理环境的严格限制。进入 20 世纪后，人们逐渐认识到，在人与环境的关系中，人是主动的，是环境变化的作用者。地理环境对于人的存在和发展、对于社会存在和发展的重要意义是不可忽视的，但不能把地理环境对社会发展的影响和作用夸大为决定作用。卢梭所生活的法国，不仅有着得天独厚的自然环境，还有着漫长而悠久的历史、辉煌灿烂的文化，充满着自由与浪漫的气息，成就了卢梭等一代文化名人。

## 一、法国的自然与人文

中国有句古典名言：一方水土养一方人。人作为大自然之子，生活在天地宇宙之中，尽享大自然的熏陶教化，人的成长历程中离不开养育他的那方水土，山水至纯行无言之教，大自然作为蕴藏无限奥妙与道行的教科书，呈现千变万化之神韵，哺育人类的生存智慧与生息繁衍的聪明才智。在与自然的和谐相处之中，自然秉性赋予了在这一方水土上生生不息的人们独特性情，还赐予了人们看待世界的独特视角和解决问题的思维方式，并由此形成了这个民族的人文情怀与社会组织架构。大自然赋予人类的基因中不可避免地打上了它的深深烙印，人的血脉之中流淌着天地之气所凝聚而来的精神，这种精神世代相传逐渐形成了这个地域的民族所共有的文明基因，刻入到人们的心理和现实生活之中。

### （一）地理位置和行政区划

法国，全称称法兰西，位于欧洲大陆西部，国土面积约55万平方公里，居欧洲第二，居世界第37位。法国人总是把他们的国土比作鬼斧神工塑造而成的神奇的六边形，西北、西、西南三边濒临大西洋和地中海。领土除法国本土外，还有地中海中的科西嘉岛，以及沿法国海岸线分布在大西洋的小岛。法国地理位置优越，处于世界西半球的中心位置，与世界其他国家联系比较便捷，是沟通北海和地中海的陆桥，是西欧通往南欧、非洲及亚洲的交通要道，欧洲大陆与北美洲的往来也常取道法国。现今法国由22个大区组成，包括科西嘉岛、海外省、特殊地位的海外领地，还有领土共同体。每个大区包括若干省份或县，每个省份被分成一些规模不同的市镇。市镇是法国最小的行政单位，由市长领导市政委员会管理一个城镇、村庄或几个村庄。省是法国主要行政单位，省长是省的最高行政长官，对外代表省政府，对内负责执行省议会的决议。

卢梭生活的18世纪法国行政区划很混乱和复杂，法国当时没有统一的法典，除了必须遵守的国王法律外，基本实行地方习惯法。行政区划上还保留着罗马帝国时代的教区，16世纪设立的军事区，留存下来几百年前形成的司法区，国家内部还没有统一，法国还是一些不相联属的民族无组织的集合。

富裕的资产者使法国城市成为全欧洲的典范，18 世纪法国各处的城市都在发展，其风格是庞大、空敞、自由、和谐和实用。当时国王在巴黎修建了漂亮的林荫道，铺筑和装饰了宽阔的路易十五广场，当时流行一种风尚就是对建筑进行各种各样的装饰，巴黎成为建筑艺术、城市设计等时髦风尚和艺术的中心，艺术品进入法国人的日常生活，城市已经成为人们生活自由幸福的空间，整个欧洲都在模仿巴黎。

**（二）地势和河流**

法国地势的特点是东南高西北低，东部是阿尔卑斯山地和侏罗山地；中南部为中央高原；西南边境有比利牛斯山脉；中央高原和比利牛斯山地间的西南地区为阿基坦盆地；北部是巴黎盆地；西北部为阿莫里坎丘陵，平原占总面积的三分之二。高高耸立的阿尔卑斯山和比利牛斯山脉是法国境内的两大名山，为法国平添了一股阳刚之气，在自然屏障的保佑之中，人变得勇武有力，坚不可摧。两大名山不仅创造了高山、峡谷的天然壮观之美，还孕育了湖泊、河谷之丰饶与静美，大自然所给予法国人的不仅是高山峻岭所赋予的英雄与豪迈，也有河流和湖泊所浸润的温柔与浪漫。

法国境内河流稠密，水量充沛，河谷是联络法国各部分的陆路，历史上对法国的贸易、战争和殖民远征都起到了作用。法国有三大河流，塞纳 — 卢瓦尔河、加龙河和索恩 — 罗讷河，法国的大部分领土都处于平原和丘陵之上，美丽的塞纳河从心脏地带流过，滋润了巴黎盆地广阔的土地，孕育了欧洲的精神家园；罗讷河对于法国来说，其意义相当于中国的黄河，不仅带来了古希腊和罗马的文明，还造就了肥沃的土地，成为法国的富饶之地，吸引了无数的投资者、诗人和旅行者。"背靠阿尔卑斯山，斜倚比利牛斯山，向西面大西洋、南面的地中海，西北的英吉利海峡敞开了心扉。法国人是幸运的，他们拥有让人醉心的一切，神秘而慷慨的海水滋养，高耸而坚实的大山的庇护，以及浪漫而带有远古记忆的田园的恩惠；他们感念随着不驯的河流和敞开的山口风尘仆仆赶来的古希腊、罗马的文明，似乎只有它造就了辉煌浪漫的法兰西之魂。"[1]

**（三）自然和气候**

法国位于北纬 42° 至 51° 之间，是西风盛行地带，具有海洋性气候的特

---

[1] 郭春英. 法国为什么这么浪漫[M]. 北京:中国水利水电出版社, 2006. 2.

征。它把冰冷的大西洋和温暖的地中海、高耸入云的比利牛斯山脉和弗兰德低地连接起来，使法国的气候温和却又多变。西部靠大西洋沿岸地区阳光充沛，风高雨多且东暖夏凉，属温带海洋性气候；东部紧靠欧洲大陆中心地带的地区，四季分明，东寒夏热；南部则是地中海式气候，东暖夏凉，且以时有急风暴雨而著称；中部和东部属温带大陆性气候。平均降水量从西北往东南由 600 毫米递增至 1000 毫米以上，山区达 1500 毫米以上。一月西部及南部月平均气温 4℃ -7℃，东部及北部月平均气温 1℃ -3℃；七月北部及西部月平均气温 16℃ -18℃，南部及东部月平均气温 21℃ -24℃，大部分气候温和，环境优美，是一个适合居住的地方。

法国自然条件和气候适合农业生产，农业用地占全国面积的 60%，天然植被以阔叶林为主，11 世纪时森林覆盖面积占 80%，11-17 世纪，由于王室打猎成风，乱砍滥伐，到 19 世纪初，森林覆盖面积仅占全国面积的 12%，目前森林面积约占全国面积的 25%。法国物产丰富，农作物精良，主要农产品除自给自足之外，还可以进行海外贸易。宜人的气候和富足的生活滋养了法国人酷爱自由和追求快乐的浪漫天性。

**（四）人口和宗教**

当今的法国是一个以法兰西民族为主体的国家，少数民族有阿尔萨斯人、布列塔尼人、科西嘉人、佛拉芒人、加泰隆人和巴斯克人等当地民族，法国还有约占人口总数 8% 的来自非洲和欧洲的外国移民。法兰西人有 4600 万，占全国总人口的 83%；阿尔萨斯人有 140 万，占全国人口的 2.7%，居住在靠近德国的阿尔萨斯和洛林地区；布列塔尼人有 110 万，约占全国人口的 2%，分布在法国西部的布列塔尼半岛；科西嘉人有 28 万，占全国人口的 0.5%；此外法国还有佛拉芒人 25 万，分布在北部靠近比利时的敦刻尔克和阿兹布鲁克两城附近；加泰隆人 25 万，居住在南部比利牛斯山东端与西班牙之间的交界处；巴斯克人 13 万，居住在西南与西班牙接壤的大西洋比利牛斯省。现在法国的 400 万外国移民中，移民比例最大的地方是科西嘉，巴黎则有近 150 万外国人。法语是法国的国语，也是联合国的工作语言之一，使用人口超过 1 亿。而在 18 世纪还没有形成法兰西民族，人们常常称自己是某某人，比如诺曼底人、勃艮第人等。

信仰对法国人来说是个非常重要的问题，几百年内天主教一直是法国主要宗教，其次是新教、东正教、伊斯兰教和犹太教。中世纪时宗教不单纯是意识形态，已逐渐成为封建统治阶级中强大的政治力量，教会把哲学、政治、法律等上层建筑都置于神学控制之下，宗教影响渗透到社会生活的各个领域。欧洲的16世纪是个充满变革的时代，文艺复兴促进了思想的发展，宗教改革的思想也随之而来，出现马丁·路德和加尔文这两位影响深远的人物。16世纪40年代，加尔文教开始在法国传播，称为胡格诺教。法国南部的大封建贵族信奉加尔文教，企图利用宗教改革运动来达到夺取教会地产的目的，他们与北方有分裂倾向的信奉天主教的大封建贵族有深刻的利害冲突，最终演变成长期内战，天主教和新教之间的战争不可避免地爆发了。16世纪后期的法国宗教战争，从1562年到1598年历时36年，共经历了八次宗教战争，连续八次的天主教和新教的激烈对抗，给16世纪的法国造成了破坏。在法国的历史上，宗教不仅是一种精神信仰，也是情感的寄托，同时还是一种政治制度，拥有特殊的权力和地位。

## 二、18世纪法国的政治经济

卢梭作为18世纪法国最耀眼的人物之一，他的思想都和他所生活的那个时代背景紧密相关，卢梭从出生到死亡都生活在法国的18世纪，18世纪的法国充满了骚动与不满情绪。这是因为在14世纪以后，欧洲产生了资本主义萌芽，并获得了快速的发展，新兴的资产阶级为了在政治上谋取相应的地位，在经济上谋取他们的利益，掀起了一场反对封建文化、创造资本主义文化的文艺复兴运动，这场运动以复兴古代希腊的文化为借口，实质上是以人性反对神性，以科学理性反对蒙昧主义，以个性解放反对封建专制，以平等友爱反对等级观念，重视现世生活反对禁欲主义。在教育上表现为反对封建教会对儿童本性的压抑，强调教师要尊重儿童的个性，主张通过教育使人类天赋的身心能力得到和谐发展。文艺复兴所宣扬的人文主义教育思想对后世产生了巨大而深远的影响力，也造就了一批人文主义教育家，卢梭就是其中的一位继承和发扬者。

卢梭所生活的18世纪法国，先后经历了路易十四、路易十五、路易十六三位国王的统治和法国的资产阶级革命。18世纪法国初期是由路易十四进行统治的，但是已经是路易十四统治的末期，路易十四在法国建立了一个君主专制的中央集权王国，这一绝对君主制一直持续到法国大革命时期。为了加强国王权力，"路易十四亲自主持会议，听取大臣汇报，签署一切国事公文，事物巨细均集权于自己手中，宣称国王就是一切，高喊：'朕即国家'。路易十四统治时期，法国成为欧洲军事力量最强大的国家，发动了一系列对外战争。长达 32 年的战争，耗费了大量人力财力，宫廷挥霍无度，灾祸频发，人民生活困苦，怨声载道，时常会发生城市和农民起义"[1]。路易十四大力推行殖民政策，参与西欧各国掠夺殖民地的竞争，先后在印度、北美密西西比河沿岸、加拿大和西印度群岛建立殖民地。被称为"太阳王"的路易十四统治时代，表面上看起来很是显赫，实际上是外强中干，在路易十四统治的后期中央集权逐渐走向衰落。

在路易十四亲自执政时期，资本主义经济获得了巨大发展，手工工场得到很大发展，"王家"工场和"特权"手工工场享有极大的特权和巨额的政府津贴，拥有各种贵重设备，雇用很多工人。煤矿和冶金业等获得大力发展，经济专业化逐渐发展起来，公路和海运条件的改善，促进了国内市场的发育与成长。成立了享有特权的对外贸易垄断公司，商船队壮大，法国成了最大的商业国之一，特别是在世界市场的奢侈品供应方面巩固了自己的垄断地位。资本主义成分渗入农业，对农民的剥夺加强了，农民的自然经济遭到破坏，被迫大规模地出卖自己的劳动力，国家工场手工业是靠农民即主要纳税人的破产建立起来的，由于路易十四对外政策需要大量金钱，在他统治的中期加重了捐税，恶化了城市下层居民和农民的状况。[2]

1715 年 9 月 1 日法国国王路易十四去世。路易十四死后，由他的曾孙继承王位，这位王位继承人只有 5 岁，称为路易十五。路易十五的统治虽然占了 18 世纪的大部分时间，但是从 1715 年到 1743 年，奥尔良公爵摄政，对于这种漫长的摄政，路易十五感到无能为力，他亲自执政时间到 1774 年为止。路易十五沿袭了君主制，立法、行政和司法大权都集中在国王手中，但是路易十五统治时期，让情妇蓬巴杜和杜巴丽夫人管理国家，朝政一片混乱，君主制却日益没落。法国的居民分为三个等级，第一等级是僧侣，僧侣势力不仅

[1] 陈栋. 法国的历史与现状[M]. 北京：旅游教育出版社，1988. 29—30.
[2] [苏]亚·德·柳勃林斯卡娅，达·彼·普里茨克尔，马·尼·库兹明. 法国史纲[M]. 北京：生活·读书·新知三联书店，1978. 202—203.

占据着巨大的物质财富，还控制着国内的整个精神生活，高级僧侣过着很奢侈的生活；第二等级是贵族，享有很多的优惠特权，属于特权阶层，宫廷、教会和军队中的高官显职都归他们独占，高等法院和其他司法行政机关的职位世代相传；第三等级包括大资产阶级、中等资产阶级、小资产阶级和手工业者、工人及农民。其中的资产阶级无权参与政治生活，他们经济上的实力和政治上的无权地位之间的对比是十分明显的，他们主张打倒旧制度，首先要改变生活方式，他们有自己的思想家，知道作为资产阶级的他们要求，他们能明确地提出自己的要求，为所有人进行代言，确信需要从外部将变革强加于社会。

路易十五当政期间，欧洲正处在大动乱和充满希望的启蒙时代，英国已经发生了产业革命，而法国依然是封建制度，随着欧洲对新大陆的发现以及随之而来的殖民化运动英法两国之间进行着激烈的经济竞争。在路易十五时期，海外贸易有了惊人的发展，在1716到1787年之间增加了5倍。法国工业虽然有了发展，但还是不能满足大规模海外贸易日益增长的需要，表现为资金不足，缺乏信贷制度，工业品在陆地上运输设有很多税卡，费用昂贵，"手工工场"工业和手工业发展很快，促进了法国工业的发展，但是资本主义的习惯尚未成为风气，法国并没有像英国那样进入"工厂"时代，并且在海外殖民地的争夺中，法国也处于劣势，原先属于法国的海外领地在经过长达7年之久的战争之后都落入了英国之手。

路易十五当政时，法国有一千九百万农民，占全国人口的绝大部分。城市日益扩张，需要更多的农产品，农民精心经营土地，以便从中获利。但是王国里的10%耕地属于教士，占全国人口2%的贵族占有四分之一的耕地，有钱的地主都是住在宫廷或城市里的领主，土地资产阶级形成了，有钱的资产者都购买土地。[1]除此之外，法国的农民处境很悲惨，很多农民失去了土地，变成了雇农，即使是租地的农民和拥有封建份地的农民，也都担负着领主、教会和国家的各种各样的苛捐杂税，农民收入的70%到85%都被抽走了。[2]

从1774年起，路易十六即位，他酷爱游猎和钳工，在继任国王后，整日游玩打猎，不理国政，由他的妻子奥地利公主玛丽亚·安东妮特左右国家。

---

[1]　[法]皮埃尔·米盖尔. 法国史[M]. 北京：商务印书馆，1985. 241-242.

[2]　[苏]亚·德·柳勃林斯卡娅，达·彼·普里茨克尔，马·尼·库兹明. 法国史纲[M]. 北京：生活·读书·新知三联书店，1978. 219-220.

这个时候法国的政治经济已经危机重重，政治上面临着君主政体的改革，不仅是资产阶级的代表人物，就是上层统治阶级的先进人士，也都意识到封建制度必须废除，但是他们都希望通过改革而不是革命来推翻封建制度。法国的等级社会矛盾越来越尖锐化，法国最富有的等级纳税最少，特权阶层的教会和贵族威信扫地，教会已经不能在精神上统治法国人，非基督教化的运动在城市甚至乡村发展，信仰危机让教会的特权更显得令人无法忍受，同样贵族的特权也引起人民的强烈不满。面对旧制度的重重困难和矛盾冲突，君主政体只有改革没有其他出路，但是国王连续不断的改革越来越不得人心，整个社会反对王权的情绪日益高涨，有钱的资产者和贵族、教士要求限制官僚化的绝对王权，农民和城市下层人民既反对王权也反对特权，特权阶层中一些人反对现政权则是怀疑现政权要取消特权。法国呈现了资产革命所需要的必备的条件：统治阶级已经不能按照旧的制度一成不变地维护自己的统治，封建专制百孔千疮，经受着深刻的危机与矛盾，人民的贫困和灾难越来越严重，与统治阶级之间的矛盾已经无法调和，人民革命的愿望空前强烈，希望通过革命来改变现实。

路易十六时期的法国，因为出生率高，法国不缺乏人力，也不缺乏土地和农业收入。但由于皇室奢侈、战争连年不断，导致国库空虚，加上工业和农业经济不景气，百姓困苦不堪。1774年路易十六曾任用重农学派的罗伯尔·雅克·杜尔哥为财政大臣进行了一系列的改革，比如消除妨碍谷物和葡萄酒自由贸易的障碍，竭力让特权阶级纳税，取缔行会组织和商业公会，这一系列改革还没有彻底实施就受到特权阶级的拼命反对，并赶上了年景不好，谷物歉收，很多农民和下层人民不得不挨饿，一方面城市得不到正常供应，另一方面有人在谷物贸易上投机倒把，乘机大发横财，城市居民和贫苦农民成为受害者，最终他于1776年被解职。饥荒虽然过去了，但是由于农业技术落后，不能自由交换，农民的日子过得依然贫困，到了80年代末期，经济危机达到了极点。1788年农业严重歉收，许多地区没有粮食吃，也没有种子播种，饥荒笼罩着法国，在农村农民起来造反。由于1786年英法商约的签订，物美价廉的英国工业品大批流入法国，很多法国企业经不住竞争而倒闭，工厂停业引起工人失业，无法生活，工资下降，物价飞涨，城市发生骚动，各地自发的人民暴动取代了特权阶层的口头对抗。

为解决政治上的危机和经济上的财政困难，路易十六宣布 1789 年 5 月 1 日召开三级会议，主要解决税收问题。法国各地都兴高采烈地迎接这个消息，进行了大量的协商、解释和说明工作，特别是第三等级十分认真地写了表述自己的政治和经济要求的陈情书，关心国家大事的人民遍及了各个阶层。第三等级中的资产阶级要求同特权阶层绝对平权，力争废除阻碍工商业发展的种种限制；农民要求废除封建义务和各种税费，工人要求摆脱所遭受的严重不平等待遇；但是会议的第三等级代表中却没有工人和农民。国王和特权等级希望通过三级会议来批准新捐税，解决财政危机，第三等级则认为三级会议的任务是结束封建制度制定法国宪法。[1] 第三等级要想获得一定的社会地位，一定要打倒旧制度的专制主义和特权等级。

　　三级会议于 1789 年 5 月 5 日在凡尔赛宫开幕。从三级会议开始的第一天，路易十六就表现出十分轻视第三等级的态度，并强调三级会议的任务在于整顿财政，人们对三级会议很失望，并且很快第三等级就和特权等级发生了冲突，在审查代表资格的时候，出现了按人头投票还是按等级投票的的严重分歧，三级会议陷入停滞状态。6 月 10 日，第三等级决定单独审查代表资格，6 月 17 日自称占国民 96% 的第三等级决定成立"国民议会"，完成了合法革命。国王试图抵抗，遭到了第三等级的强硬抗衡，特别是得到了人民的拥护，最后路易十六退却了，在国王的命令下，全体代表合并开会，7 月 9 日国民议会宣布成立"制宪会议"，路易十六承认了革命事实。这期间巴黎不断发生起义，制宪会议的胜利使得宫廷更加感到不安，国王一方面准备解散会议，一方面秘密调动部队，当人们得知国王要镇压起义和解散制宪会议时，人民被激怒了! 开始了示威游行，7 月 13 日早晨，巴黎所有教堂的钟都敲响了，工人、市民和士兵都拥向了市中心。7 月 14 日清晨，起义开始，人民攻陷了象征法国封建专制制度的堡垒——巴士底狱，释放了大批政治犯，暴力行动席卷了大街小巷。7 月 14 日革命的胜利，标志着法国资产阶级革命的开始，1789 年 8 月 26 日，法国大革命的纲领《人权和公民权宣言》正式通过，掀开了法国革命的历史。

　　从上述的历史中可以看出，卢梭所生活的时代正是法国封建制度逐渐走

---

[1] [苏]亚·德·柳勃林斯卡娅，达·彼·普里茨克尔，马·尼·库兹明. 法国史纲[M]. 北京: 生活·读书·新知三联书店, 1978. 245–246.

向衰落和解体，资本主义经济获得了很大发展，资产阶级作为一种新兴的政治力量逐渐形成并走上历史舞台的时期，卢梭生活在法国社会由封建制度向资本主义制度转型的前夜时期。在每一个历史转型期，社会的政治经济都发生重要的变革，社会上出现诸多的社会矛盾，人们的思想也处在活跃期，各种思想开始登上历史的舞台，然而只有那些代表社会发展和历史进步的思想，反映了社会前进趋势和人民呼声的思想，才能为社会和人民所接纳，才能流芳后世，得到世人的传颂。法国在这个时期的政治是以国王为代表的特权阶级日趋腐败与迷乱，社会中各种利益集团之间的矛盾日益加深，所有的矛盾都转嫁到了国民百姓的身上，激起了人民的不满和反抗，封建制度逐渐趋于解体，一些先进的人物看到了历史发展的进程和趋势，喊出了自由、平等、博爱等解放口号与主张。卢梭作为那个时代第三等级的代表，抨击了法国的封建专制制度，表达了小资产阶级的主张，他的思想不仅照亮了当时法国的精神世界，也鼓舞了后世的人们。

### 三、18 世纪法国的启蒙运动

卢梭是 18 世纪法国启蒙运动当事者之一。在 18 世纪的法国，思想交流比货物流通快得多，城市里有漂亮的图书馆、阅览室，还有至少可以看报的咖啡馆。巴黎还有文学沙龙，有名的和无名的作家都在那里炫示才华，上流社会的夫人、小姐经常宴请作家和艺术家，富有的霍尔巴赫男爵经常接待谈吐精辟、风趣的意大利神父加利阿尼和哲学家狄德罗，男爵的招待会比王宫凡尔赛的招待会更受尊重。一些有识之士在外省和巴黎成立了一些研讨思想的团体，往往称为"学院"，大小资产者都在那里聚会，设立文学或科学奖金，以促进研究和创作，卢梭就在 1750 年凭《论科学和艺术》获得了第戎学院奖。这些外省的学院、科学团体以及英国式的共济会组织，规模都较小，但是外省的思想十分活跃，具有颠覆性，十分积极传播新思想。[1] 这批在思想意识领域里先进的思想家，通过著书立说打破人们的传统观念，批判封建制度的不合理性，引导人们反对专制制度，反对宗教对人的束缚，主张通过社会变革来建设新的社会秩序，在思想和精神领域开启了人们摆脱蒙昧思想的潮

---

[1] [法]皮埃尔·米盖尔. 法国史 [M]. 北京: 商务印书馆, 1985. 243-244.

流，传播新主张，称之为启蒙运动。18 世纪的法国，政治和经济发展都为资产阶级革命做好了准备，同时也由于 18 世纪的法国正处在一种新旧制度交替的变革时期，各种社会矛盾和阶级矛盾错综复杂，这些思想家站在不同的立场，代表不同的阶级，他们的主张也各不相同，因此 18 世纪的法国启蒙运动出现了不同的流派。

**（一）代表大资产阶级利益的启蒙者**

代表大资产阶级利益的启蒙者，他们深受英国革命影响，竭力推崇君主立宪制，其代表人物有伏尔泰和孟德斯鸠。伏尔泰（1694—1778）原名弗朗索瓦－玛利·阿鲁埃，被誉为"思想之王"、"法兰西最优秀的诗人"，伏尔泰是笔名。他出生在巴黎一个公证人家里，属于富裕的中产阶级家庭，自小受过良好的教育，青年时代因发表反对封建特权统治表达自由思想的作品，两次被关进巴士底狱，经历了路易十四、十五、十六三个封建王朝的统治。伏尔泰目睹了封建专制主义的由盛转衰，亲身感受到了封建专制主义统治的腐朽和反动，他反对封建专制、反对宗教迷信，无情地批判了作为封建制度的精神支柱的天主教会，提出了"消灭丑行"的口号，公开反对教会所造成的宗教迷信、宗教迫害和人们的愚昧无知，以及社会上的种种弊病，指出这一切弊病的根源就在于天主教会的欺骗，他痛斥天主教会是"九头鸟"，罗马教皇是"骗子"，天主教教士是"文明的恶棍"。伏尔泰宣扬自由和平等的原则，主张人们在法律面前一律平等。政治上伏尔泰主张"开明君主"统治，主张仿效英国的君主立宪制度，主张将天赋人权交予人民，在法律面前人人平等，取消特权，限制王权。但是，由于伏尔泰站在大资产阶级的立场上，思想上又经常处于矛盾之中，他一方面批判天主教会，但又认为社会不平等是不可改变的现象，一方面主张将"天赋人权"归还人民，但又认为人民是"群氓"，没有自己管理自己的能力，需要"聪明人"的监护。

孟德斯鸠（1689—1755）自幼受过良好教育，19 岁时获法学学士学位，出任律师。1716 年他继承了波尔多法院庭长职务（他的祖父、伯父一直占有这个职务），并获男爵封号。孟德斯鸠博学多才，对法学、史学、哲学和自然科学都有很深的造诣，曾经撰写过许多有关论文。他发表了名著《波斯人信札》，用讽刺的笔调，勾画出法国上流社会中形形色色人物的嘴脸，如荒淫无耻的教士、夸夸其谈的沙龙绅士、傲慢无知的名门权贵、在政治舞台上穿针引线的荡妇等，揭露和抨击了君主专制制度的罪恶。1748 年他最重要的也是影响力最大的著作《论法的精神》出版。这是一部综合性的政治学著作，在这部书中，他最重要的贡献是对资产阶级的国家和法的学说做出了卓越贡献。首先，他强调法律的性质应归于人类的理性，法权的问题是人类自己的事，而不应受上帝和王权的支配；其次，他把国家政权结构分为共和制、君主立宪制和专制君主制，在这三种形式中他主张君主立宪制；第三，他在洛克（1632-1704）分权思想的基础上明确提出了"三权分立"学说，即立法、司法、行政三权彼此分开，相互约束制衡。这一思想，后来被大革命中的君主立宪派所利用，并体现在《人权宣言》和 1791 年的宪法中。孟德斯鸠提倡资产阶级的自由和平等，但同时又强调自由的实现要受法律的制约，他的理论对世界资产阶级革命运动产生过巨大而又深刻的影响，曾被欧美资产阶级革命家用作反对封建暴政的锐利武器，尤其是他关于分权和法制的理论更为一些资产阶级国家所直接采用。

### （二）代表中小资产阶级利益的启蒙者

这一派的杰出代表有卢梭本人和百科全书派。卢梭的思想反映了小资产阶级参与国家政治的要求，早年由于家境贫寒，过着到处流浪的生活，深刻体验了下层人民的疾苦，因此他的思想较为激进和革命。其代表作主要有《爱弥儿》、《社会契约论》、《论人类不平等的根源和基础》、《忏悔录》等。卢梭认为一切人生来就应都是自由的、平等的，人类不平等的起源在于财产的私有制，但又不主张废除私有制，他主张全部政权将归人民所有，均分私有财产。他认为国家的起源是人们彼此缔结契约，理想的政体应是民主共和制，他针对路易十六提出的"朕即国家"的谬论，提出国王不是人民的主人，而是人民的仆人，对不称职的仆人，人民可以按照自己的意愿撤换他。国家统治者应是人民推举的，人民有权把统治者推翻，人民有起义的权利和革命的权利。但是卢梭又不主张铲除私有制，而希望通过保留小私有制达到经济上人人平等的目的。在政治思想上，他提出了"社会契约论"和"主权在民"的理论。他认为，为了维护人类社会的自由平等，应按社会契约的原则建立国家。"主权在民"的理论是卢梭政治思想中的基本原则。卢梭与伏尔泰和孟德斯鸠不同，他极力主张推翻君主专制制度，建立一个民主共和国。卢梭的思想对于后来大革命中的雅各宾派产生了极大的影响。

百科全书派的主要人物有狄德罗（1713-1784）、达兰贝尔（1717-1783）、爱尔维修（1715-1771）等，他们是一些杰出的哲学家、思想家、科学家和作家，是 18 世纪法国革命时代最具代表性的唯物论和无神论的代表。在狄德罗的主持下编纂《百科全书或科学、艺术和工艺详解辞典》，他们当中大部分人都是无神论者和唯物主义者，既反映了那个时代的一切科学成就，又以《百科全书》为阵地，有力地抨击了封建专制制度和天主教会。但他们的唯物论是机械的、形而上学的，他们运用机械唯物论的观点，认为封建制度是不合人性的，而资本主义制度才是人类合理的政治制度。他们认为自然世界是物质的，没有超自然的上帝存在；指出宗教是用来抬高国王身价压迫人民的，他们反对封建的意识形态，反对宗教对人的精神的麻痹，他们提出应该将王权限制到最小的限度，换言之，也就是实行君主立宪，但不必要采取革命的手段。他们通过出版百科全书，向人们传授自然科学文化知识，以揭露宗教封建迷信的荒谬，抨击天主教会和教士的愚昧和残暴，提倡人性，推崇理性，成为当时点燃法国资产阶级革命的一支火把，结果《百科全书》在法国遭到禁止并被付之一炬。

**（三）代表劳苦大众利益的启蒙者**

其中有梅里叶（1664-1729）、马布里（1709-1785）等。梅里叶是织布工的儿子，在神学校受过教育，后来在香槟郡的乡村当神甫。他是位大无畏的无神论者和共产主义者，他深知农民的悲惨处境，曾设法挽救农民的苦难，但是终归无济于事，结果含愤自尽。梅里叶的唯一作品是《遗书》，在他死后的 30 多年的 1762 年，由伏尔泰发表了一部分手稿，直到 1764 年才全文出版。梅叶里在其代表作《遗书》中，痛斥了私有制，指出私有制和社会上的不平等现象是万恶之源，并将教士、投机商人、官吏统统称为"富足的懒虫"，称封建地主是"魔鬼"。他主张每个人在社会中都应做有益社会的事，社会财富应由大众共同享受。号召人民起来革命，推翻封建专制制度。梅里叶的观点非常富有革命性，他认为以私有制为基础的社会制度是不合理的，主张反对私有制，建立土地公有制，人民将不再有贫富之分，社会成员都是劳动者，社会保证公民的一切生活必需品，这样的社会只有人民通过革命的手段推翻国王和教会的暴虐统治。

马布里出身贵族，属于僧侣阶级，是修道院院长，他的作品有《就自然秩序提出的问题》、《论法制》、《论公民的权利和义务》等。马布里的观点与梅里叶的观点大致相同，他认为只有消除社会不平等才能消除暴政和罪恶，他发展了空想共产主义的思想，认为理想的制度应是共和国，要推翻现有制度，就必须革命，革命就像除去身上的一块病。在其著作中，马布里描绘了他的理想共和国的图景：在这个共和国里"人人平等，人人自由，一切人皆为兄弟，禁止占有财产是这个共和国的第一法律"。但是他又不切实际地提出，这一理想的国家不能建立在当时的社会条件下，只能建立在荒无人烟的海岛上。这种空想共产主义思想，正是当时社会上广大劳动人民群众对现实绝望心情的一个侧面反映。

18世纪被称为"启蒙时代"。启蒙运动是继文艺复兴运动以来的第二次思想解放运动，而且是在更高的理性主义的基础上进行的。在理性主义的旗帜下，启蒙思想家们将封建专制制度的神圣外衣——天主教和天主教会，以及在这一神圣外衣掩盖之下，封建统治阶级所进行的一切活动，统统放在理性主义的天平上让人们自己去思考和评断，从而暴露出它的虚伪和欺骗性，既然根本不存在神授的特权，那么人就是生而平等和自由的，追求幸福、生存是每一个人的权利，是任何人不可剥夺的。虽然启蒙者的思想反映了不同的政治和阶级派别的要求，但就整个法国革命的过程来说，每一个阶段都可以找到启蒙思想家影响的痕迹，同时法国的启蒙运动也影响了欧美各国的资产阶级革命。

## 第二章　卢梭的个人生活经历

从精神分析上来说，一个人的成长经历，特别是童年的经历，将影响并伴随着人的一生。卢梭（1712-1778）是法国启蒙思想家、哲学家，祖籍法国，生于日内瓦钟表匠家庭，当过学徒、仆从、秘书、家庭教师、乐谱抄写员。他主张建立资产阶级民主共和国，认为私有制是人民群众遭受社会压迫的根源，但不主张彻底消灭私有制。主要著作有《社会契约论》（旧译《民约论》）、《论人类不平等的起源和基础》、《爱弥儿》、《忏悔录》等。卢梭年少时过着贫苦流浪的生活，非常了解人民的疾苦；青年时开始生活在法国，对法国当时的社会状况有深刻了解，接触到很多法国当时社会中思想文化界的名人，广泛地涉猎各方面的知识，包括哲学、音乐、植物学、解剖学等，为卢梭走上知识阶层的道路奠定了很好的基础；30 岁以后卢梭来到了法国巴黎，先期主要是在音乐方面进行创造，写成歌剧《风雅的缪斯》和喜剧《冒失的婚约》等，他的《新记谱法》以《论现代音乐》之名出版，同时靠教音乐抄乐谱为生，并一直为《百科全书》撰写音乐条目。38 岁以后卢梭开始著书立说，受到文坛的普遍重视，42 岁写成论《人类不平等的起源和基础》，45 岁开始写《爱弥儿》，宣传一种新的教育方式，47 岁开始写《社会契约论》，宣传一种新的选择和监督统治者的方式，54 岁写《忏悔录》为自己进行辩护，并开始编《植物学术语辞典》，直到 66 岁终年。卢梭成名较晚，也不那么惊人。卢梭出生在小资产阶级家庭，属于社会中的第三阶层，一生都为生存和生活奔波，他的唯心主义哲学观点和激烈的社会观点，与其他的哲学家和思想家不同，受到过排挤，也受到了当时政府的迫害，但他的思想点燃了法国大革命的火种，成为法国大革命的真正哲学家。卢梭始终坚持自己的信条，即使过着流亡的生活也不屈服，直至生命的终结，卢梭的作品和卢梭的人生是紧密联系在一起的，解读卢梭和卢梭作品就不能不了解卢梭的生活经历。

## 一、童年的卢梭

1712 年 6 月 28 日，让·雅克·卢梭出生于日内瓦，卢梭的祖父原是法国新教徒，因躲避宗教迫害于 16 世纪中期来到瑞士。父亲是钟表匠伊萨克·卢梭，技术精湛，当过君士坦丁堡的宫廷钟表师，信仰新教，性格耿直，爱读古籍；母亲是牧师的女儿苏萨娜·贝纳尔，颇为聪明，端庄贤淑，擅长绘画唱歌，还会弹琴伴奏，读过不少书，能写相当不错的诗。卢梭父母的感情相当好，从小青梅竹马，两人的爱情经历了坎坷最后终成眷属，很不幸的是母亲在他出生两周后去世，小时候卢梭经常能从父亲丧偶的悲痛中感受到父亲对母亲的思念之情和对卢梭的挚爱，他常常搂着卢梭回忆卢梭的母亲。卢梭的父亲在他 14 岁的时候再婚，在卢梭母亲去世 40 年后去世，临终前虽然是在第二个妻子的怀抱里，但嘴里喊着的却是卢梭母亲的名字，可见卢梭父母不一般的深情。让·雅克·卢梭自幼由姑母苏珊·卢梭抚养，卢梭的姑父也是卢梭的舅舅，是卢梭母亲的亲弟弟。卢梭的父母都嗜好读书，这种嗜好无疑也遗传给了他。

　　7 岁时卢梭已经大略识字，在父亲的鼓励下开始学习阅读，父亲常常和他在晚饭后互相朗读，有时甚至是通宵达旦地读。在这种情况下，卢梭日复一日地读书，无形之中养成了读书的习惯，渐渐充实并滋养了他年幼的心灵，读了许多古希腊、古罗马文学中的名人传记，读完了自己家里的藏书，他还外出借书阅读。卢梭的外祖父是博学的牧师，家里藏有不少好书。从外祖父那里卢梭获得了许多使他终生受益的经典著作，如勒苏厄尔著的《教会与帝国历史》、博叙埃的《世界通史讲话》、普卢塔克的《名人传》、那尼的《威尼斯历史》、莫里哀的几部剧本等等。广泛阅读培养了卢梭对古希腊和罗马英雄的崇拜，这些历史人物的典范影响，加上他父亲的谆谆教诲，卢梭深深体会到了自由思想和民主精神的可贵，同时在卢梭童年的内心中也埋下了对民主自由精神追求的种子，甚至言行之间卢梭常把自己比作那些历史中的人物。有这样一件事，一天，他在餐桌旁叙说罗马英雄斯契瓦拉被敌人逮捕后，把他的手放在火盆上烧他都一声不响，以示罗马人抵抗侵略的决心的事迹，在座的人全都很惊讶地看到卢梭走上前去，把手放在熊熊燃烧的炉火之上，来表演斯契瓦拉的英雄壮举。

　　10 岁的时候，卢梭快活的童年生活很快就结束了，卢梭父亲和人发生纠纷，诉讼失败而离开日内瓦，正式定居尼翁，卢梭和舅父家表兄被送到离日内瓦不远的包塞城，寄养在郎贝西埃牧师家，学习古典语文，兼学绘画和数学。在包塞的两年乡村学习生活，使卢梭恢复了一些童年的稚气，郎贝西埃牧师对教学比较严格，但不给过重的作业，而且乡村新鲜的空气和四季诱人的花草，使卢梭对大自然产生了浓厚的兴趣，觉得大自然有意思极了，这种无忧无虑自由自在的生活却让一件事情改变了。有一天卢梭在厨房隔壁的房间里独自读书，女仆把郎贝西埃牧师妹妹的几把梳子在房子砂石板上烤干，来取的时候发现一把梳子的一边梳齿全断了，因为当时只有卢梭一个人在那里，就质问卢梭，卢梭否认动过那把梳子，郎贝西埃牧师和他的妹妹一起来训诫卢梭，逼问甚至恐吓，叫来卢梭的舅舅来逼问。受到了严厉的惩罚，但是蒙冤的卢梭宁可去死也始终不动摇，第一次受到所尊敬的人不公正对待，温顺、腼腆甚至有些懦弱的卢梭怒不可遏，满心的委屈、气愤和失望。虽然在包塞又继续住了几个月，但是师生之间再也没有了尊敬、信赖和亲密之情了，田园生活已经失去魅力，受到伤害的卢梭开始变了，做了坏事也不似从前羞愧，而是隐瞒、反驳和撒谎，他的天真已经发生了扭曲，渐渐地，郎贝西埃牧师兄妹和卢梭表兄弟之间彼此厌烦，舅舅只好把卢梭他们接回去了。

12岁的时候，卢梭回日内瓦住在舅舅家，等待家人对他前途的安排。舅舅希望他和自己的儿子当工程师，于是卢梭就和表兄一起学习欧几里得的《几何学原理》，卢梭非常感兴趣，特别是制图学，但是家里人却希望卢梭做钟表师、律师或是牧师，由于卢梭年龄还小，暂时并不急于选择职业，他母亲的遗产不够他继续读书，卢梭就在舅舅家里闲了下来。在他13岁时，舅舅决定将他送往本城法院书记官马斯隆先生那里，在他手下学当律师书记，希望他能赚点生活费用。但卢梭非常讨厌这种只为了赚钱而缺乏趣味的职业，每天琐碎的杂务使他头晕目眩，难以忍受。马斯隆先生似乎也不怎么喜欢卢梭，常常骂他懒惰愚蠢，卢梭无法忍受这种侮辱，便辞掉了工作。不久卢梭又换了一个职业，在一位雕刻匠手下当学徒。卢梭的雕刻师父是个蛮横无理而又脾气暴躁对人苛刻的年轻人，鉴于以前做书记时得到的不少教训，所以他对这个新工作依命而行，毫无怨言。卢梭本来很喜欢这种工作，因为他爱好绘画，挥动刻刀也觉得很有趣，而且镂刻零件，用不着多么高超的技术，所以他很希望在这方面取得卓越的成就。有一天，卢梭在空余时间为几位朋友刻骑士勋章，他的师傅发现后，以为他在制造假银币，便痛打了他一顿，当时卢梭年纪很小，对于银币根本没有什么概念，他只是以古罗马时期的钱币形状，作为模型罢了。由于师傅的暴虐专横，使卢梭对本来喜爱的工作感到苦不堪言，卢梭在师傅家的生活非常不愉快，但这却使他恢复了时隔已久的读书习惯。他经常一连几个小时沉醉在读书里，以至于其他的活都干不下去了，即使被师傅逮到打他，抢走了他的书，甚至给扔了，卢梭依然"不知改悔"。附近有一个租书商，经营一家租书店，卢梭经常去那里，把零花钱都用来租书，手不释卷地看书，不到一年工夫，卢梭把这家小店的书全读光了。在这些书的熏陶下，他纠正了许多幼稚的脾气和不良习惯，无形之中也在他内心里唤起了更高尚的感情，也养成了他爱好孤独的性格。因为读书有时误了工作时间，受到师傅的责骂和体罚，卢梭觉得雕刻师傅这里的环境一切都缺乏情趣，令人难以忍受，而且每到星期天，卢梭都要和伙伴到城外去玩，因为有两次回来晚被关在了城外过夜，师傅警告他不许有第三次，否则加倍处罚，但是第三次还是来了，卢梭决定不再回到师傅那里，在和表兄告别之后开始了自由的谋生之路。

## 二、青年的卢梭

16 岁时候，卢梭离开了日内瓦城，开始了流浪。在游荡了几天之后，卢梭来到了萨瓦境内龚菲农的地方，这里的教区神父德·彭维尔先生引起了卢梭的兴趣，于是卢梭登门拜访，受到德·彭维尔神父的亲切接待，并留他一起吃了饭。作为天主教的神父，德·彭维尔想把卢梭从被他视为异教的新教中拯救出来，让卢梭改变信仰，于是神父介绍卢梭去见最近刚皈依天主教的德·华伦夫人。卢梭不想改变信仰，但是感受到德·彭维尔先生的盛情和自己备受饥饿的煎熬，他还是揣着介绍信踏上了去安纳西的路，来到了华伦夫人的家。他原以为华伦夫人是个老态龙钟的老人，不料她却是一位满脸和气、风韵十足的年轻女子。这使他大感惊讶和激动，正是这位夫人影响了他日后的生活。卢梭得到德·华伦夫人的资助，在一对夫妇的照顾下去意大利都灵，那里有一个为训练准备行洗礼的新入教者而建立的教养院。卢梭动身的第二天，卢梭的父亲就到了安纳西，见到了华伦夫人，听说卢梭已经去了都灵，就放心地回去了。一路上卢梭心情无比愉快，他觉得这样的年纪就有机会爬山越岭，登临阿尔卑斯山的高峰，真是件美事。这次旅程虽短，但卢梭喜爱自然风光，沿途的美景尽收眼底，他将感情寄托于大自然，虽然身处漂泊之中，却没有精神空虚之感。凡是映入卢梭眼帘的东西，都令他内心感到一种醉人的享受。大自然的奇伟、多彩和实际的美，深深地影响了卢梭的人生观。以后他又经历了多次旅行，不论是旅途中的美景，还是乡村的田园生活，仍使他陶醉着迷。他热爱自然，崇尚自然。"他最伟大的教师，并不是任何一种书籍，他的教师是'自然'"。卢梭进了教养院，开始了天主教教义的学习，虽然卢梭对天主教教义有很多疑问，给布道者们和天主教的神父提出很多难题，甚至还会争论，但考虑到寄人篱下，卢梭还是做了让步。一个月后，卢梭宣誓放弃新教信仰改奉天主教，当一切活动和程序办完之后，卢梭希望获得一个适当的位置，但神职人员却把他领到门口，把收到布施的二十多法郎给了他，就把门关上了。

卢梭在都灵开始游荡，游览了都灵全城，又瞻仰了王宫，当钱袋渐渐空了的时候，卢梭开始找活干，先是凭着自己以前学的手艺，在银器上刻上符号或图案，工钱随便给，后来由曾经住宿的女房东介绍给维尔塞里斯夫人服务，维尔塞里斯夫人爱好法文写作，由于生病不能执笔，雇用卢梭记下她的口述，她在疾病折磨时表现出来的忍受痛苦的坚强意志，令卢梭十分钦佩。在维尔塞里斯夫人家里，卢梭认识了盖姆先生，盖姆先生是一名神父，为人正直，品德高尚、很有学问。他给了卢梭不少终身受益的教诲。盖姆很欣赏卢梭的才华，告诉卢梭要经受逆境的考验，一个人没有美德就没有真正的幸福，不要羡慕达官贵人，统治别人的人并不比别人更贤明，也不见得比别人更幸福，他还教导卢梭一些人生哲理。这些教诲使卢梭对德行有了真切的概念，深深影响了卢梭的道德观和宗教观，卢梭发自内心真诚敬仰和热爱这位盖姆先生。卢梭后来写作《爱弥儿》时，其中道德高尚的助理司铎就是以盖姆先生为原型的。[1]

维尔塞里斯夫人去世后，夫人侄子罗克伯爵给卢梭找了一个工作，到一个名门望族古封伯爵家里去做事，这个古封伯爵是王后的第一侍臣，显赫的索拉尔家族的族长。卢梭在古封伯爵的工作跟仆人差不多，是在别人口述的时候写写信，给伯爵的孙子剪几张画纸，其余时间自己支配。卢梭把工作干得很出色，大家很满意他，有时他抽空会去盖姆先生那里接受指导，盖姆教导他要持之以恒，不能虎头蛇尾。在一次伯爵家的宴会上，卢梭的学识得以展露，获得了伯爵的赞赏，伯爵的儿子古封神父提出要帮助卢梭学习拉丁文，并从古封神父那里受到了文学熏陶，学到不少知识。卢梭在伯爵家里很受重视，被当成是一个大材小用的青年，指望找到一个合适的职位，然后飞黄腾达，然而卢梭认识了一个叫巴克勒的年轻人，正要回日内瓦，卢梭就和他一起离开了都灵，离开了保护人、教师，放弃了学业和前途，踏上了归乡之途。

17岁那年，卢梭回到安纳西寄食在德·华伦夫人家。华伦夫人的嗓子轻柔动人，还会弹琴，她常教卢梭唱歌，熏陶激发卢梭对音乐的兴趣。18岁时卢梭到拉萨尔派神学院学习数月，成了大教堂唱诗班见习生，华伦夫人送他很多音乐方面的书，卢梭在神学院除学习外，经常带着歌谱，练习歌唱。其间又去弗里堡、洛桑，在纳沙特尔教音乐课。这时候法国封建的土地关系呈

---

[1] 李玮编著. 卢梭——布老虎传记文库·巨人百传丛书: 思想家卷[M]. 沈阳: 辽海出版社, 1998. 27.

现动摇，农村的土地兼并加剧，各地棉纺业、手工业开始得到发展，资本主义生产关系的发展步伐加快。卢梭在神学院主课方面进步很小，但音乐方面长进不少，重新回到华伦夫人家里，华伦夫人想把他培养成音乐家，就介绍他认识大教堂乐师、优秀的作曲家麦特尔，并与之共住，获得很多音乐方面的知识。后来麦特尔离开了安纳西，卢梭帮助他搬运装满乐谱的大箱子到里昂，并因此失去了与华伦夫人的联系。在和麦特尔分开后这期间，卢梭教过音乐，跟着一个希腊正教的主教进行过募捐，到过巴黎，在从巴黎到里昂的步行路途中，食宿在农民家里，亲眼目睹了农民生活的惨状，看到了社会的不平等。在里昂卢梭靠给人抄乐谱维持生存，曾经露宿街头，同时委托华伦夫人的女友夏特莱小姐打听华伦夫人的消息。

19岁这年年底，卢梭在尚贝里与华伦夫人重逢，经华伦夫人介绍在宫廷的土地登记处做了文书，做土地测量工作，自学数学。在经历了四五年的颠沛流离生活之后，卢梭在尚贝里开始了新的生活，工作之余卢梭又恢复了读书的嗜好，对研究植物学颇感兴趣，但是不久对音乐的热爱压倒了一切，说服华伦夫人同意他辞去了测量工作，投身于音乐当中，经常作曲，钻研音乐理论，有意识地开展室内小型音乐会，他的音乐水平在当地鹤立鸡群，招来不少学生，靠教音乐挣的钱比当文书的薪水还多。这期间卢梭认识了不少新朋友，如擅长文学哲学的年轻绅士孔济埃先生，善于做实验的物理学教授，卢梭还没有定型，仍然是东奔西走，碰到什么就学什么，不断地从一件事转到另一件事情上。当时正值伏尔泰和普鲁士王子的通信名噪一时，卢梭读了伏尔泰所发表的全部文章，引起了卢梭学习写作的愿望，培育了卢梭头脑中文学和哲学的萌芽。不幸的是卢梭的身体越来越差，只好搬到乡下去住，在尚贝里附近有着诗意般的田园沙尔米特养病，这一时期，卢梭的精力和心思都放到了学习上面，选读了很多哲学著作，接触洛克、布莱尼茨、笛卡儿等人的著作，在学习过程中经常带着问题进行思考和读书，善于总结学习经验，几年下来积累了相当丰富的知识，确立了卢梭专注于学问，从事知识阶层工作的方向，为卢梭日后的成就奠定了基础。

28岁时卢梭离开了华伦夫人的家，华伦夫人委托朋友在里昂给卢梭找了份工作，去贵族官员马布里先生家做家庭教师。马布里先生家有两个孩子，都很贪玩，不爱学习，在知识上卢梭做他们的老师没有任何问题，但是卢梭年轻气盛没有耐心，不能完全胜任这份工作，马布里先生又不辞退他，卢梭十分煎熬地干了一年，再一次回到华伦夫人的家。在马布里先生的家里，卢梭结识了马布里的弟弟——政治思想家、空想社会主义者马布里（1709-1785）和其表弟——哲学家孔狄亚克（1715-1780）。这一次回到华伦夫人的家里，卢梭感到以往和华伦夫人在一起的幸福已经不在了，华伦夫人的新管家不仅使华伦夫人欠债累累，对卢梭很冷淡，卢梭非常热爱华伦夫人，想帮华伦夫人解决经济上的窘境，用他音乐方面的知识去赚钱，他在记谱法上进行了创新，用数字来记录乐谱，既简单又准确，如果这项成果能得到推广，应该能得到一大笔钱可以帮助华伦夫人解决经济危机。卢梭再一次离开了华伦夫人的家里，命运却让卢梭再也没有回去过。

### 三、成年的卢梭

30岁这一年，而立之年的卢梭携带着《新记谱法》来到了巴黎，从此卢梭的命运掀开了新的一页。卢梭由音乐家拉摩推荐向法兰西科学院宣读他的关于新记谱法的论文，没有获得认可却获得了一份措辞夸张备至的证书，花了几个月的工夫将其修改为以公众为对象的作品，并以《论现代音乐》之名出版，但销量很差，卢梭的名利双收愿望落空。在神父马布里家里，卢梭认识了唯物主义哲学家狄德罗（1713-1784），两人年纪相仿，音乐是他们的共同爱好，彼此建立了亲密友谊，这种友谊维系了15年后结束。

在巴黎期间，卢梭开始结识一些名门贵族，介绍自己的音乐作品。在一次看歌剧演出之后，萌生出创造歌剧的念头，这个创造愿望因为一份工作而中断，31岁时卢梭离开巴黎去法国驻威尼斯使馆当秘书，工作不到一年，卢梭辞去秘书职务返回巴黎，仍以为剧团和个人抄乐谱度日，还重新开始了歌剧创造。卢梭住在了圣康坦旅馆专心创造，在这里卢梭认识了特莱丝·德·勒娃瑟尔，她在这家旅馆干缝缝洗洗的活，她是个活泼而温柔、多情而质朴的姑娘，没有受过多少教育，不会阅读，不会数钱算账，说话有时词不达意，但是他们相爱了并同居在一起，卢梭找到了自己的伴侣，在1768年卢梭56岁与其正式结婚。

卢梭得到特莱丝在生活上的照顾，很快就把歌剧的词曲完成，他的音乐才能开始引起巴黎音乐界的注意，还没有来得及将自己的作品进行完善，卢梭就被拉去修改伏尔泰和拉摩合作的歌剧《纳瓦尔公主》。由于两位作者都不在巴黎，凡尔赛王宫又急于在庆祝会上进行演出，欣赏卢梭音乐才华的黎塞留公爵举荐卢梭担当修改重任，卢梭为了获得原作者的认可，给伏尔泰写了封信，这大概是卢梭跟伏尔泰第一次的正式交往。修改工作完成后，卢梭却受到了音乐权威的排挤，一气之下卢梭病倒了。

35 岁时卢梭写出了喜剧《冒失的婚约》，不久卢梭又陷入到生活的拮据之中，卢梭只好给杜宾夫人和弗兰格耶先生做秘书，勉强维持家用。在这种情况下，卢梭按照巴黎当时盛行的风气，将他和特莱丝的第一个孩子送到了育婴堂。第二年又送了一次。后来卢梭的其他三个孩子，生下来后都送到了育婴堂。卢梭因为遗弃自己的孩子遭受到很多非议，但是卢梭认为在当时情况下只能如此，把孩子送给国家教育，将来成为工人或农民，这是一个公民或父亲出于善良愿望的做法。

卢梭在这段期间经狄德罗介绍认识了霍尔巴赫男爵，他经常参加霍尔巴赫家的沙龙聚会，又结识了一些后来影响他命运的人。卢梭又认识了达兰贝，狄德罗和达兰贝等人正筹备编纂《百科全书》，卢梭为《百科全书》撰写音乐方面的一部分条目。1749 年狄德罗因他的《论盲人书简》被关进了监狱，卢梭经常去看他。有一天卢梭带了《法兰西信使》杂志，在路上边走边读，看到第戎学院的有奖征文公告，征文题目是《论科学和艺术的复兴是否有助于敦风化俗》，到了监狱与狄德罗商榷，得到鼓励随即撰写论文应征，这一年卢梭 37 岁。

38 岁这一年，卢梭平静的生活突然被论文获奖而打断，卢梭的名声大振，很快成为法国文坛上风靡一时的人物，论文获奖成为卢梭一生中的重大转折点。

卢梭在论文中认为，科学、艺术和文学所制造出来的欲望给人类带来了束缚，并表露了"天赋人权"和"自然主义"的思想萌芽，他把文明社会和自然状态对立起来，认为科学艺术不但无助于敦风化俗还和奢侈相伴，与其有知识或科学艺术而没道德还不如有道德而无科学艺术，他从人类发展史出发论述了人类社会所经历的变化，从而得出其结论是人生来是平等的、自由的、自然是美好的，科学艺术发展没有给人类带来好处，只是造成社会道德的堕落和种种罪恶。年底，得奖论文在日内瓦出版，受到文坛普遍重视。为了维持生活，卢梭继续为贵族家庭做秘书，由于劳累得了一场重病，辞去了秘书工作，转为音乐团体抄乐谱。由于成名，卢梭的生活发生了改变，他不仅要同反对他的人论战，还要同很多慕名而来的人应酬。

40 岁不惑之年，卢梭为了避开都市的喧嚣和调养身体，搬到了乡下亲戚缪沙尔先生家里，在这里卢梭完成了喜歌剧《乡村巫师》，在枫丹白露上演获得成功，国王路易十五有意召见他，并准备给他年金，但是卢梭回避了。这一年卢梭的父亲去世了，卢梭曾把母亲遗产的一部分留给父亲用，现在不用为父亲担心了，他就接受了那笔遗产，把一部分钱寄给了华伦夫人，其余的钱和特莱丝共用。1753 年的狂欢节，《乡村巫师》在巴黎的演出也获得了成功，但随着意大利剧团来巴黎演出，出现了法国音乐和意大利音乐之争，卢梭写了《论法国音乐的信》，引起轩然大波，法国人认为他们的民族音乐受到了侮辱，一起来攻击卢梭。《乡村巫师》的成功给卢梭带来了荣誉和收益的同时也给他带来了麻烦和烦恼，直到冬天第戎学院又公布了"人类不平等的起源"的征文章程，卢梭积极应征，经过较长时间思考和研究，卢梭的征文以《论人类不平等的起源和基础》为题，解剖了人类历史文明的进程，从经济和政治上论证了人类不平等的根源在于私有制，私有制是一切罪恶的根源，明确指出用暴力推翻封建专制政权是合理的，这为即将到来的资产阶级革命奠定了理论基础，使他成为当时最激进的启蒙思想家，但是卢梭的这篇论文应征结果是落选了。

42 岁的卢梭离开巴黎回到了出生地日内瓦，重新皈依新教，恢复日内瓦共和国公民权。四个月后，卢梭回到巴黎，在亲戚和朋友的挽留下，决定住在埃皮奈夫人的隐庐，它坐落在巴黎的近郊，有种世外桃源的感觉。1755 年卢梭的落选论文《论人类不平等的起源和基础》在荷兰阿姆斯特丹出版，不久又出版了德文译本，在报刊上引起种种评论，震动了整个欧洲，其影响力远远超出了第一篇论文，卢梭的论敌也因此更多了起来。1756 年卢梭正式住进了隐庐，开始写《朱利，或新爱洛依丝》，卢梭将青春时期所有对爱情的美好回忆和想象都在这本作品中以书信体的方式表现出来，他不仅虚构出理想人物，还用美丽的环境衬托他们的故事，书中涉及到社会、艺术、宗教、人的情绪情感、乡野生活、天然景物等，体现了卢梭的自然主义倾向，体现了他的爱情观和道德伦理观，在小说中卢梭歌颂爱情，把爱情当作人类高尚的情操，还描绘了大自然的美丽风光，这些在法国文学史上都是第一次，1761年出版后获得了巨大成功，也奠定了卢梭在法国文坛的地位。在隐庐居住期间，卢梭还帮助摘选圣皮埃尔神父的遗著，把神父手稿中的精彩思想编成《永久的和平》，这本书也在1761年出版。同时卢梭也构思自己的其他作品，思考什么是最好的政府？因为他发现任何一国的人民都是在政府的政治制度下将他们造成的那样，什么样的政府能造就出有道德、开明、聪慧的最好公民？卢梭感觉到他正在寻找伟大的真理，而这真理能造福于祖国和全人类。除此之外卢梭还在思考，生活对人们将造成怎样的影响？为什么生活能把人们变成完全不同的人？他发现人们的生活方式是由外界事物先入印象决定的，人们不断地被自己的感官和器官改变着，并渐而影响着人们意识、感情和行为的改变，他感到需要提供一种外在的生活准则，生活的准则需要随环境的改变而变通，需要把人们的心灵维持在最道德的状态。这些思考为卢梭后面的作品做了很好的构思，这些思想也都在后续的作品中得到了反映。

45岁时卢梭开始写《爱弥儿，或论教育》，同时也为《百科全书》撰写条目，也写《百科全书》条目的评论，其《给达兰贝先生论观赏的信》就是批评《百科全书》第七卷上关于"日内瓦"条目对于日内瓦城市建设和戏剧文化生活的意见。卢梭写《爱弥儿》时，正面临着友谊和人际交往的困顿，由于对狄德罗的新作《私生子》中关于隐士的看法大相径庭，和狄德罗争辩的结果是不欢而散，虽然中间曾试图和解，但终因为思想和为人处事准则上的格格不入，而逐渐疏远最后绝交；在隐庐相识并与之产生爱情的乌德托夫人也离开了此地，宣称和卢梭只能做好朋友，而他们的这段感情却被上流社会传得沸沸扬扬；这时的卢梭还和埃皮奈夫人产生了矛盾而搬出了隐庐，移居到蒙特莫朗。卢梭感到爱情和友谊都抛弃了他，一些不利于他的传闻从日内瓦和巴黎反馈到卢梭这里，一些仇视卢梭的人形成了小集团散布对卢梭不利的言论，令卢梭感到悲哀。幸好在新的居住地卢梭又结识了新的朋友卢森堡夫妇，并接受邀请搬进了卢森堡夫妇府第的一间房子里居住，在这里卢梭完成了《爱弥儿》和《社会契约论》的写作。

50岁时，卢梭的两本伟大著作都出版了，先是《社会契约论》出版于阿姆斯特丹，接着《爱弥儿，或论教育》也在阿姆斯特丹和巴黎出版。按照当时的习俗，一本书的出版要先在某些知名人士中进行传阅，《爱弥儿》经过传阅后，已经成为人们的议论中心，由于书中抨击传统教育制度，宣扬自然神论而得罪掌管教育的教会，对贵族涉猎糟蹋农民土地的暴行进行了责骂而遭到嫉恨，虽然这本书也得到了一些人的肯定，但是在出版不久，卢梭得到消息，当局要起诉他并下令逮捕他，某些当局者宣称要将作者和书一起烧掉。巴黎大主教博蒙出面干涉《爱弥儿》的发行，发出禁令要人们不要读此书，巴黎高等法院也发出有关此书的禁令。卢梭从巴黎出逃到日内瓦，适逢当局焚烧此书和《社会契约论》，并宣布追究作者；卢梭只得再次逃亡，辗转流亡到普鲁士管辖下的纳沙泰尔的莫尔季耶村，在该地宗教信仰不能成为迫害的理由。第二年卢梭发表了《日内瓦公民卢梭给巴黎大主教克里斯托·德·博蒙的信》，公开责问教会当局，抗议对他的迫害，同年卢梭放弃日内瓦公民权，取得纳沙泰尔州公民权。卢梭从来没有在这些迫害和攻击面前屈服过，有机会就拿起笔为自己进行辩护，1764 年出版《山中书简》，驳斥民间流传的《乡间书简》，并责问日内瓦当局，结果招来更大的迫害。迫害的结果使卢梭的名声更大了，很多人慕名前来，科西嘉解放运动领袖德·布达福科邀请卢梭前往科西嘉协助起草宪法，卢梭未去，但是代拟了个草案，名为《科西嘉宪法草案》，于 1767 年第一次出版。但是 1765 年匿名的《公民的感情》小册子出现在市面上，抨击卢梭的思想、人格及道德观，影射卢梭遗弃自己的五个孩子，把他们送进孤儿院，极力证明卢梭不是基督徒，这些传到莫尔季耶村，卢梭在当地遭受到越来越多人的反对，民众的宗教情绪使他们对卢梭反目成仇。1765 年卢梭再次逃亡，辗转多处，最后在 1766 年 1 月来到英国伦敦，住到了著名哲学家休谟的家里。多年的颠沛流离使卢梭患上了"迫害妄想症"，总是怀疑有人要谋害他，发现休谟与狄德罗等法国哲学家有交往，就怀疑休谟和他们是串通一气的，甚至怀疑从前的好朋友的善意。和休谟相处得不愉快，卢梭离开了伦敦，去了另一个城市伍顿，继续完成正在写作中的《忏悔录》。《忏悔录》是卢梭的自传，而且是非常有个性的自传，第一部分主要是他童年和青年生活的回忆，写到 30 岁为止。1769 年开始写第二部，1770 年写成，写其后半生的生活经历。在书中卢梭表达了同情平民的感情和追求自由的思想，既是卢梭个人的生活史，也是卢梭对生活的思考历程，是他的思想和情感的发展史。卢梭在《忏悔录》为自己进行了辩护，试图让世人了解事情的真相，向世人进行忏悔，为自己的行为寻找理由和依据。

55 岁时卢梭离开英国伍顿，潜回欧洲本土，自后行踪不定，他隐藏身份，改换姓名，在写作的同时还开始了植物学考察。1768 年他到格勒诺布尔进行植物学考察，经过尚贝里凭吊了华伦夫人，后在戈布市住下，8 月与特莱丝正式完婚。1770 年春卢梭被法国当局赦免，可以自由选择居住地，卢梭回巴黎住在普拉特里埃街，靠版税、抄写乐谱、作曲和朋友的津贴维持生活，这时《忏悔录》手稿开始在密友中间传阅。

## 四、晚年的卢梭

60 岁时卢梭参与过的《百科全书》整套 28 卷，文字 17 卷，图册 11 卷，全部出齐。卢梭这段时间的生活很有规律，每天散步、遐想、采集植物标本，写作，做他自己愿意做的事情，卢梭担心后世对他的一生没有完整的印象，那些诽谤所留下的阴影不能完全消除，又写了《对话录：让·雅克批判卢梭》和《忏悔录》的补篇《一个孤独的漫游者的梦幻》第一卷。

65 岁时卢梭健康恶化，身体衰老，停止抄写乐谱，生活困难，特莱丝也生病多时。卢梭于 1778 年 7 月 2 日因病逝世，享年 66 岁，葬于他生前所向往的地点埃尔默农维尔的圣·彼得岛。1794 年 4 月 15 日，法国大革命五年后，遗骸迁葬于巴黎先贤祠。

我们跟随卢梭的生活经历可以看到，卢梭的童年是在失去母爱的环境中长大的，年少的时候又是在茫无头绪的教育中自发地成长，从来没有一个很稳定的家庭环境让卢梭可以享受父母的慈爱和温情，寄居的生活和不断变换的环境让卢梭的精神状态和物质生活始终处在波动之中，母爱的缺少和对家庭温暖的渴望使他过早地涉入到对异性的向往，他敏感冲动而又胆怯疑虑，温柔而又叛逆的性格和他童年时期的生活经历是分不开的，青春时期的流浪生活又养成了他放任自流、追求自然天性的秉性，自尊与自卑的两种心理同时作用在他身上，他向往过上纯美的生活，但是现实社会是残酷的，等级制和专制制度并不会给卢梭这样不屈服于权贵的人一个很好的待遇，他也曾想过要飞黄腾达，但他受不了制度的限制，他总是从封建官僚体制中出逃，他的孤独和他的格格不入源于他思想中对现实制度的否定。卢梭认为人天性都是善的，之所有心中会有恶，那是因为现实社会叫人恶的缘故，他的不幸是世界对这个不怕控诉世界的人的报复。

10 岁到 30 岁是卢梭思想形成的关键期，这一时期卢梭大量接触到了当时最新的科学知识和思想成果，他以顽强的毅力和勤奋好学的精神，经过多年的看书和自学，在众多领域积累了广博的知识，为他自己成为一个思想巨人储备了必要条件。卢梭在自己的一生中为了说明戏剧、艺术与文明的恶果，他自己则当上了剧作家、小说家、音乐家。他是一个平民百姓，却接受了王公显贵的保护。他创造了一个想象的世界，在那里幸福是美德的最高褒奖，他自己却痛苦万状。他真诚地热爱正义、真理、善良，自己却撒谎，不讲正义，做事恶劣。一个无人管教的孩子走上光荣之路，一个流浪汉成了思想家，一个染上恶习的学徒成为严肃的伦理家。卢梭的一生时时刻刻都在进行着自我奋斗，这种奋斗并不是像神秘主义者那样在宗教的指引下进行的，而是遵从自我满足和个人良心对真善美的孜孜以求。

卢梭的经历描绘了 18 世纪时期的历史状况，我们跟着他了解到年轻学徒的生活条件，跟着他来到了巴黎，卢梭 30 岁以后的大部分时间都是在这里度过的，他让我们了解了在苛捐杂税下农民和巴黎小市民的生活条件；跟随他我们了解了市民阶层，我们进入贵族门厅、外交界和财界，甚至接近了宫廷；我们参加了重大的历史事件，看到百科全书派带着他们的优点和缺点列队走过，感受到伏尔泰超群绝伦的地位。卢梭有时用历史学家的笔法重现他的作品产生的情景，一个时代的心理状态、政治问题和情趣，无不说得清清楚楚。这一切经历固然都是通过卢梭的眼光来看的，但是谁比他更适合去评论这个令他心醉神迷而又感到被排斥在外，他向往而又不忘揭露其固有症结的上流社会呢？谁比他更能体会他所出身的小市民阶层的尊严呢？正如卢梭所说，没有人敢说比卢梭这个人更好，他是一位非思想不能生活的思想家。他有一句很著名的遗言：我把我的一生献给真理。这也是他的座右铭，他在为自己的座右铭而奋斗。

# 第三章　卢梭的教育理论创新

卢梭宣称:"在一切有益人类的事业中,首要的一件,即教育人的事业。"[1]他以小说体教育著作《爱弥儿》屹立在教育学的发展历史进程之中,成为教育思想的一个里程碑,是后人讨论教育学问题不能绕过去的一个重要人物。任何一种教育理论都是在一定教育思想基础上关于教育所做的系统性阐述,卢梭在《爱弥儿》中所宣传的教育主张,是基于卢梭的自然主义教育思想,同时卢梭的教育思想又和卢梭对人的认识、对理想的追求、对社会现实制度的看法、以及卢梭自身的人生态度、世界观和价值观等等,都是息息相关的。卢梭的教育思想和政治思想是一脉相承的,他强调自由、平等,并把这种思想也贯彻到他的教育思想之中。在卢梭之前,已经有很多人发表了很多关于教育的主张和思想言论,卢梭在继承前人思想基础上所阐发的教育理论不仅让人眼前一亮,而且对后世的影响也意义深远。卢梭的《爱弥儿》不仅是卢梭教育理论的系统阐述,也是卢梭将教育理论在爱弥儿身上进行实践探索的尝试,虽然爱弥儿这个人是虚拟的,但是卢梭所塑造出来的爱弥儿,既有哲学家的头脑,又有劳动者的身手,而且有改革家的品德。无疑卢梭所憧憬的自然人,是资产阶级新人的形象,这也正是他的思想比封建主义教育进步的地方,也是他横遭迫害的主要原因。卢梭的自然主义教育理论体现在教育目标上,要求培养身心调和发达的自然人;在教学内容上,卢梭坚决反对书本诵习和空洞的文字说教,主张学以致用,行以求知,要求追求真正的有用的知识。卢梭的教育理论和将理论运用于实践当中的探究,不能不说是卢梭对教育的重大贡献和创新。卢梭在《爱弥儿》中的教育理论创新表现在以下几个方面:

## 一、教育中人的天性前提

卢梭认为人最初是善的,只是由于不合理的社会制度、宗教、传统偏见等因素的影响才导致了人的善良本性的变坏,他在《爱弥儿》这本书中第一

---

[1]　[法]卢梭. 爱弥儿(上) [M]. 李平沤译. 北京: 商务印书馆, 1978. 2.

卷开篇的第一句话就是："出自造物主之手的东西，都是好的，而一到了人的手里，就全变坏了。"教育中关于人的天性前提，在历史上曾经有很多种不同的说法，例如我国古代的孟子就认为人性是善的，教育要"发挥善端"，就是要发挥人的善良本性；而荀子认为人性是恶的，教育要"化性起伪"，就是要通过人为的教育转变人的恶的本性。卢梭持人可以向善的人性论假设，并以此为依据提出了教育要顺应人的自然发展的基础性原则和以培养"自然人"为目标的教育要求。宗教认为人有原罪，必然要对人进行惩戒，人自身要赎罪，这样就迫使人们盲目顺从而摧毁人权。如果强调人们有向善发展的可能性，则更有助于提高人的政治地位和保障人的社会权利，变抑制天性的教育为尊重天性的教育。卢梭认为，在人的善良天性中，自爱心是为了生存而具有的原始的、内在的、先于其他一切的自然欲念，它涉及人的自我保存，顺其自然地发展能成为一种高尚的道德；怜悯心是一种设身处地与对方产生共鸣的一种情感，怜悯心能让自爱心扩大到爱他人，爱人类，生发出仁慈博爱等人道精神；良心也是天赋的，它的作用在于指导人弃恶从善，协调自爱心和怜悯心，因为良心是遵从自然的秩序，人人皆备，但是良心容易被后天不良的环境和社会罪恶腐蚀掉，儿童要到远离城市的接近自然的农村生活，接受好的教育才能保护良心不受污染。卢梭这种强调人性本善的思想，充满了反封建的战斗精神，可以说是教育上的巨大变革。但把良心、自爱心和怜悯心都看成是天赋的抽象物，还是有局限性的。

卢梭关于人的天性中第二个与教育有着密切关联的是他的感觉论主张，他充分肯定人的自由意志，认为人是有智慧的，有理性的。良心让人热爱正确的事物，理性使人认识事物，意志使人选择事物。知识的来源都是通过人的感官而进入人的头脑的，人对事物的理解是以感性做基础的，感觉是人的知识来源和原材料，所以理性认识事物的前提就是感觉器官的成熟与发达，儿童因为感觉器官不够成熟和完善，不能用书本学习代替感官，书本存在着偏见和谬误，只学习书本知识就只能接受这些偏见和谬误，所以需要通过教育对其感官加以训练，让儿童的感觉感官逐步提高，对此卢梭设想了很多种系统训练感官的方法，给予感觉训练高度重视。卢梭将教育建立在儿童的天性前提之上，显示了卢梭教育理论中唯心思想和心理学端倪。

## 二、教育中遵循自然法则

卢梭的教育思想与他的政治思想有特别紧密的关系。他认为一切权利属于人民，政府和官吏是人民委任的，人民有权委任他们，也有权撤换他们，直至消灭奴役压迫人民的统治者，这就是人民主权思想。在社会观上，卢梭坚持社会契约论，主张建立资产阶级的"理性王国"；主张自由平等，反对私有制及其压迫；提出"天赋人权说"，反对专制、暴政。卢梭非常强调自然对教育和人性的重要，唯有教育出爱弥儿这样的人，才可能建立起与社会契约论相适应的基础，才可能构成社会契约论下的国家或者是政府，教育出爱弥儿这样的人就要遵循自然主义的教育。

### （一）自然主义教育的内涵

卢梭自然主义教育的核心是"归于自然"，即强调对儿童进行教育必须遵循自然的要求，顺应人的本性，人的善良天性存在于纯洁的自然状态之中，反对不顾儿童的特点按照传统与偏见强制儿童接受违反自然的教育，这样的教育干涉或限制儿童的自由发展。总之，自然教育就是服从自然法则，适应儿童的天性，促进儿童身心自然发展的教育。为了说明自然教育的合理性，卢梭从三个方面进行了论证：其一是从环境影响来说，社会文明特别是城市文明容易让人失去自然天性，而且任何人都是受着自然的教育、事物的教育、人为的教育三种教育培养起来的，只有三种教育圆满地结合在一起才能达到预期的目的。在三种教育中，自然的教育是人力不能控制的，只有事物的教育和人为的教育向自然的教育靠拢才能达到三者良好的结合，因此教育要归于自然，以自然的教育为基准，在儿童成年以前最好是 15 岁之前教育要在远离城市的农村中进行；其二，遵循自然的教育必然是自由的教育，因为儿童在自身的成长过程中遵循自然天性，就会是主动与自由，不须成人的灌输和强迫，自由是人最为重要的自然权利，人生而自由，自然的教育就是要充分尊重儿童的自由和个性发展，反对传统上任何束缚自由的封建教育方式方法和宗教上对人的压制；其三，自然教育的主要对象是富人，穷人不需要接受什么教育，穷人的生活环境已经很接近自然，他们从自然的劳动和生活环境中获得自然的教育，而且他们只能接受这种自然的教育，保留且发扬了人的纯朴本性，而富人生活的环境要恶劣得多，影响到了人的本性发展，富人更需要自然教育来挽救和培养一批成为自然人，卢梭把爱弥儿设想为出身名门的用意也正在于此。在实际生活中，卢梭抛弃了他自己的孩子，因为他觉得凭自己的经济情况无法抚养自己的孩子，把他们送到育婴堂让国家培养是对孩子的最好安排，卢梭在他自己的《忏悔录》中也极内疚地提到了这一点。确实卢梭的一生颠沛流离，还经常受到当局的迫害，他自己无法给孩子一个稳定健康的成长环境，理想的追求和现实的生活总是存在着差距，这是个人所无法超越的客观事实，但这并不影响卢梭思想的伟大之处。

**（二）自然主义教育的目标**

卢梭在《爱弥儿》中表示，自然教育的最终培养目标是"自然人"，这个自然人是相对于公民的概念来说的。卢梭的很多主张都强调对公民的培养，然而在《爱弥儿》中他主张教育目的是培养自然人，之所以将自然人和公民相对立，主要在于卢梭认为当时的法国社会是个专制的封建国家，不是卢梭所向往和认定的真正国家，公民的概念是和国家相对应的，没有国家的地方也就不会有公民，更谈不上培养公民，因此可以认为卢梭所说的自然人是区别于当时社会中的人，是对当时封建教育的一种批判和反叛，是区别于当时社会的一种新人，体现了卢梭反对封建教育戕害和轻视儿童，要求提高儿童在教育中地位的意愿，体现了卢梭主张改革教育内容和方法，顺应儿童的本性，让儿童的身心自由发展的革命思想，其实质是反映了资产阶级和广大劳动人民从封建专制主义下解放出来，成为一种新社会成员，过一种新生活的要求。卢梭所论述的自然人教育目标有以下几个方面的含义：

第一，自然人是能够独立自主的人。卢梭说过培养自然人并不是等于要把他变成野蛮人，要把他赶到森林里去，这种自然人是生活在社会中的自然人，与完全生活在自然状态下的自然人是有着根本不同的人，这样的自然人是在保存了人的自然天性的同时又能够在社会中生存的人。这种自然人可以不依靠社会地位和职业，能够适应各种变化的实际需要，他是一个可以为他自己生活的人。这种自然人的器官和才能都得到很好发展的人，虽然没有什么特殊的专长，但是他善于获取知识，虽然没有固定的职业，但是因为他什么都能很快地学会所以不担心生存，他能够自主谋生，能够应对变化无常的人生，能够独自地体现出自己的价值，这些特点在爱弥儿身上都有体现。

第二，自然人是能够平等自由的人。在自然的秩序中，所有事情都是平等有序的，没有社会中的非常严格的阶级等级地位之分，无须为维持不合理的身份和地位而勾心斗角施展阴谋诡计，所有人都是平等的，正所谓人生而平等。同时自然人又是自由人，他不会被社会中的各种束缚所捆绑，不会被困于他的职业而失去自由，不会因封建教育造成人的身心受到极大的摧残。这种自然人实质上是卢梭小资产阶级政治理想的化身，卢梭所憧憬的身心协调发展、广泛适应社会各种状况的"自然人"，是既摆脱了封建制度的羁绊又能扛起革命大旗的资产阶级新人，这样人在当时的旧教育体制中是无法培养出来的，只能按照自然的教育方式进行培养。因此自然教育的原则首先就是给儿童充分的自由，特别是在儿童接受教育的最初几年，成人没有必要去干涉，这种类似于消极的自然教育并不是真的消极，放任儿童自流无所作为，而是对儿童的一种有益做法。教育者一方面要对儿童进行观察，了解儿童的自然倾向和特点，另一方面要保护儿童自然的善良天性不受外界的不良影响。卢梭说最初教育不在于儿童学到了什么，而是要保护儿童的心灵不受污染，看似耽搁了一些时间，但是这种埋下自然种子的教育能为儿童的发展打下坚实的基础，在未来会创造奇迹，孩子长大的时候会加倍收回来。

### （三）自然主义教育的原则

卢梭自然主义教育的总原则就是在教育的任何事情上都要按照大自然所赋予人的方式去教育儿童，沿着自然所给出的道路前行。对这个总的教育原则进行细分，可以归纳出以下两个具体原则：

第一，正确看待儿童

儿童观是教育儿童的前提，对儿童的不同看法将决定着如何对儿童进行教育。卢梭对他所处的那个时代的儿童现状充满了同情，并强烈地批判了摧残儿童天性的做法。卢梭认为当时社会上对儿童进行的教育可以说是野蛮的教育，父母和教师向儿童强迫灌输旧的道德和知识，并用惩罚、恐吓和奴役等方式来对儿童进行教育，这一点卢梭自己深有体会，他的儿童期就是在学徒和宗教以及严厉的教育中度过的，本来童年应该有的欢乐时光却让孩子受到了各种各样的束缚，不仅牺牲了儿童正常生活，也让儿童失掉了应该有的童真和善良的天性。这样的教育所造就出来的儿童不是老态龙钟的，就是缺乏善恶分辨能力的，或者是没有实用知识束缚于旧制度之下的公民，甚至在他的头脑中充满了固执、偏见、嫉妒和虚伪等恶习。此外当时法国社会的上流贵族家庭还将男女儿童打扮成小绅士、小贵妇，要求他们的言行举止要像成人一样，儿童在这些不适合儿童活动的衣着打扮束缚下，外表光鲜亮丽，但却失去了儿童应有的自由和快乐，失去了儿童应有的童真，还会养成骄奢淫逸和贪图虚荣等不良心理。卢梭认为教育之所以会是这样就是没有将儿童当作儿童看待，从根本上没有正确认识儿童，对儿童不理解，在观念上对儿童的看法就是错误的。这表现在成人既不去研究儿童，也不考虑儿童作为未成人的现状，不考虑儿童自身拥有的特殊的感情、想法和认知世界的方式，而总是把儿童当成大人看待，用成人的想法去代替儿童，从而让教育误入歧途。因此卢梭提出自然教育的前提就是要改变以往对儿童的不正确看法，重新正确看待儿童，给儿童所应该拥有的地位和权利。在自然界万物的秩序中，人类有他的地位，在人生的秩序中，儿童这个阶段也有它自己的地位，要把儿童当作儿童而不是成人来看待，既不能让儿童成为有待管教的奴仆，也不能让儿童作为成人的附庸。

第二，正确善待儿童

卢梭认为正确看待儿童还不够，还要正确善待儿童。善待儿童就不要向儿童灌输种种本来是要求成人的东西，以免摧残儿童的心灵。成人的不干预、不灌输和不压制，让儿童遵循自然率性发展，实质上是将教师和成人在教育中的权威和中心地位让位给了儿童的自主发展。大自然总是叫人往最好的方面去做，如果违反了自然的规律，就会受到自然的惩罚。自然已经给了人最好的教育，因此善待儿童，就是保存儿童的自然善良天性，儿童在不断尝试错误中获得来自自然的宝贵经验，自然对儿童来说是最可靠的教育。善待儿童不仅要给予儿童充分的自由，还要注意到儿童的个体差异，因循儿童个体而教，每个儿童的心灵都有自己的形式，必须按照儿童心灵的形式而教，教育者好好地了解学生之后才能好好地善待学生。可以把《爱弥儿》这本书看作是个体教育学的典范，通过爱弥儿这个人的受教育过程，来说明自然教育是多么的重要和可行。同时卢梭认为教育的时机也是非常重要的，儿童在某些阶段已经准备好学习某些东西，教师必须仔细观察学生以便能够找到教育儿童的合适机会。如果说正确看待儿童是儿童观的转变，那么善待儿童则是教育观的转变，卢梭的儿童观和教育观是教育史上的转折点，他的正确看待儿童和善待儿童，遵循自然教育的思想在今天仍为重要。

### （四）自然主义教育的实施

卢梭按照个体儿童生长的阶段来撰写《爱弥儿》，根据个体在不同的年龄成长阶段所面临的问题与需要，从"归于自然"的理论出发，卢梭主张教育要根据受教育者的年龄特征而实施，竭力主张根据受教育者不同阶段的身心特征来规定教育任务。卢梭在对儿童心理发展的观察基础上把教育划分为四个阶段：

第一阶段，婴幼时期的教育（0~2岁）。

卢梭将0~2岁这个阶段作为教育的起始阶段，认为这个时期的儿童是最软弱无能的，虽有感觉但不会说话，一切都靠着养育者的照顾，因此这个时期主要是进行身体保健、养育和锻炼为主。卢梭认为良好的体质是智力发展的基础，是个人幸福和事业发展的源泉，而在增强孩子的身体和使孩子成长方面，大自然是有自己的办法的，我们应遵循着自然的昭示，而绝不能违反它的办法。这些合乎自然的办法包括：要养护婴儿从衣食住等方面拥有适应自然环境的能力，卢梭认为最悲惨的事情莫过是孩子没有了健康身体而终身都要同疾病做斗争；要给孩子获得行动的自由，因此卢梭强烈谴责当时流行的用襁褓紧紧裹住孩子身体的陋习，认为这是让孩子一出生就感受到被束缚的痛苦，只有自由的成长才能让孩子在活动中积累经验，只要是没有危险和安全的，就应该让孩子的身体有最充分的自由；要给孩子尽可能多的感觉，卢梭认为人的教育在出生时就开始了，虽然孩子不能说，但是他能感觉到；要给孩子以母乳喂养，卢梭主张妇女到农村去分娩和养育孩子，认为城市是坑害人的深渊，母亲在更接近自然的环境里会获得更多的快乐，并有利于建立亲子关系，父母的责任不是教给孩子行为准绳，而是促使孩子发现这些准绳，卢梭批评了父母在孩子说话上操之过急的习惯做法。

第二阶段，童年时期的教育（2~12岁）。

卢梭将2~12岁这个阶段视作感觉教育的最佳时期，认为这个时期的儿童理智正处于从睡眠期到觉醒期的过程，所以不主张向儿童进行理性教育，以感觉教育为主。卢梭认为感性认识是人的理性发展的基础，发展人的理性首先应注重感官训练，积累感性经验，获得感性认识。怎么培养儿童的感性认识？卢梭提出让儿童到乡村中去接受大自然的教育，在优美的自然环境中得到感官教育。卢梭主张这一阶段的教育应主要集中在感官训练，这是因为在个人身上，随着身体的成长，感官是最早趋向成熟的，而理智是发展最迟的，从这个观点中可以看出卢梭在教育上持有自然进化论的思想。训练孩子的感官，卢梭主张运用"自然后果法"，让儿童在同自然的接触中，体会到自己所犯的错误和过失所带来的后果，教育手段中最好的方法就是自然法则，而不是为了惩罚孩子而惩罚，要让孩子们懂得遭受惩罚是因为他们不良行为的后果，比如吃了不洁的东西自然要坏肚子，撒谎了自然没有人会相信你。卢梭反对在这个阶段向儿童进行理性灌输教育，认为再多的说教也不如行动榜样重要，向儿童过早地灌输一些道德观念、灌输一些理性教育，等于在他们的心灵深处种下了"罪恶的根"，因为所谓的理性教育在卢梭看来都是含有封建思想的，而且用成人的头脑指挥儿童的头脑，就会束缚儿童的身体，儿童的头脑就变得没有用处，儿童自身为了对抗这些灌输的教条和义务而学会逃避、虚伪和欺骗等不良行为，灌输得越多可能养成的恶行就越多，由于儿童不能真正理解成人所强加给儿童学习内容的含义，反而对儿童是有害的。卢梭提出了种种办法来训练儿童的感官和身体发育，比如在夜间训练儿童的触觉游戏，培养儿童对痛苦的适应力，用绘画作图、听音乐训练儿童的视觉和听觉，在生活方面对饮食和戒贪等都有具体要求。这个阶段的儿童在经历了感官的自然教育，在身体机能获得充分发展的同时，理智也获得了相应的发展，同时儿童也享有了快乐和自由，可以说是成长得比较完善了。

第三阶段，少年时期的教育（12~15）。

卢梭认为12~15岁这个时期是儿童精力最旺盛的时期，儿童的理性逐渐发达起来，但这个时期很短暂又很仓促，因此对一个人的成长来说，就显得尤为珍贵，必须善于加以利用，为人生奠定基础。教育的重心也要转移到智育和劳动教育上，在这个阶段，一个人已经开始能够进行独立的思索，是开始工作、受教育和学习的重要时期，卢梭主要论述了这一阶段的文化知识学习和劳动教育等问题。

首先是智力教育的内容。卢梭认为12岁以后的儿童理性开始发达，培养儿童的学习兴趣和学习能力则是应放在首位的教育问题。卢梭指出知识的学习是无休止的，而青春期又是如此的短暂，培养孩子学习的兴趣是首要的任务，也是一切良好教育的一个基本原则。这个阶段教育孩子各种各样知识，是为了让孩子学会在需要的时候如何去获得知识，准确地评估知识的价值，去发现真理，要教孩子热爱真理胜于爱一切。卢梭设想了许多门类的学科，要他们进行学习，在这一阶段卢梭提了很多自然科学方面的知识，对人文学科提之甚少，一方面基于卢梭对儿童天性的理解，选择知识的一个原则就是不要让孩子学习他不可能理解的东西，认为这个时期不是学习人文学科方面知识的最好时期，另一方面是对当时封建文化持反对态度，认为那样的人文学科只能教坏孩子。

其次是智力教育的方法。卢梭认为对孩子进行智育的时候，方法是至关重要的，他的一个基本思想就是让学生在实际活动中自觉自动地学习，反对口头说教和死啃书本。教师要做学生的榜样，要带领孩子在共同的活动中进行亲身体验式学习，如观察自然天体现象学习天文知识、由实验学习物理、通过旅行学习地理方位等，虽然有过分强调儿童直接经验的嫌疑，但是这样在活动中进行学习确实能达到增强儿童学习兴趣和学习能力的目的。卢梭告诫说在教育过程中，教育者重在引发儿童的好奇心，而不是满足儿童的好奇心，卢梭最担心的就是老师用权威代替了理智，儿童将不再运用自己的理智，将为别人的见解所左右，所以卢梭呼吁不要教儿童这样那样的学问，要让孩子自己去发现那些学问。

最后是关于劳动教育。卢梭从培养"自然人"的独立性出发，认为劳动是社会人不可免除的责任，要让儿童能够靠自己的劳动和劳动成果过上自由健康快乐的生活，靠自己的劳动生存，保持自己做人的尊严，所以卢梭主张通过劳动不仅培养儿童对劳动和劳动者的情感，还要在劳动中培养儿童的思考，锻炼儿童的思维，并通过劳动学习学会一门职业。在选择职业时，要考虑职业的有用性，适合自己的天赋和特长，适合自己的年龄和性别，不要选择能让人养成不好性情和对身体有害的职业。职业选择后教师应和学生一起去学习，卢梭为爱弥儿选择了木工，因为他认为木工满足了他对职业选择的所有要求，而且还符合爱弥儿兴趣，有运动量又有技术，工作干净还不受限制，还能促进脑体发展。卢梭的职业观是手工业生产者的，这和卢梭早年的生活经历有一定的关联，也是时代的局限。

第四阶段，青年时期的教育（15—20）。

卢梭认为15岁以后的男孩子是脱离了儿童状态的第二次诞生，身体和心理都发生很大的改变，特别是经过前 15 年的积累和发展，儿童已经有了较为丰富的感性经验和自然知识，可以对这个时期的孩子实施道德教育、宗教信仰教育和性教育，也就是说爱弥儿可以回到城市当中，学习做一个城市社会中的自然人。

在道德教育方面，卢梭否认先天的道德观念，但又认为人生而具有良心，这个良心能使人具有公平的道德原则，服从良心的指导就可以凭直觉迅速地做出道德判断，道德的价值在于心灵的内在满足，不是为了尽义务也不是为了服从别人的需要，更不是为了个人的名利。卢梭认为道德教育应从发展人的自爱开始，自爱是人的天性，一个自爱的人才能爱别人爱财产，德育的目标就是把自爱的天性扩展开来，把自爱之心扩展到爱他人，这样自爱就成了一种美德。卢梭将"爱"作为道德的核心，以抽象的人类之爱冲击了封建的等级观念，推动了 18 世纪"自由、平等、博爱"精神的发展。在德育方法上，卢梭主张通过社会观察、学习历史和伟人传记等培养道德，因为在此前三个阶段已经培养了儿童具备良好的行为习惯，在这个阶段，就要培养儿童善良的情感、道德判断能力和坚强的道德意志。比如通过让学生参观医院、疗养院和监狱等办法，培养学生的仁慈善良、同情和宽厚之心，作为道德修养的开始；通过学习历史和评判历史人物来培养道德判断力；通过实际行动培养儿童道德意志。总之，卢梭的道德教育不是空洞的说教，而是从知情意行等多个方面进行教育。

在宗教信仰方面，卢梭提倡将自然神作为信仰的对象，他反对传统的宗教教育，反对对儿童过早地灌输宗教，他认为儿童很难理解宗教，但是如果一个人依从天性发展到一定程度就能自然而然地理解宗教，信仰上帝。卢梭指出没有信念就没有真正的道德，要求人们要爱上帝，但这种信念需要青年人用自己的理智去选择愿意信奉的宗教教派，自然和理性决定着对宗教的信仰。

在性的教育方面，卢梭认为只有纯洁的灵魂才能使爱情更加美满，美满的爱情能让人摒弃不良的生活，主张性和爱情要顺从自然的发展，远离诱惑，养成克制情欲的好习惯。由于性欲发动是青春期的特征，卢梭比教育史上的其他任何教育家都注重对青少年进行性的教育，他主张在青少年性成熟时期以适当的性道德和性知识的教育，使青少年对"性"的自然发展有一个正确的认识，从而能够"行为端正"。卢梭反对为了不让青年人坠入情欲当中而把爱情说成是犯罪一样一味欺瞒儿童的做法，认为这样做反而会促使儿童去学习不正当的性知识。对于男女间的爱情，卢梭认为不应使之成为理性教育的障碍，而应成为理性教育的手段，主张顺应自然发展，既不盲目抑制，也不妄加激动。为了防止性欲早熟，卢梭认为，应使青少年远离不正当的诱惑，教师要用适宜的工作和活动来吸引青少年的注意，使他们的精力有发泄的出路。卢梭不怕促使爱弥儿心中产生他所渴望的爱情，他要把爱情描写成生活中的最大快乐，并使爱弥儿对荒淫的行为感到可鄙，卢梭要使爱弥儿成为情人的同时，也成为一个好人。

### 三、关于女子的教育

卢梭在《爱弥儿》中关于女子的教育并无太多可取之处，他以智力上男优女劣、体力上男强女弱、社会上男尊女卑为根据，鼓吹大男子主义，忽略男女在天性上的差异，没有在教育方面给出公平与恰当的见解。对女子和儿童看法的进步是与社会发展同步的，自从人类社会进入到父权社会以后，男性作为社会支配力量一直占据着中心，女人作为附属就没有被正确、认真地对待过，所有的历史都是男人的历史，所有的思想都是男人的思想，作为人类社会中无法相互取代的男人和女人就处在了不平等的地位上。在教育史上，关于女子教育的论述少之又少，只是到了现代学校普及之后，女子受教育才获得了一席之地。卢梭能够在《爱弥儿》中专门论述了女子教育，可以说卢梭还是有远见的，一些主张也不乏可取之处，但是卢梭对女子教育的论述也同样是父权思想的产物。因为卢梭倡导的男孩教育，尽可能保留他们先天的自由和善，同时让他们成为稳定的、独立的公民。至于倡导的女孩教育，则是通过爱弥儿的女伴苏菲的教育表现出来的，卢梭提出了一种为了纯洁、顺从和听话的教育，作为伴侣苏菲，既要成为男人喜欢的女人，也要能够克制自己的欲望遵守为人妇之道。不管怎样，卢梭能看到女子教育的重要性，能够探讨女子教育，给女子在教育上以地位，已经是大大地超越了前人。

卢梭关于女子教育的观点也是从他的"遵循自然""归于自然"的基本思想中引申出来的，他说所有一切男女两性的特征都应当看作是由于自然的安排而得到尊重。卢梭对男女差别的基本看法是：一个是积极主动和身强力壮的，而另一个则是消极被动和身体柔弱的。他认为女子虽显得弱，但也可支配强者；她们是孩子们和父亲之间的纽带；生儿育女、帮助和体贴丈夫是她们应尽的自然义务。她们有很多东西需要学习，但是她们只能学习适合于她们学习的东西。卢梭认为，像男孩的教育一样，对女孩也是首先培养健康的身体，但更倾向于灵巧的目的。为此，她不可整天坐着不动、娇生惯养，而应当尽情游戏，免除过分的束缚，这对于以后生育健壮的孩子和获得良好的身段是有益的。卢梭还安排女子学习唱歌、跳舞、绘画等，使之声音动人、身材灵巧、风度优雅并具有思考的习惯，以便更好地愉悦家人、教育子女，而不是为了参加社交活动，女子的治家能力是她尽相夫育子的天职所不可缺少的。卢梭理想中的女子不仅是女工的能手，而且是管理、调度、安排全家生活、使全家人亲密相处的能人，不过她最好不进菜园和厨房。卢梭还不赞成女孩学习更深的知识，因为她们没有相当精细的头脑和集中的注意力去研究严密的科学。[1]对于卢梭来说，教育女子成为贤妻良母是最终的目标，这种目标与当时法国社会富家女不事家务、奢侈放荡的风气相比，也不啻是一种反叛了。

---

[1] 吴式颖. 外国教育史教程[M]. 北京: 人民教育出版社, 1999. 280.

# 第二部分

## 解读《爱弥儿》

《爱弥儿》是一部哲理小说，同时也是一部教育论著，其副标题是《论教育》，描写了一个人从出生到结婚，到进入社会受教育的全过程。卢梭借着讲述爱弥儿成长的故事，也谈及了他对教育的看法，正是这些教育观点，成就了卢梭的自然主义教育思想，奠定了卢梭在教育史上的地位。卢梭对爱弥儿的描述和卢梭对教育的看法，既有卢梭自身成长的影子，也有卢梭自身受教育的体验。卢梭在《爱弥儿》中表述了他那独特而自由的教育思想，使《爱弥儿》成为一部儿童教育的经典著作，同时也是一部关于个体成长的教育著作，可以说到今天为止对整个现代教育在精神和理念层面影响最大的也是《爱弥儿》一书。卢梭的《爱弥儿》是任何教育史学都不能回避的一部经典著作，与柏拉图的《理想国》和杜威的《民主主义与教育》并称为教育史上三个具有标志性的里程碑。

卢梭的教育理想是和政治理想一脉相承的。在法国当时的布尔乔亚（编者注：法国中产阶级的代名词，代表着中产阶级的生活方式）社会所形成的人与人之间关系，表面是追求个人利益，实际上个体都是按照他人的意见在生活，社会是一个"意见的帝国"。卢梭的政治理想是建立一个公民社会，在这个社会里充满了自由、平等和博爱，通过法律保护个人权利，捍卫个人权利，限制政府的职能，社会中的公民要有责任，充满美德，承担义务。公民社会需要培养所有的人都成为公民，这就需要教育来进行这项工作，教育如何培养人，培养什么样的人，卢梭提出了自然主义的教育思想，希望通过这样的教育来培养新社会的新人。卢梭希望人能够在公民世界中,真正保有一点自由,成为真正的自由人。但这样的人需要从自然情感中培养，人并不只是自私自利，还有同情心。卢梭对自然主义教育的设想是非常精良的，愿望也是非常良好的，但是卢梭自己对于这样一种教育能否在现代社会成功实现，信心也并不是特别大，谈论爱弥儿受过教育以后会怎么样，卢梭也没有绝对的把握能断定这样教育会成功，当爱弥儿和苏菲进入巴黎的社会以后，很快就堕落了，虽然对爱弥儿的整个教育花费了非常大的精力，但是一旦进入社会，就没法保持教育者所希望实现的自由，从这一点也看出来卢梭对社会现实的无奈。但不管怎样，卢梭是想培养像爱弥儿这样"高贵的野蛮人"，通过他们纯良和自然的秉赋来引导社会。

卢梭的《爱弥儿》通篇都体现了人道主义的精神，以资产阶级所宣扬的自由、平等、博爱等精神作为其教育的主要思想，卢梭认为人是自然之子，在本质上应当是自由的，不受外力束缚，不应受人为的干涉，损害其天性。"出自造物主的东西，都是好的，而一旦到了人的手里，就全变坏了"。对于人在各个阶段的教育，卢梭都以一种开放的态度来对待，以人天性的自由发展为根本原则。但这种天性的自由发展并不意味着放纵，而是在其引导下通往善。卢梭所倡导的自然主义教育以一种自由的方式进行，从婴儿期的襁褓束缚中挣脱出来，从儿童期及少年期的智力训练枷锁中摆脱出来，从青年期爱情的压抑中解放出来，通往自由之路。卢梭并非以一种居高临下的姿态来开展他对爱弥儿的教育，而是将自己与他的学生置于人格尊严上地位相等来进行的。教师是一种权威而不是强权，权威意味着他人在内心的赞同和拥戴，而强权则是以一种外在的强制力量迫使他人在表面上的服从。教育若使教师从一种权威变成一种强权，那么这种教育便注定是会失败的。卢梭作为爱弥儿的老师，他在爱弥儿的心中不仅是老师同时也是朋友，一个可以患难与共、倾诉衷肠的知己。在这种意义上，教育的方式便是一种交流式的而不是灌输式的。当爱弥儿对某个问题感到疑惑时，卢梭便以一个朋友的身份和爱弥儿共同参与问题的解答，用一种探究式的学习方式去解决问题。当爱弥儿问卢梭地理课有什么用时，卢梭设置"森林迷路"的情景，在实践中证明地理的用途。卢梭面对少年的爱弥儿，不是以一种道德说教的方式，去培养他的学生的情感与美德，而是带着他的学生，走在苦难的人们之中，用他那生而有之的同情心去体会世间的种种苦难与不幸，从而使他心中博爱的种子发芽，直至蔚然成荫。卢梭的《爱弥儿》所包含的教育的基本理念及人道主义的基本精神仍有重要的价值，甚至在某种意义上来说，这种教育理念和人道主义精神是永恒的、不朽的。[1]

卢梭在《爱弥儿》中所表现出来的教育思想，有着受到当时社会和时代所制约不可避免出现的局限性，有一些主观臆测的东西，也会有一些以偏概全，还有一些落后的相互矛盾的思想，但是这些都不能掩盖卢梭教育思想中的革命性和开创性，他对封建教育压制儿童天性和虚伪做作的教育进行了深刻的揭露和批判，对新教育所提出的设想具有划时代的意义。卢梭高度尊重儿童的善良天性，倡导自然主义的教育和儿童本位的教育，不仅在当时的法国引起了强烈的反响，而且对整个欧洲也产生了深刻的影响，后来的裴斯泰洛齐和康德等知名教育家都受到卢梭思想的影响，时至今日，卢梭的自然主义教育思想和关于儿童教育中一些独到的见解依然散发着魅力的光芒，对当今教育的影响也依然深刻，甚至在应试教育还有市场、教育改革还处在举步维艰的社会现实面前，卢梭的教育思想还是值得好好研读一番的。

卢梭阅读过洛克的《教育漫话》，虽对洛克的教育观持有不同的态度，但却唤起卢梭想要以教育工作作为终身的职业；卢梭还做过家庭教师，做了他好朋友马布里两个孩子的家庭教师，虽然不足一年的时间就以失败告终，但却引起了卢梭对教育问题的浓厚兴趣和强烈关注，并进行探索与思考，于1762年著成《爱弥儿》。《爱弥儿》全书共五卷，[2] 外加《游历》和《附录》两个独立篇章；前四卷以爱弥儿为主人公，以夹叙夹议的小说写作方式，叙述了爱弥儿从出生到青年期的成长历程和所受到的教育，在批判当时男子教育腐朽荒谬的同时，也提出了"归于自然"和发展天性的自然主义教育改革方案；第五卷以爱弥儿的伴侣苏菲为主人公，提出了女子教育的改革范例，并对恋爱和婚姻方面的教育提出了自己的见解；作为小说故事结局的《游历》和《附录》交代了爱弥儿所经受的爱情和婚姻的考验，以及爱弥儿和苏菲在经过了种种波折之后的重逢与团圆。《爱弥儿》前三卷记述了儿童爱弥儿的三个阶段：婴幼期（0-2岁）、童年期（3-12岁）和少年期（13-15岁）；第四、五卷记述了青年爱弥儿的两个阶段：青春期（16-18岁）和婚恋期（18-20）；《游历》

[1] http://blog.sina.com.cn/s/blog_608416040100hwmr.html.
[2] 本书的章同《爱弥儿》原书的卷。

记述了青年后期爱弥儿（20-22 岁）的成熟过程；《附录》记述了爱弥儿结婚以后的生活经历。《爱弥儿》全书以"论教育"为副标题，对这本书的教育思想解读，遵照李平沤翻译的由人民教育出版社 2001 年 5 月第 2 版，2005 年 4 月第 4 次印刷的版本，采取先解释或分析，再配置原文的方式。

# 第一章　爱弥儿的婴幼期

婴幼期是人生的第一个时期，经过十个月的孕育，婴儿呱呱坠地，一个新生命来到了这个世界上。卢梭的这部《爱弥儿》作品正是从爱弥儿的出生写起，描述了爱弥儿的人生历程。爱弥儿是出生在一个富裕家庭的孩子，可惜爱弥儿的父母都不在了，爱弥儿成为了一个孤儿，幸运的是爱弥儿有一个引导他成长的老师一直跟随在他的身边，他的老师不仅行使父母的职责照顾他，还是他的精神导师，他的成长教育专职教师。

卢梭在这一卷的开篇就表明了自己的教育立场，他提出了人的天性是善良的论断，这一论断与天主教一向标榜的人生下来就有罪过是针锋相对的，按照天主教的原罪论，断定人的天性是恶劣的，所以压制天性和君主专制制度都是合理的，但是卢梭认定人的天性是善良的，所以教育就不能够压制人的天性而是要解放人的天性，君主专制制度是不合理的，要变革旧的制度建立新的制度。人的天性善良这一论断，奠定了卢梭整个的教育思想基础，对爱弥儿的所有教育都是基于这一点出发的，无论是关于教育的目标、教育的内容、教育的手段和教育的途径，都是按照人的天性善良这个假设前提来进行的。可以说人的天性善良，既是卢梭教育思想大厦的基石，也是卢梭对爱弥儿教育过程的基准线，这一思想的提出对当时的教育持人性恶的观点无疑是一个殊死的决斗。

卢梭揭露了当时的教育是扼杀人的天性，他认为人出生来到世界上本来是好的，可是经过当时人的调教之后就变坏了，一个人没有受到教育是不好的，但是一个人的天性没有受到保护同样是不好的，要么歪歪扭扭不成样子，要么还没有成才就已经被社会上各种现象扼杀在摇篮里。人的善良天性得不到保护就会丢失掉，这是因为人们还没有意识到它的重要性。人出生时是一无所有的，通过后天的教育才能给予人们长大成人所需要的东西，也就是说人是教育的起点，教育就是将人培养成人的过程，教育在人的成长和发展过程中不可或缺。卢梭写道：

出自造物主之手的东西，都是好的，而一到了人的手里，就全变坏了。

他不愿意事物天然的那个样子，甚至对人也是如此，必须把人像练马场的马那样加以训练；必须把人像花园中的树木那样，照他喜爱的样子弄得歪歪扭扭。

在今后的情况下，一个生来就没有别人教养的人，他也许简直就不成样子。偏见、权威、需要、先例以及压在我们身上的一切社会制度都将扼杀他的天性，而不给它添加什么东西。他的天性将像一株偶然生长在大陆上的树苗，让行人碰来撞去，东弯西扭，不久就弄死了。[1]

我们栽培草木，使它长成一定的样子，我们教育人，使他具有一定的才能。如果一个人生来就又高大又强壮，他的身材和力气，在他没有学会如何使用它们以前，对他是没有用处的；它们可能对他还有所不利，因为它们将使别人想不到要帮助这个人；于是，他孤孤单单的，还没有明白他需要些什么以前，就悲惨地死了。我们怜悯婴儿的处境，然而我们还不了解，如果人不是从做婴儿开始的话，人类也许是已经灭亡了。[2]

我们生来是软弱的，所以我们需要力量；我们生来是一无所有的，所以我们需要帮助；我们生来是愚昧的，所以需要判断的能力。我们在出生的时候所没有的东西，我们在长大的时候所需要的东西，全都要由教育赐予我们。[3]

卢梭在论述了教育要尊重天性的宗旨后，紧接着阐述了人类教育的三个来源，即天性、人事和事物。来自天性的教育是自然的教育，天性指的是人的善良禀赋；来自人事的教育是人的教育，人事指教导者如何启发培养人的天性；来自事物的教育指的是环境的教育，事物指影响我们获得良好的经验的东西。卢梭论述了人所要接受的这三种教育，天性是自然形成的，是人力所不能控制的，环境是人力可以部分控制的，教导则完全可由人力所控制，只有这三者教育配合一致才能取得满意的效果，这样就只能让人力能控制的因素服从人力不能控制的因素，也就是说教育要符合自然的目标，符合自然目标的教育才是良好的教育，否则三种教育相互冲突就不是好的教育，不好的教育是不能契合受教育者的心意的，也会让受教育者的生活没有意义。在自然的秩序中，所有的人都是平等的，按照自然的秩序来培养人，培养的是

---

[1][2][3]　[法国]卢梭.爱弥儿[M].李平沤译.北京：人民教育出版社，2005. 1-3.

为他自己而活的人，是有品格的人，而遵照社会秩序来培养人，培养的是为了取得一定的社会地位而受教育的人，自然教育的最好制度是家庭。在《爱弥儿》中，卢梭认为教育应以个人为本位，即教育要为个人的幸福和美满，为个人生活的愉悦和方便适应而服务，这样的教育才能让人记住，才能给人以习惯性的影响；教育不应以社会为本位，在教育中个人的地位和需求应超越于社会的需要，这也是自然教育的一个必然结果。

卢梭为什么在《爱弥儿》这本书中突出家庭教育的地位和重要性而反对公共教育呢？他反复论证家庭是理想的教育园地，甚至强调学校教师即使富有才能也赶不上家庭中父母对子女的热爱，而在其他著作中涉及教育的时候，却表现为国家教育论者，强调国家狠抓教育，办好学校，培养优秀的公民，只有优秀的公民能使国家强盛和兴隆，树立振兴国势的牢固基础。这是因为卢梭认为当时的封建国家已经腐朽透顶，不能称其为国家，国家不是国家，自然公民也就不是公民，这样糟糕的国家不能培养出真正的公民，封建国家的贵族教育一向培养的是绅士和达官显宦，这样的国家和教育已经不能适应社会发展的需要，不能满足社会生产力变革的需要，所以在一个社会的国家已经没有了行使政权合法性的时候，教育也就不能交给国家来进行，卢梭通过教育所要培养的人是不同于当时社会的完全新人，但是教育又不能不进行，因此教育最好的出路就是在家庭当中进行，没有父母不热爱孩子的，没有父母不希望孩子能得到健康成长的，何况在家庭中进行教育更有利于进行自然化的教育，这和卢梭所主张的自然教育又是契合的。卢梭在另外的著作中谈论国家教育，是因为卢梭所认定的国家是资产阶级新兴政权的国家，在这样的国家中，教育培养健全公民来完成国家的建立和巩固国家的政权是急切的任务。卢梭写道：

这种教育，我们或是受之于自然，或是受之于人，或是受之于事物。我们的才能和器官的内在的发展，自然的教育；别人教我们如何利用这种发展，是人的教育；我们对影响我们的事物获得良好的经验，是事物的教育。

所以，我们每一个人都是由三种教师培养起来的。一个学生，如果在他身上这三种教师的不同的教育互相冲突的话，他所受的教育就不好，而且将永远不合他本人的心意；一个学生，如果在他身上这三种不同的教育是一致的，都趋向同样的目的，他就会自己达到他的目标，而且生活得很有意义。这样的学生才是受到了良好的教育的。

在这三种不同的教育中，自然的教育完全是不能由我们决定的，事物的教育只是在有些方面才能够由我们决定。只有人的教育才是我们能够真正地加以控制的；不过，我们的控制还只是假定的，因为，谁能够对一个孩子周围所有的人的语言和行为通通都管得到呢？

一旦把教育看成是一种艺术，则它差不多就不能取得什么成就，因为，它要成功，就必须把三种教育配合一致，然而这一点是不由任何人决定的。我们殚思竭虑所能做到的，只是或多或少的接近目标罢了；不过，要达到这一点，还需要有一些运气咧。[1]

是什么目标呢？它不是别的，它就是自然的目标，这是刚才论证过的。既然三种教育必须圆满地配合，那么，我们就要使其他两种教育配合我们无法控制的那种教育。

教育确实只不过是一种习惯而已。不是有一些人忘掉了他们所受的教育，另外一些人则保持了他们所受的一些教育吗？这种差别从什么地方产生的呢？如果是必须把自然这个名词直接用于适合天性的习惯，我们一出生就通过各种方式受到我们周围事物的影响。我们首先要看这些事物使我们感到愉快还是不愉快，其次要看它们对我们是不是方便适宜，最后则看它们是不是符合理性赋予我们的幸福和美满的观念。[2]

当三种教育彼此冲突的时候，当我们培养一个人，不是为他自己，而是为了别人的时候，必须在教育成一个人还是教育成一个公民之间加以选择，因为我们不能同时教育成这两种人。[3]

自然人完全是为他自己而活的；公民的价值在于他同总体即同社会的关系。

从这两个必然是互相对立的目的中，产生了两种矛盾的教育制度：一种是公众的和共同的，另一种是特殊的和家庭的。

在社会秩序中，所有的地位都是有标记的，每个人就应该为取得他的社会地位而受教育。[4]

在自然秩序中，所有的人都是平等的，他们共同的天职，是取得人品；不管是谁，只要在这方面受了很好的教育，就不至于欠缺同他相称的品格。[5]

卢梭主张对天性的呵护应当从婴儿时期开始。卢梭在论述了教育要遵循

---

[1][2][3][4][5]　[法国]卢梭.爱弥儿[M].李平沤译.北京：人民教育出版社，2005.3-9.

自然的主张之后，对爱弥儿在婴儿期的教育也提出了具体的建议，其实这些建议并不仅仅是针对爱弥儿而言的，而是卢梭所发表的关于婴儿期教育的全部见解，从婴儿期教育的意义到婴儿期教育的方法，以及对婴儿期当时教育现状的不满和批判，都反映了卢梭自然主义教育在婴儿期这个阶段的具体实施。当婴幼儿来到世上的时候是最软弱无能的，需要人的呵护和关照，如果没有了成人对婴儿的关怀，婴儿很难成长，甚至连生命都无法保存下去。卢梭批判了当时社会中对待婴儿的种种恶习，比如用襁褓紧紧地包裹出生的孩子不让孩子有活动的自由，这种荒谬的习惯来自一种不合自然的习惯。为此针对婴幼儿的教育，卢梭提出了以下几个方面的主张。

### 一、婴幼儿教师的问题

卢梭认为人一出生教育就已经开始了，父母是孩子的天然教师，家庭是孩子的教育圣地，教育的首要职责是要让孩子知道怎么做人，在任何情况下或者紧要关头，而且不论对谁，都要尽到做人的本分，要学会生活的技能，而不是要教孩子谋取所谓的地位和身份。卢梭看到了人生而不平等的事实，也看到了命运在人的一生中的种种作为，面对人生的变化无常，面对当时那个时代让一代人都有着茫然失措和动荡不安的整体状况，卢梭提出教育应该让孩子学会如何生活，良好的教育是不应该让孩子只跟从一个向导来学习，在不同的阶段有不同任务的教师来对孩子进行培养，在刚出生时是乳母哺育，稍大一些是幼师启蒙，再成长一些就要遵从教师的教导。卢梭讲我们的第一教师就是我们的保姆，而没有讲我们的第一教师就是我们的父母，这是因为在当时法国上流社会存在着将婴儿交由保姆照顾的风气，母亲并不亲自给孩子哺乳，卢梭本人是非常希望父母能够担当起养育孩子的重任，主张母亲要亲自喂养婴儿。正因为作为孩子第一个教师的保姆对孩子的成长是非常重要的，卢梭还特别地论述了如何选择保姆，以保障孩子从出生伊始就能受到良好的养育。卢梭写道：

我们要真正研究的是人的地位。在我们中间，谁最能容忍生活中的幸福和忧患，我认为就是受了最好教育的人。由此可以得出结论：真正的教育不在于口训而在于实行。我们一开始生活，我们就教育我们自己了；我们的教育是同我们的生命一起开始的，我们的第一个教师就是我们的保姆。[1]

人们只想到怎样保护他们的孩子，这是不够的。应该教他成人后怎样保护自己，教他经受得住命运的打击，教他如何生活。生活，并不就是呼吸，而是活动，那就是要使用我们的器官，使用我们的感觉、我们的才能，以及一切使我们感到我们的存在的本身的各部分。生活得最有意义的人，并不是年岁会活得最大的人，而是对生活最有感受的人。[2]

一个好教师应该具有哪些品质，人们对这个问题是讨论了很多的。我所要求的头一个品质（它包含其他许多品质）是：他绝不做一个可以出卖的人。有些职业是这样的高尚，以致一个人如果是为了金钱而从事这些职业的话，就不能不说他是不配这些职业的：教师所从事的，就是这样的职业。

一个教师！啊，是多么高尚的人！事实上，为了要造就一个人，他本人就应当是做父亲的或者是更有教养的人。

教师必须受过教育，才能教育他的学生，仆人必须受过教育，才能为他的主人服务，所有接近学生的人都必须先获得他们应当使他领会的种种印象；必须受了一层教育又受一层教育，一直受到谁也不知道到了什么地方为止。[3]

我认为，一个孩子的教师应该是年轻的，而且，一个聪慧的人能够多么年轻就多么年轻。如果可能的话，我希望他本人就是一个孩子，希望他能够成为他的学生的伙伴，在分享他的欢乐的过程中赢得他的信任。[4]

只有一门学科是必须交给孩子的：这门学科就是做人的天职。我宁愿把有这种知识的老师称为导师而不称为教师，因为问题不在于要他拿什么东西去教孩子，而是要他指导孩子怎样做人。他的责任不是教给孩子以行为的准绳，他的责任是促使他们去发现这些准绳。[5]

保姆必须是一个身心两健的人。单单选择身体，那也只能达到半个目的，也许奶汁好而保姆不好，好的品格和好的性情，同样是很重要的。如果找到一个品行不端的妇女，那么，我虽不说她哺育的乳儿会沾染她的恶习，但是我要说，他将来是要吃她的恶习的苦的。她既然用乳汁哺育他，难道不应该热情、耐心和温存地照顾他？难道不应该把他收拾得干干净净的？如果她贪吃又放荡，那么，她不久以后就会损坏她的乳汁；如果她是粗心大意的，或者性情是很急躁的，那么，这个既不能自卫，又不能诉苦的可怜的孩子，在她的摆布之下，将会变成什

---

[1][2][3][4][5]　[法国]卢梭.爱弥儿[M].李平沤译.北京：人民教育出版社，2005.10-27.

么样子呢？不论什么事情，邪恶的人是绝不能把它办好的。[1]

保姆的选择之所以更加重要，是由于她所哺养的婴儿，除她以外，就不应再有其他的保姆，正如除了他的教师以外，他就不能再有其他的教师。每换一次人，他就要暗中把他们加以比较，这样一来，往往会使他对管教的人愈来愈不尊敬，因而也就降低了他们对他的威信。如果有那么一次，他认为大人也并不比小孩子更明白多少道理，那么，年长的人的威信就会消失，对他的教育也就会失败的。[2]

### 二、婴幼儿喂养的问题

喂养方式在孩子成长过程中是非常重要的，对孩子的身心和人格成长都具有非常重要的意义。母乳喂养是指用母亲的奶水喂养婴儿的方式，现代婴幼儿喂养方式的科学研究表明：母乳喂养方式大大优于人工喂养方式，母乳喂养是人类繁殖过程中最自然的方式，也是养育幼崽最直接的交流方式。有研究显示，用母乳喂养的婴儿发展更为健康。美国儿童科学会的研究已充分证明："催产素不仅刺激子宫收缩和乳汁分泌，还促进母性行为的发展和母子间亲密关系的形成。所有的婴儿都需要被抱在怀里。研究显示早产儿如果得不到拥抱和抚摸则更容易死去。对无论哪个年龄段的婴幼儿来说，最让他们感到安慰的事就是被紧紧抱着，依偎在妈妈怀里吃奶。人奶是喂养婴幼儿唯一优越的食品，而且它就是适用于人类的。选择任何替代品喂养，与之均相去甚远。就生长、健康、发育和所有其他短期和长期的益处来讲，母乳喂养的婴幼儿应被树立为被参照的、规范的样本。"芬兰的一项研究结果表明，很小时就开始食用奶制品以及儿童期大量食用牛奶会增加儿童体内牛奶抗体的水平，这一因素与依赖胰岛素治疗的糖尿病的患病风险增加是独立相关的。

对母乳喂养的正确认识是一个历史的过程，虽然现代人都已经认识到母乳喂养的重要价值，但是在18世纪的法国，特别是在上流社会当中，还存在着母亲不亲自授乳而找保姆代乳的坏风气，这种代乳的喂养方式会产生很多的教育问题，同时对孩子的情感、品性等诸多方面的成长也都有负面的作用，并且这种喂养方式还能破坏亲子关系，最终对家庭生活将产生不良的影响。有点常识的现代人都非常关注孩子在婴儿时期的喂养问题，很多父母都

[1][2]　[法国]卢梭.爱弥儿[M].李平沤译.北京：人民教育出版社，2005.37.

是亲力亲为，但是也不排除一些人因为种种原因，将孩子交给爷爷奶奶或者外公外婆来照顾，出现隔代养育孩子的状况，这种现象也出现了很多问题，隔代养育的孩子因受到过分的照顾和溺爱而在性格和行为上都和正常孩子有偏差，所以父母既生育孩子也要养育孩子，不能把父母的责任委托给他人，还是应该由父母自己亲自担当起养育孩子的责任。卢梭主张在教养孩子这个问题上，要遵循自然，不要人为地进行改变，要遵循自然的法则，遵循自然能让孩子得到更健康的成长和更顽强的生命。卢梭写道：

请保姆授乳的好处，其本身就可产生一种坏处，而单拿这种坏处来说，就足以使一切重感情的妇女不敢把自己的孩子交给别人去哺养。这种坏处是：她将把母亲的权利分给别人，或者说得更确切一点，让给别人；她将看着她的孩子跟爱她一样地爱着另外一个妇女，或者比爱她还要爱得更真诚一些，她将感觉到他对他的生母表现的那种恭顺，只是一种礼数，而对养母的恭顺，则是一种责任。

她们消除这种害处的办法是，教唆孩子轻视他们的保姆，把她当作真正的仆人看待。当保姆授乳期限一满，她们就把孩子领回来，或者把保姆辞掉；当保姆来看她哺养的孩子时，她们就对她表示爱理不理的样子，以为这样做就代替了保姆，以为用这种冷酷无情的办法就可弥补她的过失，实际上她是想错了。她不但不能把这个天性已变的孩子变成一个孝顺的儿子，反而使他学到一些忘恩负义的行为；正如她教他看不起用奶哺育他的保姆一样，她正在教他日后看不起他生身的母亲。[1]

当家庭变成了一个凄凄惨惨的地方，那就需要到别处去寻求快乐了。要是母亲们都能眷顾着她们的孩子，亲自授乳哺育，则风气马上就可以自行转移，自然的情感将在每一个人的心里振奋起来，国家的人口又将为之兴旺；这是首要的一点，单单这一点就可以使一切都融洽起来。家庭生活的乐趣是抵抗坏风气的毒害的最好良剂。[2]

母不母，则子不子。如果血亲之情得不到习惯和母亲关心照料的加强，它在最初的几年中就会消失。

当一个妇女不是不给孩子以母亲的关心而是过于关心的时候，她也可以从一条相反的道路脱离自然。由于她一时使他少受一些折磨，却在遥远的将来把多么多的灾难和危险积累在他的身上，没有想到这种谨小慎微的做法是多么残酷，它

---

[1][2]　[法国]卢梭.爱弥儿[M].李平沤译.北京：人民教育出版社，2005.16~17.

将使幼小时期的娇弱继续延长，到成人时受不住种种劳苦。[1]

遵循自然。跟着它给你画出的道路前进。它在进行不断地锻炼孩子，它用各种各样的考验来磨砺他们的性情，它教他们从小就知道什么是烦恼和痛苦。出牙的时候，就使他们发烧；肠腹疼痛的时候，就使他们产生痉挛；咳嗽厉害的时候，就使他们喘不过气来，等等，在婴儿时期，他们差不多都是在疾病和危险中度过的，通过了这些考验，孩子便获得了力量，一到他们能够运用自己的生命时，生命的本原就更为坚实了。[2]

所以，要是你希望保持他原来的样子，则从他来到世上的那个时刻起就保持它。他一诞生，你就把他掌握在自己的手里，他尚未成人，你就不要放弃他。不这样做，你是绝对不会成功的。既然真正的保姆是母亲，则真正的教师便是父亲。愿他们在尽责任的先后和采取怎样的做法方面配合一致；愿孩子从母亲的手里转到父亲的手里。由明理有识而心眼偏窄的父亲培养，也许比世界上最能干的教师培养还好些，因为，用热心去弥补才能，是胜过用才能去弥补热心的。[3]

### 三、婴幼儿早教的问题

婴幼儿时期教育是人生最重要的关键时期，这个时期的教育不仅决定着人的属性能否转化为现实，也就是人能否通过教育成为人，而且这个时期的教育还对人的一生产生重要的影响。心理学精神分析学派就认为，人在早期所受到的教育，对一个人的性格、心理和人生态度等诸多方面都有非常大的影响作用，作为一种隐性形态的潜在基因对一个人成年后的生活起着重要作用。我国古代的颜之推在《颜氏家训》中就指出：教妇初来，教儿婴孩；在我国民间中一直还流传着这样的格言：从小看大，3岁看老；我国的传统文化中这些观点和看法都表达了一个共同的意思，就是3岁前的婴幼儿时期奠定了人生的基础，教育要趁早并及时，这个时期的早期教育是极其重要的，需要给予高度的重视。

关于早期教育的重要性，狼孩的故事可以充分说明这一点。狼孩是指从小被狼攫取并由狼抚育起来的人类幼童，狼孩和其他被野兽抚育的幼童又统称为野孩，世界上已知由狼哺育的幼童有10多个，其中最著名的是印度发

---

[1][2][3]　[法国]卢梭.爱弥儿[M].李平沤译.北京：人民教育出版社，2005.18-22.

现的两个。1920 年，在印度加尔各答附近的一个山村里，人们在打死大狼后，于狼窝里发现了两个由狼抚育过的女孩，其中大的年约 7、8 岁，被取名为卡玛拉；小的约 2 岁，被取名为阿玛拉，她们被送到一个孤儿院去抚养。阿玛拉于第 2 年死去，卡玛拉一直活到 1929 年。孤儿院的主持人 J.E. 辛格在他所写的《狼孩和野人》一书中，详细地记载了这两个狼孩重新被教化为人的经过。狼孩刚被发现时，生活习性与狼一样；用四肢行走；白天睡觉，晚上出来活动，怕火、光和水；只知道饿了找吃的，吃饱了就睡；不吃素食而要吃肉（不用手拿，放在地上用牙齿撕开吃）；不会讲话，每到午夜后像狼似的引颈长嚎。卡玛拉经过 7 年的教育，才掌握 45 个词，勉强地学会几句话，开始朝人的生活习性迈进，她死时估计已有 16 岁左右，但其智力只相当 3、4 岁的孩子。这一事例说明：从出生到去正规学校接受教育以前这个年龄阶段，对人的身心发展极为重要，或者可以说在人类的早期，人的很多才能都有发展的关键期，因为在这个阶段，人脑的发育有第一个加速期，不同的年龄有不同的年龄特点，言语的发展也是一样，比如发音系统逐渐形成比较稳定的神经通路，以后要重新改变，非常困难。如果一个人在年幼的时候错过这个关键期，会给人的心理发展带来无法挽回的损失。因此长期脱离人类社会环境的幼童，就不会产生人所具有的脑的功能，也不可能产生与语言相联系的抽象思维和人的意识。此外，人们还发现过熊孩、豹孩、猴孩以及绵羊所哺育的小孩，他们也和狼孩一样，具有抚育过他们的野兽的那些生活习性。

很多教育家对孩子的早期教育都提出过很英明的主张，同样卢梭对婴幼儿时期教育也给予了充分的重视，卢梭先从身体和精神的关系入手，论证了生命和健康的重要，并按照他自己认为健康的生活方式，要求为孩子提供一个良好的生活环境，而这个良好的环境是和自然更接近的乡村而不是城市。卢梭还关注到孩子习惯的养成，以及大人对待孩子的哭声和孩子的语言等等，都进行了细致的说明，可以说卢梭对婴儿早期教育的看法还是遵从了他的自然主义教育思想，将遵循自然的原则作为他早期教育的核心要义。

**（一）卢梭关于儿童身体的论述**

卢梭对儿童的健康是非常重视的，认为只有健康的身体才会有健全的精神，教育对健康的儿童才能够起作用，如果面对一个体弱多病的孩子，教师的职责应该转变成护士的职责，因为教师的作用是增加生命的价值，卢梭说他简直不知道如何教只想免于死亡的人怎样生活。

爱弥儿是一个孤儿。他有没有父母，这倒没有什么关系。我承担了他们的责任，我也继承了他们的全部权利。他应该尊敬他的父母，然而他应该服从的只是我。这是我的第一个条件，或者确切一点，我唯一的条件。

除了我们两人同意以外，谁也不能把我们分开。这一条是极为紧要的，我甚至希望学生和老师也是这样把他们自己看作是不可分离的，把他们一生的命运始终作为他们之间共同的目标。[1]

一个身体多病的孩子，即使他能够活80岁，我也是不愿意照管他的。我不愿意要一个对自己和对他人都一无用处的学生，因为他成天担心的，只是怎样保全身体，他的身体损害了他的精神的陶冶。[2]

身体必须要有精力，才能听从精神的支配。身体愈弱，它的要求愈强烈；身体愈壮，它愈能听从精神的支配。所有一切感官的欲望都寓于娇弱的身体之中；它不仅不能满足那些欲望，却反而愈加刺激那些欲望。

虚弱的身体使精神也跟着衰弱。医药这一门学问对人类的毒害比它自认为能够医治的一切疾病还有害得多。就我来说，我不知道医生给我们治好了什么样的疾病，但是我知道他们给我们带来的病症实在是足以害死人的，例如懦弱、胆怯、轻信和对死亡的恐惧；所以，虽说他们能治好身体，然而他们却消灭了勇气。[3]

卫生并不是一门科学，而是一种道德。节制和劳动是人类的两个真正的医生：劳动促进人的食欲，而节制可以防止他贪食过度。

要知道哪一种养生法对生命和健康最有用处，只须研究一下那些最健壮和寿数最长的人所采取的是什么样的养生法就够了。[4]

## （二）卢梭关于生活环境的论述

卢梭认为乡下的环境更有利于孩子的成长，因为乡下的空气新鲜，能供给人新的精力，另外给孩子提供一个舒服的生活条件也是需要的。

空气对儿童的体格作用之大，特别是在生命开始的头几年更为显著。它穿过细嫩的皮肤上所有的毛孔，对那些正在成长的身体产生强烈的影响，给他们留下永不磨灭的印象。所以，我宁肯叫孩子去呼吸乡村的好空气，而不愿意他呼吸城里的坏空气。[5]

城市是坑陷人类的深渊。经过几代人后，人种就要消灭或退化；必须使人

[1][2][3][4][5]　[法国]卢梭.爱弥儿[M].李平沤译.北京：人民教育出版社，2005.29-39.

类得到更新，而能够更新人类的，往往是乡村。因此，把你们的孩子送到乡村去，可以说，他们在那里自然地就能够使自己得到更生的，并且可以恢复他们在人口过多的地方的污染空气中失去的精力。[1]

要经常给孩子洗澡，他们搞得很脏，这就表明他们是有这种需要的。如果只给他们擦澡，那就会伤害他们的皮肤；随着他们的体质愈来愈强壮，就可以逐渐减低水的温度，一直到最后，无论夏天或冬天都可以用冷水甚至冰水洗澡。

这个洗澡的习惯一经养成以后，就不要中断，应该一生都把它保持下去。我之所以重视这个习惯，不仅是为了清洁和眼前的健康，而且是把它当作一个增强体质的办法，使肌肉纤维更柔和，使他们在应付不同程度的暑热和寒冷的时候，既不感到吃力，也没有什么危险。

当婴儿脱离衣胞，开始呼吸的时候，就不要把他裹在比衣胞还包得紧的襁褓里了。不要给他带什么帽子，不要给他系什么带子，也不要给他包什么襁褓；给他穿上肥大的衣服，让他的四肢能够自由，既不沉重到妨害他的活动，也不暖和到使他感觉不出空气的作用。把他放在垫得好好的摇篮里，让他在里面没有危险地随意活动。当他的体质开始增强的时候，就让他在屋子里爬来爬去，让他发展，让他运动他小小的四肢；这样，你将看到他一天一天地强壮起来。[2]

### （三）卢梭关于儿童行为习惯的论述

儿童的早期教育重在习惯的养成，好的行为习惯可以让孩子受益终生，卢梭认为应该让儿童在早期养成保持自然的习惯。

教育是随生命的开始而开始的，孩子在生下来的时候就已经是一个学生，不过他不是老师的学生，而是大自然的学生罢了，老师只是在大自然的安排之下进行研究，防止别人阻碍它对孩子的关心。[3]

我再说一次：人的教育在他出生的时候就开始了，在能够说话和听别人说话以前，他已经就受到教育了。经验是先于教育的；在他认识他的乳母的时候，他已经获得了很多的经验了。

对有生命和有感觉的生物来说，所有一切都是教育。

孩子们最初的感觉纯粹是感性的，他们能感觉出来的只是快乐和痛苦。由于他们既不能走路，又不能拿东西，所以他们需要很多的时间才能逐渐养成见物生情的感觉。[4]

---

[1][2][3][4]　[法国]卢梭.爱弥儿[M].李平沤译.北京：人民教育出版社，2005.40-46.

应该让孩子具有的唯一的习惯，就是不要染上任何习惯；应该趁早就让他支配他的自由和体力，让他的身体保持自然的习惯，使他能经常自己管自己，只要他想做什么，就应该让他做什么。

从孩子开始对事物有辨别能力的时候起，就必须对我们给他的东西加以选择。[1]

为什么不在他开始说话和听话以前就对他进行教育呢? 从看别人玩弄这些东西，到最后自己去玩弄这些东西。如果在童年的时候看见蟾蜍、蛇和大海虾都不怕，那么，到他长大的时候，不管看见什么动物他也不会害怕了；天天都看见可怕的事物的人，就不觉得它们可怕了。[2]

在生命开始的时候，记忆力和想象力尚处在静止的状态，这时候，孩子所注意的只是在目前对他的感官有影响的东西；由于他的感觉是他的知识的原料，所以要按照适当的次序让他产生感觉，这就要培养他的记忆力，使它有一天能按同样的次序把这些原料供给他的智力；不过，由于他只知道注意他的感觉，所以先给他清楚地指出这些感觉和造成这些感觉的事物之间的联系就够了。[3]

我们只有通过行动，才知道有些东西不是同我们一体的；只有通过我们自己的行动，我们才能获得远近的观念。[4]

为什么自由自在、无拘无束的人的孩子，同那些自以为用时时刻刻干预他的行动的办法能培养得更好的人的孩子相比，不仅不那样的虚弱多病，反而更结实，在顺从他们的心意和违反他们的心意之间，有很大的差别。[5]

## （四）卢梭关于婴儿语言的论述

卢梭认为哭是婴儿的一种语言，这种语言表达着儿童的需求和情绪，对婴儿哭声的理解，能够帮助我们更好地理解婴儿和养育婴儿。

当别人的帮助对于满足需要成为必要的时候，由于这种需要而产生的不舒服感觉，就用信号表达出来。孩子之所以啼哭，就是由于这个原因；他们哭的时候很多，这是必然的。他们的种种感觉既然是感性的，所以当他们感到舒服的时候，他们就不声不响地享受，当他们觉得难过的时候，他们就用他们的语言说出来，要别人来解除他们的痛苦。[6]

我们所有的一切语言都是艺术品。长期以来，人们就在探寻是不是有一种人人共同的自然语言。毫无疑问，这样语言是有的，那就是孩子们在懂得说话以前

[1][2][3][4][5][6]　[法国]卢梭.爱弥儿[M].李平沤译.北京：人民教育出版社,2005.46—49.

所用的语言。这种语言不是咬清音节发出来的，但他们的声音是有抑扬的、响亮的、可以理解的。

除了声语之外，还有手势语，其效力并不比前者差。不过，这种手势不表现在孩子们柔弱的手上，而表现在他们的脸上。你可以在他们的脸上看见微笑、欲望和恐惧像闪电似的出现，又像闪电似的消逝；每一次都使你觉得，你所看见的是另外一个面孔。

由于人最初是处在艰难和柔弱的境地，所以他最初的声音是悲泣和啼哭。婴儿觉得他有所需要，然而自己又不能满足这种需要，于是哭起来，恳求别人的帮助，如果他饿了或渴了，他就啼哭；如果他太冷了或者太热了，他就啼哭；如果他需要获得，而人们又硬要他休息，他就啼哭；如果他想睡，而人们又打扰他，他就啼哭。[1]

这些哭声，人们认为是一点也不值得注意的，然而从其中却产生了人和他周围的一切环境的第一个关系：用来构成社会秩序的那条长长的项链，其第一环就是建造在这里的。[2]

孩子们起先哭的几声，是一种请求，如果你不提防的话，它们马上就会变成命令的；他们的啼哭，以请求别人帮助他们开始，以命令别人侍候他们告终。[3]

当小孩一声不响地使劲伸手的时候，因为他不能估计他同他想拿的东西之间的距离，所以他以为他是够得着那个东西的；他的想法当然错了；但是，当他一边又在闹又在哭，一边又在伸手的时候，那就不是他弄错了距离，而是在命令那个东西到他那里去，或者命令你把它拿给他。在前一种情况下，你一步一步慢慢地把他抱到他所要的东西那里；在第二种情况下，你不只是假装没听见，而且，他愈是哭，你就愈不理他。必须趁早使他养成这样一种习惯，即：不命令人，因为他不是谁的主人，也不命令东西，因为东西是不听他的命令的。所以，当一个孩子希望得到他所看见的和别人准备拿给他的东西时，最好还是把他抱到他想到的东西那里，而不是把东西拿过来给他。这样做，他就能够明白其中的含意，这种提示方法是适合于他的年龄的，而且还没有任何其他的办法可以启发他明白这一点。[4]

一个孩子如果长时间地哭个不完，其原因既不是受到了束缚，也不是因为生病或缺少什么东西，那么这样的哭就只是由于习惯或执拗的脾气。这不是大自然的作品，而是由保姆造成的，因为她不知道对孩子的一再啼哭要加以忍耐，所以

[1][2][3][4]　[法国]卢梭.爱弥儿[M].李平沤译.北京：人民教育出版社，2005.50-54.

结果反而使他哭的时间大为增加，她没有想到，今天虽使孩子不哭了，但却使他明天哭得更凶。

此外，当他们由于胡闹或倔强任性而啼哭的时候，有一个办法是准可以阻止他们继续哭下去的，那就是：用一个好看和吸引人的东西去分他们的心，使他们忘记了哭。[1]

孩子们一生下来就会听我们说话的，不仅在他们还听不懂我们向他们所说的话的时候，而且在他们能够学会发出他们听到的声音以前，我们就已经是同他们说话了。

当我们从事研究孩子们的语言的形式和最初的语句时，是会产生许多想法的。不管我们怎样做，他们总是学会了用同样方式说话了。

你们要相信，他们在不知不觉中是会按照你们的语言去纯化他们的语言，用不着你们再去纠正的。

另外一个十分重大的和不易预防的弊病是，人们在教孩子说话这件事情上太操之过急了，好像是担心他们自己不会学说话似的。这样草草率率地着急一阵，是会产生一个同人们所追求的目的正好相反的效果的。他们将因此而说话说得更迟，说得更乱；过分地注意他们所说的每一句话，就会忽略要他们咬清音节发音；由于他们懒于把嘴张得大大的，结果，他们当中有些人终生发音都有毛病，说话也没有条理，使别人几乎听不懂他们到底说什么。[2]

你们十分急躁地要孩子还没有到年龄就学会说话，其最大的坏处，不在于你们最初向他们所说的话和他们自己开头说的那些词儿对他们来说没有任何意思，而是他们所理解的意思跟我们的不同，而且，我们还觉察不到其中不同的地方；以至在表面上看来，他们好像是回答得非常正确，其实他们并没有懂得我们的意思，而我们也没有懂得他们的意思。[3]

### 四、养育孩子的原则

卢梭所主张的教育都是基于走自然的道路这个出发点而提出的，他提出了按照自然的法则来养育孩子的四个原则：

孩子们不仅没有多余的力量，甚至还没有足够的力量来满足大自然对他们的

---

[1][2][3]　[法国]卢梭.爱弥儿[M].李平沤译.北京：人民教育出版社，2005.57-65.

要求，因此，必须让他们使用大自然赋予他们的一切力量，这些力量，他们是不至于随便滥用的。这是第一个准则。

一切身体的需要，不论是在智力方面或体力方面，都必须对他们进行帮助，弥补他们的不足。这是第二个准则。

在给他们以帮助的时候，应当只限制在他们真正需要的时候才帮助他们，绝不能依从他们胡乱的想法和没有道理的欲望，因为，胡乱的想法不是自然的，所以即使不使它实现，也不会使孩子们感到难过。这是第三个准则。[1]

应当仔细研究他们的语言和动作，以便在他们还不知道装佯的年岁时，辨别他们哪些欲望是直接由自然产生的，哪些是由心里想出来的。这是第四个准则。

这些准则的精神是，多给孩子们以真正的自由，少让他们养成驾驭他人的思想；让他们自己多动手，少要别人替他们做事。这样，尽早就让他们养成习惯，把他们的欲望限制在他们力所能及的范围内，他们就不会尝他们力不从心的事情的苦头了。[2]

## 第二章  爱弥儿的童年期

童年期是人生的第二个时期，进入到这个时期，婴幼期就已经结束了。卢梭已经深深认识到童年期在人的一生中的关键作用，他认为人生当中最危险的一段时间就是从出生到12岁这个时期，这个时期是奠定人生基础的重要时期。这个时期儿童开始认知他周围的世界，心理和才智得到增长，一些潜能开始展现，随着儿童身体和心理逐渐成熟，儿童掌控世界的能力也在逐渐增强，儿童在尝试体验过程中来建构其自身的生活世界，犯下种种错误也就成为了可能，一旦这些错误得不到纠正，就会形成一些不良的习惯，等长大后再去改正，已经是比较困难的事情了。如果将童年期比喻为即将绽放的花朵，那就需要人们细心地去栽培，用心地去爱护，以使花朵开放得更加绚丽多姿。现代教育学将儿童期教育称之为"养成教育"，就是要育养儿童的种种才能，让儿童形成良好的行为习惯，为其人生后续的发展奠定深厚根基。

卢梭对爱弥儿童年期的教育观点和思想，对当时教育是一种旗帜鲜明的批判，对后世教育则具有巨大的启迪：那就是尊重儿童，尊重儿童自然发展

---

[1][2]  [法国]卢梭.爱弥儿[M].李平沤译.北京：人民教育出版社，2005.55-56.

变化的天性。对比当前中国儿童教育状况，的确令人有种窒息之感，各级各类的考试和课外班已成为众多学龄儿童的"地狱"，许多家长无视儿童身心发展规律，过早地对儿童进行所谓"智力开发"——将小学阶段儿童所要学习的课程内容前移至学前教育阶段——这种掠夺性的智力开发无异于拔苗助长。随着儿童年龄的增长，儿童的压力也变得越来越大，他们没有充足的时间进行休息、娱乐、交际和张扬自己的个性，无休止的机械学习剥夺了童年快乐，也让他们普遍缺乏学习的积极性、主动性、创造性，缺乏动手操作能力等等。教育应以有益于儿童发展、增进儿童幸福为目的；教育的最终目的是教儿童寻求真正有益于幸福的知识，过上自然、自由的生活。重新温习两百多年前卢梭的思想，特别是在当今社会功利化的教育追求紧紧束缚了儿童发展的情况下，卢梭关于儿童的见解无疑是对儿童的一种解放，对当今的教育和孩子的父母都是一种谆谆的叮咛，需要时刻牢记："尊重儿童的主体性，尊重儿童的天然权利，尊重儿童的选择，还童权给孩子们。"

## 一、卢梭的儿童观

儿童观是成人如何看待和对待儿童的观点的总和，它涉及到儿童的能力与特点、地位与权利、儿童期的意义、儿童生长发展的形式和成因、教育同儿童发展之间的关系等诸多问题。中外古今，不同地域、不同时期具有不同的儿童观。现代的儿童观与传统的儿童观的根本区别在于，它不仅重视儿童对于社会的价值，看到儿童因弱小而需要保护的事实，更重要的是它不因儿童弱小而轻视他们，而是把儿童看作是有能力的、积极主动的权利主体，儿童拥有权利并可以行使自己的权利。卢梭认为："在万物的秩序中，人类有它的地位；在人生的秩序中，童年有他的地位；应当把成人看作成人，把孩子看作孩子。"[1]在《爱弥儿》中卢梭所表达的儿童观有以下四点：

### （一）关注儿童的快乐和痛苦

儿童是有自己独特精神的，已经开始感受人世间的痛苦和快乐，儿童的天性是可爱的快乐的，这是儿童的本能，成人要善待儿童，保护儿童这种快乐的天性，虽然让儿童忍受痛苦开始学习勇敢的精神，但这种勇敢精神的学

---

[1]  [法国]卢梭.爱弥儿[M].李平沤译.北京：人民教育出版社,2005.71.

习也正是为了免遭虚妄的痛苦。在卢梭看来，除了身体和良心上的痛苦是真切的，其他的痛苦都是来自人们的想象，成人需要培养和呵护儿童的快乐，不把成人化的种种约束加在儿童身上，使他们苦恼，对于一个幸福的儿童来说，就是感受最大的快乐，遭受最少的痛苦。如何让儿童做一个幸福的人，做儿童力所能及之事，卢梭写道：

孩子们是根据信号的可以感觉的效果来判断其意义的；如果他摔倒了，头上碰肿了，鼻子出血了，手指戳伤了，我不但不惊惶地急忙走到他的身边，反而安详地站在那里，至少也要挨些时候才走过去。伤痛已经发生了，他就必须忍受，其实，当我们受伤的时候，使我们感到痛苦的，并不是所受的伤，而是恐惧的心情。他正该在这样的年龄开始学习勇敢的精神，在毫不畏惧地忍受轻微痛苦的过程中，他就会渐渐学到如何忍受更大的痛苦了。忍受痛苦，是他应该学习的头一件事情，也是他最需要知道的事情。似乎，孩子们之所以如此弱小，正是因为要他们受到这些没有危险的重要的教训。[1]

有些人用各式各样的东西把孩子围起来，预防他受到任何伤害，以致他在长大后一有痛苦便不能对付，既没有勇气，也没用经验，只要刺痛一下便以为就要死了，看见自己流一滴血便昏倒过去，弄成这样的结果，我们还能说这一大堆设备有什么用呢？

我们训人和自炫博学已经成癖，以致往往把那些在孩子们自己本来可以学得更好的东西也拿去教他们，可是却忘记要他们学习只有我们才能教他们的事情。我们费了很多气力教孩子走路，好像因为看见过什么人因为保姆的疏忽，到长大的时候就不会走路似的。还有比这样去教孩子更愚蠢的事么？恰恰相反，我们发现有多少人正是因为我们教坏了走路的样子，一生走路都走不好啊！[2]

当我们看到野蛮的教育为了不可靠的将来而牺牲的现在。

欢乐的年岁是在哭泣、惩罚、恐吓和奴役中度过的。你们之所以折磨那可怜的孩子，是为了使他好；可是不知道你们却招来了死亡，在阴沉的环境中把他夺走了。[3]

人啊！为人要仁慈，要爱护儿童，帮他们做游戏，使他们快乐，培养他们可爱的本能。[4]

谁遭受的痛苦最少，谁就是最幸福的人；谁感受的快乐最少，谁就是最可怜

[1][2][3][4]　[法国]卢梭.爱弥儿[M].李平沤译.北京：人民教育出版社，2005.67-70.

的人。衡量的标准是：痛苦少的人就应当算是幸福的人了。

一切痛苦的感觉都是同摆脱痛苦的愿望分不开的，一切快乐的观念都是同享受快乐的愿望分不开的；因此，一切愿望都意味着缺乏快乐，而一感到缺乏快乐，就会感到痛苦，所以，我们的痛苦正是产生于我们的愿望和能力的不相称。[1]

人愈是接近他的自然状态，他的能力和欲望的差别就愈小，因此他达到幸福的路程就没有那样的遥远。只有在他似乎一无所有的时候，他的痛苦才最为轻微，因为，痛苦的成因不在于缺乏什么东西，而在于对那些东西感到需要。[2]

除了体力、健康和良知以外，人生的幸福是随着各人的看法不同而不同；除了身体的痛苦和良心的责备以外，我们的一切痛苦都是想象的。[3]

人啊！把你的生活限制于你的能力，你就不会再痛苦了。你天生的体力有多大，你才能享受多大的自由和权利，不要超过这个限度。其他一切全部是奴役、幻想和虚名。[4]

真正自由的人，只想他能够得到的东西，只做他喜欢做的事情。这就是我的一个基本原理。只要把这个原理应用于儿童，就可源源得出各种教育的法则。[5]

在偏见和人类的习俗没有改变人们的自然倾向以前，孩子和成年人之所以幸福，完全在于他们能够运用他们的自由，不过，在童年时候这种自由会受到体力柔弱的限制。一个人只要自己能够满足自己的需要，因而愿意做什么就做什么，这样的人才是快乐的人。[6]

我是这样看法的：为了要感到巨大的愉快，就需要他体会一些微小的痛苦；这是他的天性。身体太舒服了，精神就会败坏。没有体会过痛苦的人，就不能理解人类爱的厚道和同情的温暖。[7]

## （二）满足儿童的合理需要

卢梭认为大自然之所以造就儿童，是为了使他们受到爱护和帮助，童年时候的柔弱已经使孩子们受到种种的束缚，他们的自由是极其有限的，也不可能加以滥用，满足孩子自由的渴望和合理的需求，是成人能够给予孩子的真正幸福。相反，让孩子遭受折磨的方法就是拒绝孩子的合理要求，让孩子受到种种限制，天性得不到充分的发展，感受不到童年的快乐；或者不加节制地满足孩子的欲望，孩子要什么给什么，直到有一天因为力量不足而拒绝孩子的要求，使已经受到纵容而变得没有承受力的孩子遭到重大挫折，这都

[1][2][3][4][5][6][7] [法国]卢梭.爱弥儿[M].李平沤译.北京：人民教育出版社，2005.71-83.

不是正确对待孩子的方法。正确对待孩子首先要正确认识到孩子的弱，要对孩子进行合理的呵护和教育，满足孩子的正当性需求。卢梭写道：

孩子之所以是一个很弱的人，而是就自然的状态来说成人能够自己满足自己的需要，而小孩则不能。[1]

生活在文明社会中的父母，在他们的孩子还没有成年的时候就使他过这种社会的生活。他们给孩子的东西超过了他的需要，这样做，不仅没有减轻他的柔弱程度，反而使他更加柔弱了。而且，由于他们硬要孩子做那些连大自然也不要求他做的事情，由于他们要使孩子按照他们的心意使用自己需要的一点力气，由于孩子的柔弱和父母的钟爱使他们的互相依赖变成了一方对他方的奴役，所以就愈来愈使孩子变得柔弱了。[2]

一个孩子，他必须意识到他的柔弱，但是不能让他因为柔弱而受痛苦；他应当依赖成年人，但不能服从成年人的摆布；他可以提出要求，但不能发布命令。

你使孩子只依赖于物，就能按照自然地顺序对他进行教育。如果他有冒失的行为，你只需让他碰到一些有形的障碍或受到由他的行为本身产生的惩罚，就可以加以制止；这些惩罚，他是随时都记得的，所以，无需你禁止，也能预防他顽皮搞乱。经验和体力的柔弱，对他来说就是法规。绝不能因为他要什么就给什么，而要看他是不是确实有需要。[3]

只要不用我们的错误去损害孩子的意志，他是绝不会做没有用处的事情的。他的一切运动，都是他日益增强的身体所必需的。我们要仔细地分别哪些需要是他真正的需要、是自然的需要，哪些需要是由于他开始出现的幻想造成的，或者是由于我曾经谈到过的生活的过于优裕引起的。

重要的是，凡是你不打算拒绝给他的东西，则一看见他要，就应当马上给他。不要动不动就加以拒绝，但一表示拒绝之后，就不应当又回头表示答应。[4]

你要特别注意，切勿教孩子学会一套虚假的客气话。因为这种话可以让他在需要的时候当作咒语，使他周围的一切都听从他的意志的指挥，使他可以立刻得到他想要的东西。[5]

有些人是过分严格，有些人是过分放任，这两种情况都同样是要避免的。如果你放任孩子不管，就会使他们的健康和生命遭到危险，使他们在眼前受到许多苦楚；如果你过分关心，一点苦都不让他们受，结果反而给他们制造了许多它

[1][2][3][4][5] [法国]卢梭.爱弥儿[M].李平沤译.北京：人民教育出版社，2005.78-82.

不让他们遭遇的灾害。[1]

把一切能够得到的东西都看作是自己的，这是人的一种天性。要是一个孩子想得到什么就可以得到什么的话，他就会自以为是天下的主人，把一切人都看作是他的奴隶，而在你最后不得不拒绝给他某种东西的时候，他就会把你的拒绝看作是一种反叛，由于他还没有达到明白事理的年龄，所以他将把你向他解释的种种理由看作是借口；他认为你处处都对他不怀好意，因此，他所认为的不公平将使他的性情更加乖戾，对一切人都怀恨在心，对他人的殷勤照顾不仅不感谢，而且稍不如意，就大发雷霆。体力的软弱和役使人的心连在一起，是必然要产生妄念和痛苦的。[2]

可是一踏入社会，却觉得所有的人都在反抗他们，发现他们原来以为可以随意支配的世界竟重重地压在自己的身上，这时候，他们该是多么的吃惊呀！没有认识到他们的地位和力量；当他们什么事情都不能办的时候，他们就认为自己是一点能力都没有了。于是，他们就变得十分的懦弱和畏缩。[3]

用理性去教育孩子，这简直是本末倒置，把目的当作了手段。如果孩子们是懂得道理的话，他们就没有受教育的必要了；但是，由于你们从他们幼年的时候就对他们讲一种他们根本听不懂的语言，因而就使他们养成了种种习惯。[4]

### （三）把儿童当作儿童

儿童在整个人生之中是个非常独特的阶段，他不仅有自己的独特精神，还应有独特的地位。儿童时期的儿童就是儿童，不是缩小了的成人，也不是成人的预备，更不是成人的附属，而是独一无二的具有独特个性特点的人，是具有鲜明时代特征的正在成长发展的人，更是社会中的"自然人"。懂得了如何正确地看待儿童，就不会犯错待儿童的罪过，不会因为怕脏水打湿了鞋子而不让孩子尽情地玩耍，不会在孩子已经长大了还用小红花式的奖励来对待孩子的进步，不会因为孩子忘了写作业而对孩子进行过度的惩罚，不会对因兴趣而全身心投入的孩子进行野蛮的阻止，喋喋不休地数落孩子的所谓过错。每个时代的儿童都有每个时代儿童的特点，卢梭的把"儿童当作儿童"的核心要义就是：希望儿童在成人之前像儿童的样子，按照儿童的年龄来对待儿童。卢梭写道：

大自然希望儿童在成人以前就要像儿童的样子。如果我们打乱了这个次序，

---

[1][2][3][4]　[法国]卢梭.爱弥儿[M].李平沤译.北京：人民教育出版社，2005.82–87.

我们就会造成一些早熟的果实，它们长得既不丰满也不甜美，而且很快就会腐烂：我们将造成一些年纪轻轻的博士和老态龙钟的儿童。儿童是有他特有的看法、想法和感情的；如果想用我们的看法、想法和感情，那简直是最愚蠢的事情；我宁愿让一个孩子到10岁的时候长得身高五尺而不愿他有什么判断的能力。事实上，在这种年龄，理性对他有什么好处？它阻碍着体力的发展，儿童是不需要这种阻碍的。[1]

当你试图说服你的学生相信他们有服从的义务时，你在你所谓的说服当中就已经是掺杂了暴力和威胁的，或者更糟糕的是还掺杂了阿谀和许诺的。因此，他们或者是为利益所引诱，或者是为暴力所强迫，就装着是被道理说服的样子。他们同你一样，很快地看到服从对他们有利，反抗对他们是有害的。为什么要服从，在他们那个年龄是不能理解的，世界上还没有哪一个人能够使他们真正明白这个道理；不过，由于害怕受到你的惩罚和希望得到你的宽恕，由于你再三再四的强迫，硬要他们答应，所以弄得他们只好你怎样说就怎样承认；你以为是用道理把他们说服了，其实是因为他们被你说得挺厌烦和害怕了。[2]

要按照你的学生的年龄去对待他。首先，要把他放在他应有的地位，而且要好好地把他保持在那个地位，使他不再有越出那个地位的企图。只需使他知道他弱而你强，由于他的情况和你的情况的不同，他必须听你的安排；要使他及早明白在他高傲的颈项上有一副大自然强加于人的坚硬和枷锁，在沉重的生活需要这个枷锁之下，任何人都要乖乖地受它的约束的；要使他从事物而不从人的人性去认识这种需要；要使他了解，使他的行动受到约束的，是他的体力而不是别人的权威。凡是他不应该做的事情，你也不要禁止他去做，只须加以提防就够了；凡是你打算给他的东西，他一要就给，不要等到他向你乞求，更不要等他提出什么条件的时候才给他。给的时候要高高兴兴的，而拒绝的时候就要表现不喜欢的样子；不过，你一经拒绝就不能加以改变，尽管他再三纠缠，你也不能动摇；一个"不"字说出去，就要像一堵铁打的墙，他碰五六次就会碰得筋疲力竭，再也不想来碰了。

这样，即使在他得不到他所希望的东西时，你也可以使他心平气和，觉得没有关系，得不到也就算了，因为人在天性上可以安心地忍受物品的缺乏，但不能忍受别人的恶意。[3]

---

[1][2][3]　[法国]卢梭.爱弥儿[M].李平沤译.北京：人民教育出版社，2005.88—90.

### （四）让儿童自己做主

儿童观的核心要义就是尊重儿童。尊重儿童如何体现出来？一是体现在如何认识儿童的自然权利；一是体现在如何实现儿童的自然权利。尊重儿童不仅仅是因为他们年龄尚小，需要成人的爱护、关心和培养，还因为他们从出生起就是一个独立的个体，有自己独立的意愿和个性。无论父母还是老师都没有特权去支配或限制他们的行为和选择的自由，要让孩子感到自己是自己的主人。举一个我们现在都知道的例子，就是美国人的儿童观非常强调对孩子的尊重：美国人讲究对孩子说话的口气和方法，孩子同大人讲话时不但要认真听，有时大人还要蹲下来同孩子对话，使孩子感觉到你在尊重他，避免孩子产生"低人一等"的感觉；对待孩子吃饭也不采取强硬逼迫的方法；即使孩子做错了事也不横加训斥；要孩子换衣服也不用命令的口吻，否则他们认为会给孩子的心理上留下自卑的阴影。如果家长带孩子外出做客，主人若拿出食物给孩子，美国人也不会提早代替孩子回答"不吃"、"不要"之类的话，在孩子表示出想吃的时候也不会对孩子呵斥，因为在他们看来，孩子想要什么或是想看什么，本身并没有错，孩子有这个需要，任何人都没有权利和理由来指责孩子的自身行为，只能根据当时情况做出适时适当的解释和说明，来对孩子的行为加以引导；美国人不赞同父母在外人面前教育孩子，更不允许当着外人的面用像笨蛋、没出息、傻瓜等之类的负面语言斥责孩子，因为这样做会深深伤害孩子的自尊心，同时父母这样做也是一种罪过。美国人对待孩子的这种尊重态度，不知道是不是受了卢梭思想的启迪，卢梭就很强调让儿童做主，认为儿童的所谓过错都是大人的疏忽造成的，不应对儿童进行责备。卢梭写道：

最坏的教法是，让他在他的意志同你的意志之间摇摆不定，让他同你无止无休地争论在你们两人当中究竟由谁做主；我觉得，事事由他做主，反而比你做主要好一百倍。

有节制的自由。当你还不知道怎样用可能的和不可能的法则把一个孩子引导到你所希望的境地时，就不能担当教育那个孩子的事情。他对这两者的范围都完全不知道，所以可以随你的意思把这种范围在他的四周加以扩大或缩小。你单单用事物的需要就可以使他毫无怨言地受你的束缚、推动或遏制；你单单用事物的强制就可以使他变得容易管教，同时使任何恶习都没有在他身上生长的机会；因为，人的欲念在不可能产生效果的时候，是绝不会冲动起来的。

不要对你的学生进行任何种类的口头教训，应该使他们从经验中去取得教训；也不要对他们施加任何种类的惩罚，因为他们还不知道他们的错究竟是错在什么地方；也不要叫他们请求你的宽恕，因为他们还不知道他们冒犯了你。由于他们的行为中没有任何善恶的观念，所以他们也就不可能做出从道德上看来是一件很坏的、而且是值得惩罚和斥责的事情。[1]

他们在你面前愈受到拘束，他们在你看不到的时候就愈闹得凶，因为他们在可能的时候要捞回由于你管得太严而遭受的损失。两个城里的小学生在乡下所捣的乱，比整整一个村子的小孩所捣的乱还多。

人类天生的唯一无二的欲念是自爱，也就是从广义上说的自私。自私是受理性支配的，所以在理性产生以前，应当注意的事情是，不要让一个孩子因为别人在看他或听他就做这样或那样的事情，一句话，他做任何事情，都不能是因为他同别人的关系，而只能是因为自然对他的要求；这样一来，他所做的事情就全都是好事了。[2]

在听任孩子们自由自在地胡闹时，就要把一切值钱的东西拿开，凡是易碎和珍贵的东西都不要放在他们够得着的地方。他们房间中的家具要又简单又结实。

不管你多么小心，如果一个小孩子还是捣了一些乱和打碎了一些有用的东西，就不要因为你的疏忽大意反而去打他或骂他；不要让他听到一句责备他的话，而且最好不要让他觉察到他使你感到痛心；你要做出那个家具是自行坏了的样子，最后，如果能做到一声不吭的话，我倒认为反而会收到很大的效果。[3]

## 二、童年期的教育法则

儿童观是教育儿童的前提，人们怎么看待儿童就会怎么教育儿童。一般来说，人们都认为："人生当中最危险的一段时间是从出生到12岁。在这段时间中还不采取摧毁种种错误和恶习的手段的话，它们就会发芽滋长，及至以后采取手段去改的时候，它们已经是扎下了深根，以致永远也把它们拔不掉了。"[4] 这种想法不妨将其称之为"孩子是用来迎合教育的"；而卢梭的看法正好相反，他认为"教育是用来迎合孩子的"，因为按照自然的进程来说，

---

[1][2][3][4]  [法国]卢梭.爱弥儿[M].李平沤译.北京：人民教育出版社，2005.91—93.

在儿童的心灵还没有具备种种能力以前，不应当让儿童运用他们的心灵。正因为卢梭有着独特的儿童观，所以卢梭的儿童教育观也是独树一帜的，这是跟他的儿童观一脉相承的。卢梭教育观体现在他所提出的教育法则上面，他的教育法则涉及以下内容：

**（一）消极的教育方针**

教育方针是关于教育的总体思路和指导思想，是进行教育活动时应当遵从的教育法则。所谓"消极"的意思是说卢梭提出了一个在他看来最重要和最有用的教育法则，这个法则就是：不仅不应当争取时间，而且还必须把时间白白地放过去。卢梭的意思是讲如果人们对儿童的教育与儿童的自然进程不相符，如果儿童没有准备好接受教育而强迫儿童接受教育，如果儿童还没有接受教育的需要而非要硬塞教育给儿童，这些做法不仅不能达到好的效果，也不能指引儿童成长，与其这样盲目地实施教育，还不如什么都不做，让儿童自然而然地成长，我们将卢梭这种教育理念称之为消极的教育方针。卢梭这样写道：

最初几年的教育应当纯粹是消极的。它不在于教学生以道德和真理，而在于防止他的心沾染罪恶，防止他的思想产生谬见。如果你能够采取自己不教也不让别人教的方针，如果你能够把你的学生健壮地带到12岁，这时候，即使他还分不清哪只是左手哪只是右手，但你一去教他，他的智慧的眼睛就会向着理性睁开的；由于他没有染上什么偏见或习惯，因此在他身上不会有什么东西能够抵消你的教育的效果。他在你的手中很快就会变成一个最聪明的人；你开头什么也不教，结果反而会创造一个教育的奇迹。[1]

你这样做才能够做得更好：凡事要做得恰如其分，不要同你的学生争辩什么理由，特别是不要为了叫他赞成他不喜欢的事情而同他讲道理，因为常常在不愉快的事情中谈论道理，只会让他觉得道理是让人讨厌的东西，使他还不能明白道理的心灵从小就对道理表示怀疑。你必须锻炼他的身体、他的器官、他的感觉和他的体力，但是要尽可能让他的心闲着不用，能闲多久就闲多久。如果延到明天教也没有什么大关系的话，就最好不要在今天教了。[2]

另外，从孩子特有的天资看，也可以肯定这个方法是有用的，要知道哪一种培养道德的方法最适合于他，就必须对他特有的天资有充分的了解。每一个人的

---

[1][2][3]　[法国]卢梭.爱弥儿[M].李平沤译.北京：人民教育出版社，2005.94-95.

心灵有它自己的形式，必须按它的形式去指导他；必须通过它这种形式而不能通过其他的形式去教育，才能使你对他花费的苦心取得成效。谨慎的人啊，对大自然多多的探索一下吧，你必须好好地了解你的学生之后，才能对他说第一句话，先让他的性格的种子自由自在地表现出来，不要对他有任何束缚，以便全面地、详详细细地观察它。你认为这样让他自由是浪费了他的时间吗？恰恰相反，这段时间是用得非常恰当的，因为只有这样才能知道怎样在最宝贵的时期中不致浪费片刻的光阴；可是，如果你在不知道应该如何着手以前就开始行动，那么你就必然会盲目从事，容易做错，不得不重新来做，所以，你急于达到目标，结果反而不如慎重前进的快。在童年时期牺牲一些时间，到长大的时候会加倍地收回来的。[1]

我哪里向你说过自然教育是一件很容易的事情？这些困难也许是无法克服的，我们必须抱定的目标，并不是说我们一定能够达到那个目标，而是说，谁愈是向着那个目标前进，谁就愈会成功。[2]

### （二）教育者的榜样作用

谁是教育者？广义地说，教育者是那些对正在成长中的孩子施加影响的人，这些人是跟孩子有着广泛接触和能影响到孩子想法和行为习惯的人；狭义的教育者就是专职的有目的有计划对孩子的成长施加影响的人，这些人可以是父母，可以是教师，也可以是对孩子进行特殊影响的人；这些人自身的所作所为就成了孩子学习和模仿的样板，也就是我们常说的榜样作用。榜样可以分为正榜样和负榜样，正榜样是能够让人学习的人和事，而负榜样是让人反感和拒绝学习的人和事。人们历来重视身教的榜样力量，认为身教重于言教，身体力行是看得见摸得着的生动形象，适合儿童期的认识特点和接受能力，容易让儿童产生模仿和学习。卢梭对教育者的榜样作用进行了论述，由于卢梭要把爱弥儿培养成高贵的自然人，所以卢梭把农民作为了负榜样，这里我们要结合当时历史环境对此进行客观看待，我们只是借鉴卢梭的教育思想，并不意味着赞成他对榜样的判定。卢梭对榜样看法这样写道：

你要记住，在敢于担当培养一个人的任务以前，自己就必须要造就一个人，自己就必须是一个值得推崇的模范。当孩子还处在无知无识的时候，你尽可从容地进行一切准备，以便让他最初看到的都是适合他看的东西。你必须使自己受到人人的尊敬，你必须从使别人爱你着手做起，才能使每一个人处处都想满足你

---

[1][2]　[法国]卢梭.爱弥儿[M].李平沤译.北京：人民教育出版社，2005.95~96.

的心意。如果你不能控制孩子周围的人，你就不能做孩子的老师；这种权威，如果不以别人尊敬你的道德为基础，就永远不能充分地行使。[1]

能解除别人的痛苦时，就替他解除痛苦，而不要光在那里表示忧虑。如果你只打开你的钱柜而不同时打开你的心，也是枉然的，别人的心也始终是向你紧紧关闭的。你必须牺牲你的世界、你的心血、你的爱、以至你自己，因为，不管你怎样做，别人都始终认为你的金钱并不就是你本人。对别人表示关心和善意，比任何礼物都能产生更多的效果，比任何礼物对别人都有更多的实际利益。你为人要公正和善良。你不要光是布施，而必须同时以仁爱之心待人。慈善的行为比金钱更能解除别人的痛苦：你爱别人，别人就会爱你；你帮助别人，别人就会帮助你；你待他情同手足，他对你就会亲如父子。

我为什么要把爱弥儿带到乡间去培养的理由，那就是，我要使他远远地离开那一群乱哄哄的仆人，因为除了他们的主人之外，就要算这些人最卑鄙；我要使他远远地离开城市的不良习俗，因为它装饰着好看的外衣，更容易引诱和传染孩子；反之，农民虽有种种缺点，但由于他们既不掩饰，也显得那样粗鲁，所以，只要你不去存心模仿，则它们不仅不吸引你，而且还会使你发生反感。[2]

在乡村里，一个教师更能很好地安排他拿给孩子的东西；他的名声、他的谈话和他的举止，将使他享有在城市中享不到的威信；对每一个人有帮助，因而每一个人都感谢他，都想得到他的看重，都想在学生面前显示一下老师是怎样待他的；所以，即使他不改掉他的缺点，但至少会少做一些可羞的事情；这一点，正是我们要达到的目的。[3]

热情的老师，你要保持纯朴，谨言慎行。大自然把这个世界造成了人类的第一天堂，你在这个世界上要当心，不要在教天真无邪的孩子分辨善恶的时候，自己就充当了引诱的魔鬼。你既然不能防止一个孩子在外面学别人的样子，所以就必须集中精力把那些样子按适合于孩子的形象印在他的心中。[4]

**（三）重行动轻言说**

教育需要良师，也需要好的内容，还需要好的教育方法。人们都赞同教育孩子是让孩子明白道理，按照道理去行动和做事；但是同孩子讲道理，特别是在孩子还不能理解道理的时候，过多地依赖于言语上对孩子的影响，是不切实际的。有时我们教育孩子可以采取直接行动的方式，不必让孩子知道为什么

---

[1][2][3][4]　[法国]卢梭.爱弥儿[M].李平沤译.北京：人民教育出版社，2005.96~99.

要那么做，只要求他那么做就是了，表面上看来这样教育孩子有些不合人道，但是没有规矩不成方圆。教育的效果是让孩子形成良好的行为习惯，具备得体的言行举止，完备的人格特质以及优良的道德品性，言说能改变一个的观念，行动却能影响行动，单靠口头教育是不能养成一个人拥有这些优良素质的。卢梭写道：

孩子们固然要受到他们耳濡目染的坏事的败坏，但同他们受你的教育不善的败坏相比，在程度上还是要轻一些的。你为了向他们灌输你所谓的良好的观念，就成天讲道说教，卖弄学问，结果，在灌输你那个思想的同时，又把20个一点价值也没有的观念灌输给他们了。

你刚才对这个小孩进行了一番教训，现在就请你听一听他讲的话；让他说，让他问，让他爱怎样谈就怎样谈，你马上就会惊奇地发现，你所讲的那番道理在他心中变了一个多么奇怪的样子：他简直说得乱七八糟、颠三倒四，使你生气，有时候还提出一些料想不到的反问使你感到痛心；不弄得你哑口无言，就弄得你只好叫他停止讲下去。从这个时候起，一切都完了，他不但不受你的教育，而且还要尽量找你的岔儿。[1]

在任何事情上，教育都应该是行动多于口训，因为孩子们是容易忘记他们自己说的和别人对他们说的话的，但是对他们所做的和别人替他们做的事情，就不容易忘记了。[2]

用实际行动教育孩子，可以达到两种教育效果，一是养成孩子的美德，一是改掉孩子的坏毛病。养成孩子的美德是在做的过程中完成的，改掉孩子的坏毛病有时要用到惩罚。在独生子女教育的今天，教育中能不能用惩罚成了一种争论，但是在卢梭这里，在传统的教育中，惩罚都是教育中不可缺少的要素，一般都认为惩罚本身就是教育，或者说这种惩罚是教育惩罚。其实问题的焦点并不在于有没有惩罚，而在于惩罚是否适度，惩罚的动机是否出于教育目的，惩罚的结果是否达到了教育要求，惩罚是否起到了好的作用而没有产生不良的后果。卢梭认为教育的行动之中包含着惩罚，但是这种惩罚应该起到积极的作用，他特别提出了在三个方面对孩子的教育，都应该以行动教育为主，且惩罚不能产生负面作用。

1.如何对待孩子的坏脾气。孩子的性格多种多样，有些小孩子很难控制

[1][2]　[法国]卢梭.爱弥儿[M].李平沤译.北京：人民教育出版社，2005.98-105.

自己的情绪，经常发脾气，性子暴躁。孩子的坏脾气有的是向成人学习的结果，有的是教育不当的结果，有的是孩子天生气质所致，但是及早将孩子教养成人，就能改变孩子的坏脾气。对待坏脾气孩子的方法有很多，或者把坏脾气当作病态，或者让孩子自己承受坏脾气的恶果，或者将孩子关禁闭，这些方法都能有效改掉孩子的坏脾气。卢梭写道：

冲动的情绪被孩子看到了，就会对他产生巨大的影响，因为这种情绪有十分明显的表现刺激他，使他非注意不可。尤其是愤怒到极点的时候，就会显得如此地狂暴。他看见一个面红耳赤、眼冒火花、气势汹汹的人在那里叫喊，所有这些表现都说明那个人的身体已经失去常态。你既不要装模作样，也不要故弄玄虚，只是沉着冷静地告诉他说："这个可怜的人生病了，他正在发烧。"你可以趁此机会用几句话使他对疾病及其影响获得一个观念，因为这也是属于自然的，是他必须遭受的必然的束缚之一。

这个观念本身是不会错的，他有了这个观念，是不是从小就会把情绪的过度放纵看作是疾病，从而产生一种厌恶的感觉呢？这种观念产生的效果，在迫不得已的时候，可以把一个桀骜不驯的孩子当作有病的孩子来处理；可以把他关在房间里，如果必要的话，还可以成天叫他躺在床上，规定他的饮食，用他自己一天天增多的缺点去吓他，使他觉得那些缺点是非常可厌和可怕的；这样做，就不致于使他把你为了纠正他的缺点而不得不采取的严厉手段看成是一种惩罚。如果你因为一时的激动，失去了你施教时应有的冷静和稳重，你就不要想方设法地掩饰你的错误；你可以坦率的用一种温和的责备口吻向他说："我的朋友，你使我多么难过啊。"[1]

但是，一些孩子的性格很暴烈，他们那种凶猛的气质发展得早，因此，必须赶快把他们教养成人，以免迫不得已地要把他们束缚起来。

一个孩子虽不打人，但要打东西，对东西就不一定爱护。因此，应当使他具备的头一个观念应当是财产的观念；为了使他获得这个观念，就必须让他有几样私有的东西。[2]

性情暴烈的孩子碰到什么就搞坏什么，你不要生气，把他能够搞坏的东西都放在他拿不着的地方。打坏他所用的家具，你别忙着给他另外的家具，让他感觉到没有家具的不方便。他打破他房间的窗子，你就让他昼夜都受风吹，别怕他受

[1][2]　[法国]卢梭.爱弥儿[M].李平沤译.北京：人民教育出版社，2005.99-101.

风寒，因为，宁可让他着凉，不可让他发疯。绝不要埋怨他给你造成的种种麻烦，你要让他头一个感觉到这些麻烦。最后你叫人来修理窗子，你自始自终什么话都不要说。他又打破了呢，那就换一个方法，把他关在一间没有窗子的黑屋里。回答他说："我的窗子也是不愿意人家打破的。"说完走开，让小孩在那里待几个小时，待到足以使他在里面感到心烦，而且能够把这件事情记在心里以后，才派个人去叫他同你订一个条约，根据这个条约，你还他的自由，而他今后也不再打破你的窗子。[1]

2. 如何对待孩子的说谎。说谎关乎人的道德世界，诚实是美德，说谎则是道德有问题。卢梭认为撒谎不是孩子的天性，而是后天人为造成了孩子的说谎。孩子的谎言有三种，一种是与事实不符的谎言，一种是不履行承诺的谎言，或者两者合一的谎言。关于孩子撒谎的原因，卢梭认为主要是老师或者说是教育不当造成的，孩子为了逃避他们不喜欢的义务和束缚而不得不撒谎，为了得到现实利益免受惩罚而不得不撒谎；而真正的自由和自然的教育，是不可能让孩子产生撒谎的理由的。对孩子提一些超过孩子能力的要求或强迫孩子做事，都不能产生想要的正面教育结果，而只能适得其反，因为违背了孩子的天性和自然的教育要求，不可能得到好的结果。卢梭写道：

欺骗和撒谎的行为都将随着社会习俗和义务而同时产生。一个人既能做他不应该做的事情，也就想掩饰他该做而未做的事情。一种利益既可以使人许下诺言，则更大的利益就可使人违反诺言。不能防患于未然，只好对罪恶的行为加以惩罚。人生的种种不幸就是这样随着人的错误而同时开始的。[2]

我们不能为了惩罚孩子而惩罚孩子，应当使他们觉得这些惩罚正是他们不良行为的自然后果。谎言的种种不良后果都要落在他们头上，例如，即使说的是真话，也没有人相信；即使没有做什么事情，也要被别人不由分辨地指责说干了坏事。

谎言有两种：一种是就过去所做的事情撒谎，一种是就将来承担的义务撒谎。第一种撒谎的情况是否认他所做过的事情，或者硬说他做过他没做过的事情，明明知道事情的真相不是那样，却偏偏说成是那。第二种撒谎的情况是许出一些他并打算加以遵守的诺言，就是表示一种同他本来的意图相反的意图。有时候这两种谎是合在一起撒的。[3]

撒谎的事不是孩子的天性，而是服从的义务使他们不得不撒谎，因为服从

---

[1][2][3]　[法国]卢梭.爱弥儿[M].李平沤译.北京：人民教育出版社，2005.105~107.

别人是一件很痛苦的事情，所以他们就悄悄地尽可能设法不服从别人，同时，他们还觉得，与其暴露事情的真相要到将来才能得到利益，不如撒一个谎就能免掉一次处罚和责备，得到现时的利益。在自然的和自由的教育之下，你的孩子干吗要向你撒谎呢？他有什么要隐瞒你的呢？你不找他的岔子，你不惩罚他，你不强迫他。他为什么不像告诉他的小伙伴那样天真地把他所做的事情都告诉你呢？他不可能认为向你承认就会比向他的伙伴承认会遭到更大的危险。[1]

由于答应做什么或不做什么是双方协定的行为，既逾越了自然的状态，也有损于自由，所以，就义务而撒谎的行为是更不符合自然的。因为他们心里所想到的只是怎样摆脱现时的困难，是在眼前不会产生什么影响手段都是可以采用的。

小孩在答应做什么事情的时候，是并未撒谎的，因为在他做出诺言时，他对他所许诺的事情没有什么了解。但是，如果他不履行诺言，情况就不同了，就可以把他的诺言追溯为一种谎言，因为他很清楚地记得他做出过那个诺言，不过，他不知道遵守诺言的重要性罢了。

由此可见，孩子的撒谎，完全是老师造成的，他们想教会孩子说实话，结果却教会孩子说谎话。他们巴不得能好好管教孩子，使孩子循规蹈矩，但是又找不到相当的手段来达到目的。他们认为凭一些空洞的格言和不合理的清规就可以重新约束孩子的心灵，宁可让孩子背诵功课和撒他们的谎，也不愿意让孩子保持天真和诚实。[2]

我们只主张我们的学生从实践中去学习，我们宁可让他们为人忠厚而不愿他们有一肚子的学问；我们并不勉强他们老老实实，以免他们弄虚作假；我们并不硬要他们做出这样或那样的诺言，以免他们不打算遵守他们的诺言。如果他的性情执拗，使我不得不同他订个条约，我的做法也要极其慎重，以便条约的内容全部由他提；当他订下条约的时候，我总要使他觉得履行条约就能获得很大的现实利益；万一他不履行诺言，我也要使他觉得，这样撒谎所招来的痛苦是由于事物发展的必然结果，而不是出自老师的报复。[3]

如果我们不是那样急于想教好孩子，我们也就不会那样急于硬要他做这做那的，我们就可以从从容容地只是在适当的时候才提出我们对他的要求。只要不采取溺爱的方式是一定能教好孩子的。但是，一个愚昧的教师由于不知道如何对孩子进行教育，以致时时刻刻要孩子答应做这个做那个，既没有分别，也没有选择，

---

[1][2][3]　[法国]卢梭.爱弥儿[M].李平沤译.北京：人民教育出版社，2005.107-109.

而且数量也过于繁多，弄得孩子十分烦恼，承担了许许多多的诺言，结果使他把那些诺言看得满不在乎，置于脑后，认为不屑于遵守，甚至把它们看作一套空话，觉得做出了诺言又破坏诺言是一件好玩的事情。

强使孩子们承担种种其他的义务，因为把那些义务加在他们身上，不仅可恨，而且实际上是做不到的。看起来好像是在向他们宣讲道德，实则是使他们去爱种种的恶习；在禁止他们沾染恶习的过程中，反而使他们养成了那些恶习。[1]

3. 如何培养孩子的美德。美德不是生来就有的，而是经过后天养成的。卢梭认为美德的养成重要的在于养成心灵的习惯，只有在心里面认为美德是好的才能在行为上表现出来。培养学生美德，教师自身首先要具备美德，虽然美德不是模仿来的，教育者的榜样作用能帮助孩子养成良好的习惯；美德也不是靠宣讲培养出来的，而是用行为表现出来的，这个行为原则就是：绝不损害别人。这条高尚的道德看似简单却是难于实践的，做这一点需要人的心灵和意志力都很坚强。为此卢梭写道：

重要的是养成心灵的习惯而不是手上的习惯。你教育孩子们的一切道德，都同这种手上的道德[2]差不多，正是由于向他们宣讲这些美德，反而使他们的少年时期过得那么忧郁！难道说这是一种明智的教育吗？[3]

诸位老师，你们别那么虚伪了，你们为人要公正和善良，要把你们的榜样刻画在你们的学生的记忆里，使它们深入到他们的心。一切慈善的事情，我不仅不强求我的学生去做，我反而喜欢当他们的面由我自己去做，不仅如此，我甚至还要使他没有模仿我的可能，使他觉得这不是他那样年龄的人可以享受的荣誉，因为，重要的是，不要使他习惯于把只应该是大人做的事情看作是小孩做的事情。[4]

我认为，所有这些从别人那里模仿来的美德，都像猴子那样学来的乖，而任何一种良好的行为之所以能够产生良好的道德效果，只是因为在你做的时候就认识到它本来是好的，而不是因为看见别人那样做，你才那样做。不过，像孩子那样的年纪，心灵还处在懵懵懂懂的状态，所以需要使他们模仿我们，希望孩子们养成习惯的行为，以便他们最终能够凭他们自己的判断和对善的喜爱去实践这些行为。[5]

在道德教育方面，只有一条既适合于孩子，而且对各种年龄的人来说都最为

[1][3][4][5]　[法国]卢梭.爱弥儿[M].李平沤译.北京：人民教育出版社，2005.109~112.
[2]　"手上的道德"：卢梭在这里指的是布施，向别人派送东西。卢梭反对应该由大人做的布施，让小孩去做。

重要，那就是：绝不损害别人。甚至教人为善这一条，如果不从属于这个教训，也是虚伪的、矛盾的和有害的。最高尚的道德是消极的，同时也是最难于实践的，因为这种道德不是为了做给人家看的，而且，即使我们做得令人心满意足，也不能因此就在我们心中产生甜蜜的快乐。一个人如果从来没有损害过他的同胞，那他就是对他们做了极大的好事啦！他需要有多么坚贞不屈的心灵和多么坚强的性格才能做到这一点啊！[1]

### 三、童年期的身心发展

随着科学研究的发展，有关人的身心发展方面的知识已经形成了一门系统的学科，现代人称作发展心理学或者称为儿童发展心理学，它是对儿童身心发展的全面、系统和科学化的研究成果。儿童发展心理学所关心的问题是儿童期的心理和行为的发生与发展的规律，以及这个时期的心理年龄特征，探讨影响心理发展的有关因素，以及儿童认知、语言、智力、情绪、个性、道德等各个领域的发展特点与发展趋势。童年期是个体发展的重要时期，是在各方面打基础的时期，这个阶段儿童生理、心理发展有其自身的特点。在教育过程中，只有遵循这些特点，采取有效的教育教学措施，才能促进儿童的发展，取得良好的效果。

难能可贵的是，早在二百多年前，卢梭就已经开始注意到儿童的身心发展问题，对儿童的智力和体力以及各种感官的发展与训练都提出了独到的见解。卢梭关于儿童的身心可能更多地是出于他对儿童的观察和经验的总结，他的有些说法是基于他的自然教育理念，认为大自然既然给了人的诸多官能，那就应该让这些官能获得充分的发展。虽然没有像现代科学研究那样，是在观察、调查和实验的基础上得出结论，具有客观性和规律性的特点，但是卢梭对儿童各种能力发展和各种官能的训练进行了经验性的总结，对我们今天仍有启发意义，有些思想依然活跃在当今的现实教育生活中。

#### （一）关于儿童的学习和智育

儿童期的学习是很重要的一件事情，学什么和怎么学关涉到儿童的成长和品性的形成，也关涉儿童智力的发展。智力是一个人一般性的精神能力，

---

[1] [法国]卢梭.爱弥儿[M].李平沤译.北京：人民教育出版社，2005.113.

指人认识、理解客观事物并运用知识、经验等解决问题的能力，包括记忆、观察、想象、思考、判断、理解、计划、解决问题以及语言表达和学习的能力等等。智育是指培养儿童的智力教育，影响儿童智力发展的因素有很多，在不考虑先天遗传等因素情况下，后天的成长经历和生活环境以及专门教育对智力的影响比较大。研究表明，人的智力发展速度是不均衡的，早期阶段获得的经验越多，智力发展得就越迅速。美国布鲁姆提出了一个重要假设，把 5 岁前视为智力发展最迅速的时期，如果 17 岁的智力水平为 100%，那么从出生到 4 岁就获得 50% 的智力，其余 30% 是 4—7 岁获得的，另外 20% 是 8—17 岁获得的。智力不是天生的，人的智力是人在认识和改造客观世界的实践中逐渐发展起来的，教育和社会实践对智力的发展起主导作用，生活实践不仅是学习知识的重要途径，也是智力发展的重要基础。

卢梭对智力的认识还没有达到现代心理学的高度，但是卢梭已经开始认识到学习和智育之间的关系，他已认识到在传统智力的见解中记忆力和理解力对儿童的重要性，认识到学习对儿童智力的影响，认识到生活经验在儿童智力发展中的重要作用。卢梭认为没有理解力就不会将事物牢牢地记住，也就是说卢梭赞成在理解的基础上进行记忆，反对死背硬记，如果让孩子为了记忆而去背一些没有理解的知识，只能说对这些知识有了些感觉，而不是真正的记忆；即使孩子们记住了一些名称和名词，而这些对孩子的成长也不见得有什么好处，还有可能压抑了孩子的志趣，让孩子的童年过得压抑而没有乐趣；正确的做法是让孩子从周围的事物中逐渐积累他所能理解的事物，获得日后教育所需要的和为一生行为打基础的知识。同时在学习内容的选择上，卢梭反对让孩子们学习寓言，因为孩子还不能直接理解寓言的事物，卢梭还反对强迫童年期的孩子读书，认为这样做容易抹杀孩子学习的欲望，使孩子过早地觉得学习是件痛苦的事情而厌恶学习，这样做只能欲速而不达。卢梭主张要按照自然的次序去教导学生，不提孩子达不到的要求，而是要按照孩子的生活能力和保存孩子的学习兴趣去实施教育。卢梭写道：

要尊重儿童，不要急于对他做出或好或坏的评判。让大自然先教导很长的时期之后，你才去接替他的工作，以免在教法上同它相冲突。[1]

尽管记忆和理解是两种在本质上不同的本能，然而两者只有互相结合才能得

[1]　[法]卢梭.爱弥儿[M].李平沤译.北京：人民教育出版社，2005.117.

到真正的发展。所以我认为孩子们因为没有判断的能力，因此也就没有真正的记忆。他们记得声音、形状和感觉，然而却很少记得观念，更不用说记得观念的联系了。[1]

然而我并不认为孩子们是一点理解力都没有的。恰恰相反，我认为他们对一切同他们眼前可以感觉到的利益有关的事物却理解得非常好。[2]

孩子们还不懂得你所讲的字眼，就不宜于拿你的功课去教他们。如果他们没有获得真正的观念，他们就不会有真正的记忆，因为我认为仅仅保留一些感觉是不能叫作记忆的。[3]

纵然说大自然使一个孩子的头脑具备了这种能够接受种种印象的可塑性，那也不是为了让你记住什么国王的名字、年代、谱系、地球仪和地方名称，或者记住那些对他这样年纪的人来说既毫无意义，而且对任何年纪的人来说也没有一点用处的词语；把这些东西压在他的身上，是必然会使他的童年过得十分忧郁和没有趣味的。孩子的头脑之有可塑性，是为了让那些能够为他所理解和对他有用处的观念，这些观念关系到他的幸福和日后指导他履行其天职，早已以不可磨灭的印象已在他心中，使他一生中能按照适合于他的天性和才能的方式过他的生活。

即使是不读书本，一个孩子可能有的记忆力也不会因此而闲着没有用处；他所看见的和他所听见的一切，都会对他产生影响；他将把它们记下来，他将把大人的言语和行为都记在心里；他周围的事物就是一本书，使他在不知不觉中继续不断地丰富他的记忆，从而增进他的判断能力。为了培养他具备这种头等重要的能力，真正的好办法是：要对他周围的事物加以选择，要十分慎重地使他继续不断地接触他能够理解的东西，而把他不应该知道的事物都藏起来。我们要尽可能用这个办法使他获得各种各样有用于他青年时期的教育和他一生的行为的知识。它能培养有见识、有性格、身体和头脑都健康的人。这样的人，小时候虽没有谁称赞，到长大后是一定会受到人人尊敬的。[4]

爱弥儿是绝不背诵什么课文的，即使是寓言，即使是拉·封登的寓言，不论它们是多么简单和动人。人们怎么会这样糊涂，竟把寓言也称为孩子们的修身学，寓言可以用来教育大人，但对孩子们就应该直截了当地讲真理，你用幕布把真理盖起来了，他就不愿意花力气去把它揭开。[5]

寓言：乌鸦和狐狸

---

[1][2][3][4][5]　[法国]卢梭.爱弥儿[M].李平沤译.北京：人民教育出版社，2005.118-127.

　　乌鸦先生在一棵树上歇息，它嘴里含着一块奶酪，狐狸先生被美味所引诱，向乌鸦这样说："喂！你好，乌鸦先生！你多美啊！我觉得你多好看啊！不要撒谎，要是你的歌喉配得上你的羽毛，就让你做这林中的百鸟的凤凰。"听到这些话，乌鸦乐得忘乎所以，于是，为了显示他美妙的歌声，把嘴一张开，奶酪就掉到地上。狐狸抓着奶酪说，我的好先生，你要知道，所有阿谀奉承的人都靠他所吹捧的人生活，花一块奶酪学这个教训，真是值得。乌鸦又羞又气，发誓——可惜晚了——从今不再上这种当。[1]

　　我要问一下，对6岁的孩子来说，是不是需要告诉他们有些人为了自己的利益就吹牛拍马或撒谎骗人？我们至多只能告诉他们说，拿小孩子逗着玩或者暗中嘲笑他们傻里傻气的人，确实是有的；但是，一块奶酪就把整个事情弄糟了，因为你不是在教他们怎样把自己的奶酪紧紧地含在嘴里，而是教他们怎样想办法把别人嘴里的奶酪骗出来。

　　只要你长期同曾经学过寓言的孩子在一起，你就可以发现，当他们有机会会把所学的寓言拿来应用时，他们的所作所为差不多同寓言作者的意图是完全相反的。对于你想纠正或防止的缺点，他们不仅满不在乎，而且还偏偏喜欢为非作恶，以便从别人的缺点中得到好处。[2]

　　读书是孩子们在童年时期遇到的灾难，而你单单要他们在读书中消磨他们的时间。

　　如果你不勉强孩子们照你们的话去做，他们就不会去学那些在现时对他们既无趣味也无用处的东西，否则，有什么动机可以促使他们去学呢？对不在眼前的人讲话和听他们讲话，以及不经过中间的媒介而把我们的感情、意志和希望远远地传达给他们，是一种艺术，这种艺术的用处是各种年龄的人都可以感觉得到的。是什么奇怪的原因使这样一种如此有用和如此有趣的艺术变成了孩子的一项刑罚呢？是因为你采取了强迫的方法叫他去学它，你硬要他把它用之于他不了解的事物。但是，只要你能够用这个工具去增进他的快乐，即使你不许可他用，他也是马上要去用它的。

　　人们在熬费苦心地寻找教读书识字的最好方法，有些人发明了单字拼读片和字卡，有些人把一个孩子的房间变成了印刷厂。其实有一个办法倒是比以上的办法都更为可靠的，但这个办法一直被人们所遗忘了：就是促使孩子们有学习的欲望。[3]

[1][2][3]　[法国]卢梭.爱弥儿[M].李平沤译.北京：人民教育出版社，2005.128-134.

现实的利益才是最大的动力,才是使人走得又稳又远的唯一的动力。

一般地说,你不急于达到什么目的,反而可以很有把握和十分迅速地达到那个目的。我几乎可以肯定地说,爱弥儿不到 10 岁就能完全学会读书和写字,其原因恰恰是由于我对他 15 岁以前能不能读书识字一事是很不重视的;但是,我还是宁可让他一个字也不识,而不愿他为了学到这一些学问就把其他有用的东西都牺牲了,因为,当他根本不喜欢读书的时候,读书对他有什么用处!"应当特别注意的是,不可使还不喜欢读书学习的学生对读书发生厌恶的心情,不可使他尝到读书的苦味,以免他过了青年时期还觉得读书是一件可怕的事情。"(出自昆体良语)[1]

如果你不使你的学生的心灵向往于遥远的未来,如果你不一再地使他迷惘于其他的地方、其他的风土、其他的世纪和天涯海角及天堂,而是专心致志地使他按他自己的能力生活,使他注意同他有直接关系的事物,那么,你就可以发现他是能够进行观察、记忆和推理的。这是自然的次序。[2]

### (二)关于儿童的健康和体育

现代社会人们对健康的概念有了新的认识,健康是人的基本权利,也是人生的第一财富。人们对健康的认识有一个发展和演化的过程,传统的健康概念,通常被简单扼要地定义为"机体处于正常运作状态,没有疾病";生物学上的健康概念,即是"人体各器官系统发育良好、功能正常、体质健壮、精力充沛并具有良好劳动效能的状态。通常用人体测量、体格检查和各种生理指标来衡量"。虽然提出了"劳动效能"这一概念,但仍未把人当作社会人来对待。《简明不列颠百科全书》1985 年中文版的定义是:"健康,是个体能长时期地适应环境的身体、情绪、精神及社交方面的能力。"1978 年世界卫生组织 (WHO) 提出衡量是否健康的十项标准:(1) 精力充沛,能从容不迫地应付日常生活和工作的压力,而不感到过分紧张。(2) 处事乐观,态度积极,乐于承担责任,事无巨细不挑剔。(3) 善于休息,睡眠良好。(4) 应变能力强,能适应环境的各种变化。(5) 能够抵抗一般性感冒和传染病。(6) 体重得当,身材均匀,站立时头、肩、臂的位置协调。(7) 眼睛明亮,反应敏锐,眼睑不发炎。(8) 牙齿清洁,无空洞,无痛感;齿龈颜色正常,不出血。(9) 头发有光泽,无头屑。(10) 肌肉、皮肤富有弹性,走路轻松有力。健康不

---

[1][2]　[法国]卢梭.爱弥儿[M].李平沤译.北京:人民教育出版社,2005.135–136.

仅仅是指人没有疾病或病痛，而是指人在身体上、精神上和社会上的完全良好状态。也就是说健康的人要有强壮的体魄和乐观向上的精神状态，并能与其所处的社会及自然环境保持协调的关系，具备良好的心理素质，还要有积极的心态。现代健康的含义是多元的、广泛的，包括生理、心理和社会适应性3个方面，其中社会适应性归根结底取决于生理和心理的素质状况。心理健康是身体健康的精神支柱，身体健康又是心理健康的物质基础。良好的情绪状态可以使生理功能处于最佳状态，反之则会降低或破坏某种功能而引起疾病。身体状况的改变可能带来相应的心理问题，生理上的缺陷、疾病，特别是痼疾，往往会使人产生烦恼、焦躁、忧虑、抑郁等不良情绪，导致各种不正常的心理状态。作为身心统一体的人，身体和心理是紧密依存的两个方面，现代人更关注的是一个人整体的综合性存在状态。

我们怎样培养孩子才能让他们健康地成长，这是所有父母都在关心和思考着的问题。而在两百多年前，卢梭思考的结果是健康的儿童不仅要有强壮的身体，还要有聪慧的头脑，而体力和智力是同时成长相互增益的，培养健康的儿童就要锻炼儿童的体魄，养成良好的生活习惯，因为人的心灵是附着在人的身体之上的，身体和心灵相互作用、相互促进，健康的身体能让儿童更聪明更智慧。在卢梭那个时代，还是封建的农业社会，人们还没有形成像工业社会这样广泛的连接关系，分工合作和交换的程度也不高，人们依靠自身也能够自给自足，所以人的社会化状况远没达到现代人这种程度，对健康的认识自然也就没有加入社会化这一维度。但是不管怎样，卢梭能够认识到健康意味着身心的协调统一，在当时已经是很先进的思想，仅就身心二者的关系而言，卢梭的思想在今天仍对我们有借鉴意义。卢梭写道：

有感觉的生物一活跃起来的时候，它就可以获得同他的体力相适应的辨别能力，只有在保持自身生存所需的体力以外还有多余的体力时，才适于把这种可以做其他用途的体力用来发展它的思考能力。所以，如果你想培养你的学生的智慧，就应当先培养他的智慧所支配的体力。不断地锻炼他的身体，使他健壮起来，以便他长得既聪慧又有理性，能干活，能办事，能跑，能叫，能不停地活动，能凭他的精力做人，能凭他的理性做人。[1]

有些人以为身体的锻炼有害于思想的运用，好像这两个活动不应该同时进行，

---

[1] [法国]卢梭.爱弥儿[M].李平沤译.北京：人民教育出版社，2005.136-137.

好像这个活动不能老是去指导那个活动，这种错误的看法真是叫人又好气又好笑。

体力和智力同时成长，互相增益。[1]

在大自然的单独指导之下继续不断地锻炼，不仅增强了体格，也丝毫没有使思想因此而迟钝，反而在我们身上而形成儿童时期易于形成的唯一的一种理解能力，而这种理解能力，对任何年龄的人来说都是必须具备的。从锻炼中，我们学会了怎样使用我们的体力，指导了我们的身体同周围的物体的关系，学会了怎样掌握那些适合于我们的器官使用的自然工具。[2]

由于人的最初的自然的运动是观测他周围的一切东西，是探查他所见到的每一样东西中有哪些可以感知的性质同他有关系，因此，他最初进行的研究，可以说是用来保持其生存的实验物理学。由于所有一切都是通过人的感官而进入人的头脑的，所以人的最初的理解是一种感性的理解，正是有了这种感性的理解做基础，理智的理解才得以形成。所以说，我们最初的哲学老师是我们的脚、我们的手和我们的眼睛。[3]

要从事一门职业，首先就要有从事那门职业的工具；为了有效地使用这些工具，就必须把它们做得坚固耐用。为了要学会思想，就需要锻炼我们的四肢、我们的感觉和各种器官，因为它们就是我们的智慧的工具；为了尽量地利用这些工具，就需要锻炼我们的四肢、我们的感觉和各种感官，因为它们就是我们的智慧的工具；为了尽量地利用这些工具，就必须使提供这些工具的身体十分强健。所以，人类真正的理解力不仅不是脱离身体而独立形成的，而且要有了良好的体格才能使人的思想敏锐和正确。[4]

在发育中的身体各部分，所穿的衣服应当宽大；绝不能让衣服妨碍他们的活动和成长，衣服不能太小，不能穿得紧贴着身子或捆什么带子。[5]

我不知道怎样阐明衣服的选择和这种选择的动机对教育有多大的影响。不仅是一味溺爱的母亲答应给孩子们一些装饰，作为给他们的奖励，而且还有一些糊涂的老师竟威胁他们的学生说，要拿粗布做的简朴的衣服给他们穿，以此作为给他们的一种惩罚。对青年人进行这样的教育，致使他们只重装饰。[6]

一般地说，我们给小孩子穿的衣服都太多，尤其是在幼童时候穿的衣服更多。其实，我们应该使他们受得住冷而不是受得住热；如果使他们从小就习惯于寒冷，即使遇到大冷天他们也不会有什么不舒服的感觉；反之，他们皮肤的纤维这时候

[1][2][3][4][5][6]　[法国]卢梭.爱弥儿[M].李平沤译.北京：人民教育出版社，2005.136–151.

还太嫩弱，太易于发汗，所以热到极点时将不可避免地使他们耗尽精力的。[1]

孩子们睡眠的时间要长，因为他们运动的时候特别多。睡眠可以补偿运动造成的消耗，这两者同样是孩子们所需要的。夜里更是休息的时间，这是大自然所规定的。亘古不移的是，当太阳西沉，我们在万籁俱静不再感到有阳光照热的空气时，睡得更香甜。所以，养成日出而起、日落而眠的习惯，是最有益于健康的。

重要的是，开头就要习惯于在不好的地方也能睡觉，这是以后不怕遇到坏床的办法。一般地说，艰苦的生活一经变成了习惯，就会使愉快的感觉大为增加，而舒适的生活将来是会带来无限的烦恼的。[2]

此外，如果真有（其实很少有）哪一个懒孩子确实是懒得要命的话，就绝不能听任他这种倾向发展下去，否则他就会变得十分迟钝；我们应当给他一些鼓励，使他醒悟过来。我们应当了解，问题不在于怎样用强力迫使他进行活动，而是要使他产生某种欲望，从而促使他去进行活动；这种欲望，如果在自然的秩序中善加选择的话，就可使我们达到一举两得的目的。[3]

无论什么事情，只要我们用一点巧妙的方法，就既可以使孩子对它发生兴趣，甚至对它发生热爱，又不至于使他们产生虚浮、竞争和妒忌的心理。

人要是惧怕痛苦，惧怕种种疾病，惧怕不测的事件，惧怕生命的危险和死亡，他就会什么也不能忍受的；所以，我们愈要使人熟悉这些观念，就愈能医治他心中萦绕的不安的感觉；我们愈是使他受惯他时常都可能遭受的痛苦，愈不觉得那些痛苦有什么奇怪，同时，他也愈能使他的心灵坚毅而不可征服；坚忍不拔也像其他的美德一样，是孩童时期应该学习的东西；但是，我们不应该仅仅教他们知道这种美德的名称，而应该使他们在不知不觉中体会到它们的美的时候去学习它们。[4]

### （三）关于儿童的思维和语言

语言是人类最重要的交际工具，是人们进行沟通交流的各种表达符号，一般人都必须通过学习才能获得语言能力。思维是人脑对客观现实概括和间接的反映，它反映的是事物的本质和事物间规律性的联系。概念是思维的细胞，语言或言语是思维的符号载体。语言的基本组成单位是词，没有词，间接的概括的抽象思维活动就不能正常进行。科学研究的实验表明，头脑中的思维活动是凭借简化的内部言语进行的。语言是思维得以实现的工具，是思

---

[1][2][3][4]　[法国]卢梭.爱弥儿[M].李平沤译.北京：人民教育出版社，2005.153-157.

维存在的形式和表达思维的形式。思维成果凭借语言记录固定下来，又通过语言而得以表达和传播，使它们代代相传、代代积累，并使思维能够在继承以往成果的基础上发展。思维的发展推动语言的发展，语言的发展又促进思维的发展。一般来说，语言的发展水平标志着思维的发展水平。

瑞士著名心理学家和教育家皮亚杰探讨了儿童语言和思维的特点及两者间的关系，运用他所独创的"临床法"进行观察和研究，发现儿童的语言和思维与成人有着质的区别，而不是像以前人们所认为的那样仅仅是在知识和见识方面存在量的差别。他认为4-7岁儿童很少有真正的辨析和抽象思维方面的合作，也感觉不到自相矛盾的意见；儿童从7、8岁起才有真正理解性的谈话，9-11岁儿童言语理解的一些特点，即7、8岁以后到成为纯言语思维之前的言语方面的混沌状态。[1]瑞士另一个学者多哥特·埃拉慈姆通过调查研究得出结论：4岁是培养儿童语言思维的最佳年龄。他对儿童的语言思维过程做了如下概括：如果1个1岁婴儿会说3个单词，那么1岁半时就能记住26个词，从4岁到4岁半时就已经会说920到1240个词了。因此，为使孩子将来有好口才，应该在孩子的儿童时期侧重进行语言思维的培养，可见对儿童的思维和语言进行培养是相当重要的事情。

同样，卢梭也认识到了培养儿童语言和思维的重要性，专门发表了他对如何培养儿童语言和思维的看法，显然，卢梭不赞成在儿童时期让孩子学习多门语言，甚至不相信儿童能学好两门语言。而在当下我国社会中普遍存在着让儿童学习英语的热潮，甚至儿童学习英语有越来越低龄化的趋势。在儿童时期学习除了母语之外的第二种语言，到底有何依据以及学习的效果又如何呢？儿童的思维发展又有何特殊性呢？卢梭都发表了为数不多的见解，也许他的看法与当前的现实并非合拍，但是在卢梭仅有的点滴见解中却暗含着真知卓见。卢梭写道：

我把教授语言当作一种没有用处的教育，你也许对这一点会觉得奇怪；不过你要知道，我在这里说的只是童年时候的教育；所以不管你们怎样说，我不相信哪一个孩子（有天才的儿童除外）在12岁或15岁以前是真正学会了两种语言的。

如果说语言的学习只不过是学习一些词，也就是说学习表达这些词的符号或声音，那么，我也认为这种学习可能是适合于孩子的，不过，语言在改变符号的同时，

---

[1]　[瑞士]皮亚杰.儿童的语言和思维[M].傅统先译.北京：文化教育出版社，1980.

也就把它们所表达的观念改变了。知识是由语言形成的，而思想则带有观念的色彩，只有理性是共同的，每一种语言的精神都有它独特的形式。

孩子们在使用的过程中便可学会那些形式不同的语言中的一种语言，而这也就是他在达到有理智的年龄以前所能记得的唯一语言。为了学会两种语言，就需要懂得比较它们的概念，然而现在他们连概念都不知道，怎么能进行比较呢？每一种东西在他们看来都有成千种不同的符号，然而每一个概念却只能有一种形式，因此他们只能学会一种语言。不管你愿意教孩子多少同义语，然而你变换的是词而不是语言，所以他们还是只能学会其中一种语言。[1]

在任何一门学科里，代表事物的各种符号如果不具有它们所代表的事物的观念，那就是毫无意义的。而你使孩子所学到的，也就是限于这种符号，而不能使他们明白它们所代表的东西。[2]

我已经说过，几何学是不能被孩子们所理解的；但推究其原因，只能怪我们做得不对。我们没有认识到他们的方法和我们的方法不同，没有认识到几何学对我们可培养推理的熟练，而对他们则只能培养观察的熟练。所以，我们不要拿我们的方法去教他们，而要拿他们自己的方法去教；这样做更好些，因为我们学习几何学的时候，是把它当作一件既是推理也是想象的事情的。[3]

### （四）关于儿童的感官和锻炼

卢梭受到官能心理学的影响，对儿童的感官训练非常重视，详细地叙述了各种感官的独特作用和如何锻炼各种感官的功能及其敏锐性。官能心理学（Faculty Psychology）是心理学上的一种古老观念，最早可追溯到西方古代希腊的亚里士多德的心理学，亚里士多德曾提出过三种官能：一般感觉、想象和记忆。在中世纪，一种基于亚里士多德的自然主义官能心理学开始发展起来，这种心理学把亚里士多德心理学的详尽阐述与晚期罗马和伊斯兰的医学结合起来。例如伊斯兰教医生伊本·西那（欧洲名字为阿维森纳）认为人类具有四类七种心理官能，从最接近感官的官能到最接近神性理智的官能分别是：①植物性灵魂。它是心灵中最低级的官能，是植物、动物和人类来共同拥有的，负责一切有生命物体的繁殖、成长和滋养。②易感性灵魂。它是动物和人类共同拥有的，其中又可以分出三种官能：第一种是外部感官，专门司职视、听、触、味、嗅等感觉；第二种是内部感官，由低向高分布为七个层次，

[1][2][3] [法]卢梭.爱弥儿[M].李平沤译.北京：人民教育出版社，2005.120-181.

分别是共同感觉（联合上述五种外部感觉）、保持的想象（映象）、综合的动物想象（联想）、综合的人类想象（创造想象）、估计、记忆和回忆；第三种是欲望，表现为趋近快乐和逃避痛苦。③理性灵魂。它是人类所独有的，其中可以分出两种官能：一种是实践的理智，主司身体，能够维持良好的行为，以便充分发挥人类自身；另一种是沉思的理智，具有被动的特点，却有针对知识的潜力。④动因理智。它是最高级的官能，一种天使般的理智，其功能是阐明沉思的心灵并导向形式知识。到了18世纪官能心理学在欧洲非常盛行，而卢梭就生活在18世纪，他不仅研究植物学还爱学习新知识，不可避免受此影响，直到现代在人们的生活和活动中仍然可以发现这一古老观念所留传下来的影响。按照官能心理学的基本观点，人类的心系由许多官能所组成，诸如意识、感情、知觉、想象、记忆、推理、意志、注意等，均属人心中的重要官能，各种官能本来是分立的，如果经过训练，数种官能彼此配合即产生各种心理活动。这一观念后来被教育家所利用，认为学校教学不必重视实用价值，只须重视综合训练各种官能的形式即可，例如几何可训练人的思考推理能力，拉丁文可训练人的记忆力；学生们只要学好具有良好形式的科目，使其官能得到良好的发展，以后各种官能自然能够配合运用，这就是教育上形式训练的由来。卢梭也正是受到此种教育思想的影响，在爱弥儿身上践行着这些心理学和教育学的理论，最终目的就是要让爱弥儿成长为全身心健康、各种官能协调充分发展的聪明儿童。为此卢梭写道：

名门巨户之家的教育，总是选择最花钱的科目教，而不愿意教最普通的科目，即使最普通的科目最有用处也不教。[1]

在我们身上首先成熟的官能是感官，因此，应该首先锻炼的是感官；然而，唯独为人们所遗忘的，而且最易于为人们所疏忽的，也是感官。

锻炼感官，并不仅仅是使用感官，而是要通过他们学习正确的判断，也就是说要学会怎样去感受；因为我们只有经过学习之后，才懂得应该怎样摸、怎样看和怎样听。

不只是要锻炼体力，而且要锻炼所有一切指挥体力的感官；要使每一种感官都各尽其用，要用这个感官获得的印象去核实另一个感官获得的印象。任何时候都要事先估计一下效果，然后才决定使用什么方法。如果你使他养成习惯，对自

[1] ［法国］卢梭.爱弥儿[M].李平沤译.北京：人民教育出版社，2005.159.

己的一切动作都预先想一想它的效果，并且按自己的经验纠正错误，那么，他活动的时间愈多，他就愈变得聪明。[1]

卢梭强调对儿童的感官训练并不是要儿童在单调乏味的练习中来进行，而是倡导在儿童的生活过程中，在自然状态中来完成对儿童感官的训练。比如让儿童用棍子撬起一块庞大的物体，可以让儿童很好地掌握杠杆原理；让儿童搬运重物，可以让儿童很好地学习比重。无论是让儿童撬物体还是搬重物，都需要儿童的感官经验起作用，而这种感官经验是需要靠平日的训练而逐渐积累起来的，儿童的感官经验越多越聪明。在各种感官的训练中，卢梭突出了以下几个方面的训练：

1. 触觉的训练

触觉是指分布于全身皮肤上的神经细胞接受来自外界的温度、湿度、疼痛、压力、振动等方面的感觉。多数动物的触觉是遍布全身的，像人的皮肤位于人的体表，依靠表皮的游离神经末梢能感受温度、痛觉、触碰等多种感觉。触觉往往是人和动物重要的定位手段，比如猫和老鼠都长有胡须，如果除掉这些胡须，猫和老鼠的莽撞行为就明显地表现出来；如果人的眼睛被蒙上了，人就会用手去触摸物体来定位；由此可见，触觉可帮助人来认识生活环境及其周围环境的变化，触觉的产生是生命进化过程中无比重大的事件。卢梭写道：

我们并不是平均地使用我们的种种官能的。有一种官能，即触觉，在我们醒着的时候其作用就从没中断过，使我们不论愿意或不愿意都要通过它的不断运用而尽早地获得经验，因此也才使我们无须对它进行特别的训练。[2]

多在夜间做游戏。[3]

常常到黑暗地方去的人，见到黑暗是不感到害怕的。

夜间做游戏除了前面所说的那个好处以外，还有另外一个好处；为了使游戏做得成功，就不能不着重说明做游戏时一定要快快乐乐地。要使他笑嘻嘻地走进黑暗的地方，在走出黑暗以前又要使他重新笑起来；要使他在黑暗中做了一阵游戏以后，接着又想去做别的游戏，这样，就可防止他心中可能产生荒唐的想象了。[4]

有些人想采取常常使孩子们吓一跳的办法去养成他们对黑夜无所恐惧的习惯。这个办法很不好；它所产生的效果同它们预期的效果恰恰相反，只能使孩子

---

[1][2][3][4]　[法国]卢梭.爱弥儿[M].李平沤译.北京：人民教育出版社，2005.160-165.

们更加胆怯。一个人在不知道摆在他眼前的危险究竟有多大的时候，无论运用理智或习惯都是不能使他的心放下来的，同样，对常常受到的惊吓，他的心也是不能保持镇定的。"你在这种情况下，"我对我的爱弥儿说，"应当进行正当的防卫；因为来袭击你的人使你没有时间判断他是来害你还是来吓你，同时，由于他已经占据优势，所以你即使想跑也是跑不掉的。因此，不论是人还是野兽，只要夜里突然来攻击你，你就勇敢地把他抓住；尽全身之力紧紧地掐住他；如果他一动手，你就打他，拳脚交加，不停地打，而且，不管他怎样说，怎样做，你在没有弄清楚他究竟是谁以前，就决不放手。把事情弄清楚以后，你也许觉得原来是没有什么可怕的，不过，对开玩笑的人采取这种方法，就可以自然而然地使他不敢再来第二次了。"

所有的感觉中，运用触觉的时间最多，然而正如我曾经说过的，由触觉得出的判断比由其他感觉得出的判断更粗糙和更不全面，因为我们总是把它同视觉一块儿运用的，而眼睛又比手先接触到物体，因而无需再用手摸，我们的心灵就做出了判断。但反过来说，触觉的判断是最可靠的，其原因恰恰是由于这种判断所包括的范围最窄，只要把我们的手伸到可以摸到的地方，就能纠正其他感觉的错误；因此，其他的感觉所能达到的范围虽远远超过了它们所感觉的事物，但不能像触觉那样，接触到什么物体就能觉察得十分清楚。[1]

重要的是，应当使皮肤受得住空气的影响，能抵抗它的种种变化，因为身体的其他各部分全靠皮肤来保护。除了这一点以外，我不希望老是死板地把手拿去做同样的工作，因而使它变得很僵硬，也不希望手上的皮肤变得干瘪瘪的，丧失了它敏锐的感觉，因为正是有了这种感觉，我们才能够分辨我们用手接触到的究竟是什么东西，才能在黑暗中常常随接触的方法不同而得到种种的感受。[2]

2.视觉的训练

视觉是通过视觉系统的外周感觉器官（眼）接受外界环境中一定波长范围内的电磁波刺激，经中枢有关部分进行编码加工和分析后获得的主观感觉。人所感知的外界信息有95%来自视觉，视觉在人类的活动中占据着十分重要的作用，大自然中的美好事物都是通过人类的视觉反映出来。众所周知，视觉的作用主要就是观察、观看周围世界的一切事物，通过视觉，人和动物感知外界物体的大小、明暗、颜色、动静，获得对机体生存具有重要意义的各

[1][2]　[法国]卢梭.爱弥儿[M].李平沤译.北京：人民教育出版社，2005.169-171.

种信息，视觉是人和动物最重要的感觉。卢梭认为视觉的训练有助于帮助儿童的各种能力，由于在各种活动中都有视觉的参与，视觉的训练就显得格外的重要。卢梭写道：

触觉只能在一个人的周围发生作用，而视觉则能把它的作用延伸到很远的地方。[1]

使视觉器官从属于触觉器官，也就是说，用后面的这种器官的稳重的行为去克制前一种器官的孟浪。我们如果缺少这种练习，我们的估计就会估得非常不准。[2]

应该教一个懒惰的孩子练习跑步。问题还在于要从这种练习中得出一些可以用来教育他的东西，以便使身体和心灵能够经常地配合一致。[3]

我继续使他参加赛跑，而且在不同的地方划起跑点时，悄悄地不让他看见我把距离画得长短不一。为了要进行选择，就需要仔细地观察。他们就要联系好好地看，好好地用眼力去测距离。几个月的试验和纠正测量的错误以后，就使他的眼睛变成了一个目测仪。[4]

在所有的感觉中，视觉是很难同心灵的判断分开的一种感觉，因此需要花很多的时间去学习观看，需要常常把视觉同触觉加以比较，才能使它熟练于观察形状和距离之间的正确性。[5]

孩子们是善于模仿的，他们看见什么东西都想画，所以我要我的这位学生也学习这门艺术，其目的，不是为这门艺术而学这门艺术，而是在于使他的观察正确和手指灵巧；一般地说，他懂得不懂得怎样进行这样或那样的练习，关系是不大的，只要能够做到心灵眼快，并且获得我们要经过联系才能获得的良好的身体习惯就行了。他的老师不是别人，而是大自然，他的模特儿不是别的，而是他所看到的东西。

通过这种练习，他的眼睛看东西可以看得更正确，他的手画东西可以画得更准，他就可以了解动物、植物和各种天然物体之间大小和样子的真正比例，他就可以在配景作画方面取得得心应手的经验。意图不是要他懂得如何描绘什么东西，而是要他懂得如何认识那些东西。[6]

小孩子玩羽毛球，可以锻炼他的眼睛看得准，手打得稳；他抽陀螺，可以增长他的力气，但是他不能从其中学到什么东西。[7]

正因为要用手去保护头，所以才能把我们的手锻炼得异常灵活，正是因为要

---

[1][2][3][4][5][6][7]　[法国]卢梭.爱弥儿[M].李平沤译.北京: 人民教育出版社, 2005.172–183.

保护眼睛，所以才能锻炼我们的眼睛看得准，看得明。从大厅的这边跳到那边，判断那跳在空中的球将落到什么地方，又狠又准地用一只手把球打出去，这些游戏虽不适合大人玩，但可以用他们来培养孩子们的本领。[1]

我们只有在使用过我们的器官以后，才懂得怎样去运用它们。只有从长期的经验中我们才能学会充分发挥我们本身的能力，而我们要真正学习的正是这种经验，所以，不能不趁早就开始学起。

凡是我们能做的，都可以教他们去做。谁都看到过身子灵巧的孩子，做起事来手脚的灵活和大人是一样的。[2]

3.听觉的锻炼

听觉是人类最重要的感觉之一，它不仅是人们交流知识、沟通感情所必须具备的感官，而且它能使人们感知到周围的环境和产生安全感。毫无疑问，听觉对人的健康而言是极为重要的。听觉的产生是声波作用于听觉器官，使其感受细胞处于兴奋并引起听神经的冲动以至于传入信息，经各级听觉中枢分析后引起的震声感。听觉是仅次于视觉的重要感觉通道，它在人的生活中起着重大的作用。从生物进化上看，随着专司听觉的器官的产生，声音不仅成为动物攫取食物或逃避灾难的一种信号，也成为它们彼此相互联络的一种工具。对于人类而言，声音可以让生活世界更加生动活泼，富有立体性和层次感，没有声音的世界，则显得寂静无光，声音还是人们增加信息量的重要来源，美好的声音能带给人精神上的愉悦享受。对儿童进行视觉和听觉的训练，有助于感觉之间的"接通"，促进儿童感知觉的发展。卢梭曾经创造过音乐剧，抄过很多年的乐谱，在如何培养儿童的听觉方面，有其独到之处，他写道：

我对我们经常不断地使用的最重要的两种感官所说的话，也可以用来说明我们应当怎样锻炼其他的器官。视觉和触觉对静止的和运动的物体都同样能起作用，但是因为只有空气的振荡才能触动我们的听觉，只有运动的物体才能发出声音，所以，如果万物都静止不动的话，我们就永远也听不到什么声音了。[3]

我们有一个同听觉器官相应的器官，那就是发声器官；但是我们没有同视觉器官相应的器官，我们不能使颜色像声音那样反复出现。我们对听觉器官也有一个培养的方法，那就是使主动器官和被动器官互相地进行锻炼。[4]

[1][2][3][4] [法国]卢梭.爱弥儿[M].李平沤译.北京：人民教育出版社，2005.184-187.

人有三种声音：说话的声音或音节清晰的声音、唱歌的声音或有旋律的声音、感伤的声音或高昂的声音。小孩同大人一样，也有这三种声音，然而也同样不知道把这三种声音加以结合。他也像我们一样，能笑、能哭、能感叹、能叫喊、能呻吟；但是他不知道把这些声音的音调变化同其他两种声音配合起来。[1]

教他说话的时候要声调匀称而清楚，要咬清音节，要吐字准确而不故意做作，要懂得和按照语法规定的重音和韵律发音，要有足够的音量，让人家听得清楚，但是绝不要把声音提高到超过需要的程度——在公立学校受过教育的学生一般都有这个毛病；在任何事情上都不要有过分的多余。

同样，在唱歌的时候，声音也要唱得准，唱得稳，唱得柔和而响亮；他的耳朵要听得出拍子和韵调；但是，做到这一点就够了，不要有过多的要求。[2]

一个优美的歌调总是朴实易唱的，总是以主弦的音起唱的，而且还那样清楚地表达了低音，所以容易听，也容易和着它唱；因此，为了训练嗓子和耳朵，最好是和着大键琴唱。[3]

就音乐问题所谈的话已经是够多了，只要你始终把它作为一项娱乐，你爱怎样教，就可以怎样教。[4]

4. 味觉和嗅觉的锻炼

味觉是指食物在人的口腔内对味觉器官化学感受系统的刺激并产生的一种感觉，从味觉的生理角度分类，只有四种基本味觉：酸、甜、苦、咸，它们是食物直接刺激味蕾产生的，味觉的作用是分辨甜、酸、苦、咸。嗅觉是一种感觉，它由两种感觉系统参与，即嗅神经系统和鼻三叉神经系统。嗅觉和味觉会整合和互相作用，嗅觉是外激素通讯实现的前提；嗅觉是一种远感，就是说它是通过长距离感受化学刺激的感觉；相比之下，味觉是一种近感。嗅觉是人体的重要生理功能之一，具有辨别气味、增进食欲、识别环境及报警等作用，还可通过中枢神经系统影响人的情绪和调节生命周期。味觉、嗅觉对人类的保护作用主要表现在保证食物安全的问题上！嗅觉和味觉可以从很大的概率上判断一种食物是否对人体有益处或害处。味觉和嗅觉还可以和经验相结合，趋利避害而保护自己，难吃和难闻的气味有可能意味着危险。正常人往往感觉到对人体有害的物质的味觉是苦的、臭的、不愉快的；而对人体有重要作用的，如能源物质糖类的感觉就表现为甜的愉快的感觉等。卢

[1][2][3][4]　[法国]卢梭.爱弥儿[M].李平沤译.北京：人民教育出版社，2005.187-190.

梭认为人的嗅觉和味觉都能随着环境和生活习惯发生改变，还容易形成刻板的感觉，因此他强调要重视人的味觉和嗅觉的自然感觉，重视人的感觉中的天性成分，自然地发展人的这两种感觉。卢梭写道：

在自然状态下，对人来说，最可靠的医生莫过于他的食欲；我毫不怀疑的是，只要他按照他原始的食欲觉得最可口的食物，就一定是最有益于健康的食物。

造物主不只是为他赋予我们的需要提供食物，而且还为我们自己产生的需要提供食物；正是为了经常使我们的欲望同需要相适应，所以他才使我们的口味随着我们的生活方式进行改变。我们愈脱离自然的状态，我们就愈丧失我们自然的口味，说得更确切一点，就是习惯将成为我们的第二天性，而且将那样彻底地取代第一天性，以至我们当中谁都不再保有第一天性了。

愈是自然的口味，就愈为简单，因为这种口味是最容易改变的；但是，如果我们常常拿怪味的东西去刺激它的话，到它形成了一定类型的口味以后，就不再更改了。[1]

尽量让孩子保持他原始的口味，使他吃最普通和最简单的东西，使他的嘴经常接触的是一些清淡的味道，不要养成一种爱好过于厚重的味道的习惯。而小孩子，谁说得上他将来的命运是怎样的呢？因此，在任何事情上都不要使他形成一种刻板的方式，以免在必要的时候要花很大的力气才能更改。

在我们的各种感觉中，味觉对我们的影响往往是最大的。我们在判断那些补益我们身体的东西时，比之判断形成我们周围环境的东西关切得多。[2]

就我们所有的感觉而论，味觉中所掺杂的想象，其程度是最轻微的；反之，模仿和想象往往使其他感觉获得的印象掺杂有精神的成分。似乎味觉同其他感觉相比是次要的，而贪图口福的倾向是可鄙的；但是，我从这一点得出的结论正好相反，我认为，抚养孩子最合适的办法，就是要通过他们的饮食对他们进行教育。贪食心比虚荣心好得多，因为前者是一个自然的欲望，是直接由感官决定的；而后者则是习俗的产物，每每为人的轻浮行为和各种恶习所左右。[3]

既然整个童年只能是或者说应当是玩耍和嬉闹游戏的时期，为什么不可让纯粹的身体锻炼得到适当的物质代价。为了使孩子们的胃口好，问题不在于怎样刺激他们的食欲，而在于使它得到满足；只要我们没有使他们养成考究味道的习惯，那么，用世界上最普通的东西就可以满足它。[4]

[1][2][3][4]　[法国]卢梭.爱弥儿[M].李平沤译.北京：人民教育出版社，2005.191–195.

嗅觉对于味觉，就像视觉对于触觉那样，它先于味觉，它告诉味觉这样或那样东西将对它发生影响，告诉它按照我们预先得到的印象去寻找或躲避那种东西。[1]

嗅觉是想象的感觉，由于它使神经受到了一种很强烈的感染，因此大大地激动着人的头脑；正是因为这个缘故，所以它才能一时使我们感到兴奋，往后又渐渐地使兴奋的心情完全消失。它在我们的爱好中起着显著的作用。

所以，嗅觉在童年时期不应当过分活动，因为在这个时期，想象力还没有受到欲念的刺激，因而还不易于为情绪所感染，同时，在这个时期我们还没有足够的经验凭一种感官的印象预料另一种感官的印象。这个事实也是完全经过研究而证实的，可以肯定地说，大多数孩子的嗅觉都很迟钝，而且几乎等于是没有。其原因，不是由于孩子们的嗅觉不如大人的嗅觉灵敏，而是因为它们没有同其他的观念相联系。[2]

### 四、12 岁爱弥儿的状况

在卢梭的精心培育下，童年期的爱弥儿苗壮成长，他从 2 岁长到了 12 岁，来到了童年结束的年龄。经过近 10 年的成长，爱弥儿在各个方面都有了长足的进步。卢梭假定他对爱弥儿的教育方法就是自然的方法，而且在应用这个方法的过程中也没有发生过什么错误。卢梭认为在每一个年龄、人生的每一个阶段，都有它适当的完善的程度，都有它特有的成熟时期，童年之美所以比成年的成熟更能引起我们的沉思，就是因为它有像春夏秋冬四季美景般的迷人魅力。当卢梭看到这样的一个 12 岁孩子，长得又健又壮，蹦跳活泼可爱，没有任何不良的情绪和忧虑，过着实在的生活，充分享受着他自己的生命，卢梭内心感受到了无比的喜悦，仿佛可以借助他的生命而生，让人有种重返青春的活力。12 岁爱弥儿的面貌、举止和表情，显示着他的自信和高兴，他容光焕发，身体健康，步伐稳健，精力充沛，皮肤细嫩，光泽紧致，肌肉丰满，眼睛明亮安静，态度开朗大方，令卢梭感到非常的骄傲。卢梭写道：

现在，让我们把他放在大庭广众之中。各位先生，请你们来考一考他，毫不顾忌地问他，别担心他硬要你们做这个或做那个，不要担心他会胡言乱语或

[1][2]　[法国]卢梭.爱弥儿[M].李平沤译.北京：人民教育出版社，2005.200-201.

提出什么不适当的问题。不要害怕他纠缠着你们，不要害怕他企图叫你们都为他一个人而忙碌，因而使你们没有办法应付。[1]

虽说我的孩子从来不说一句废话，绝不唠唠叨叨胡言乱语地讲他明知别人不听的话。他心中的观念为数不多，然而是很明确的；虽说他记忆的事情很少，但他从经验中学到了很多的东西；虽说他读书没有别的孩子读得好，但他对自然这本书的理解却比其他的孩子透彻；他的智慧不表现在他的舌头上，而是储藏在他的脑子里；他的记忆力不如他的判断力强；他只会说一种语言，但是他懂得他所说的语言；虽然他说话不像别人说得那么样好，但他做事却比他们做得高明。

他不懂得什么叫陈规和习惯，他昨天做的事情，绝不影响他今天做的事情：觉得怎样合适，就怎样做，怎样说。所以，你休想听到他说别人教他说的话，休想看到他从书上学来的举止，他的话句句都忠实于他的思想，他的行为完全是出自他自己的心意。[2]

在他看来所有的人都是平等的。他说的话很简单明了。他的声音、目光和态度表明，无论别人是满足他的要求或拒绝他的要求，他都是处之泰然的。[3]

尽管他做什么就可以做什么，但他绝不做他力所不能及的事情，因为他对他的力量做过试验，所以是有很好的估计的；他的方法始终适合于他的意图，他没有成功的把握就绝不行动。他的眼睛仔细注意地看，因此，他不会看到什么就蠢头蠢脑地去问别人；他要亲自观察，要先弄清楚他想知道什么东西之后，他才发问。如果他遇到什么意外的困难，他烦恼的心情也不像别人那样严重；如果遇到危险，他也不感到害怕。由于他的想象力还处在停滞的状态，同时我们也没有使它活跃起来，所以他只能看到现实存在的情景，只能按危险的真实程度去估计危险，因此他的头脑能够始终保持冷静。自然的需要压在他的身上，他是无法违背的；他一生下来就受到了需要的束缚，现在，他对这种情况已经是习惯了；他在任何时候都是胸有成竹的。

要他工作或要他游戏，在他看来都是一样的；他的游戏就是他的工作，他觉得两者之间是没有差别的。他做一切事情都是兴趣盎然，令人欢笑，而且动作大方，令人一看就感到喜悦；从他所做的事情就可以同时看出他的心理倾向和知识的范围。[4]

他长大为成熟的儿童，他过完了童年的生活，然而他不是牺牲了快乐的时光

[1][2][3][4]　[法国]卢梭.爱弥儿[M].李平沤译.北京：人民教育出版社，2005.205-208.

才达到他这种完满成熟的境地的，恰恰相反，它们是齐头并进的。在获得他那样年纪的理智的同时，也获得了他的体质许可他享有的快乐和自由。[1]

这样的儿童教育，实行起来是要遇到许多麻烦的，因为只有眼光深远的人才懂得它的意义，而在一般庸俗的人看来，花这样多心血培养起来的孩子不过是顽皮的儿童。[2]

# 第三章　爱弥儿的少年期

爱弥儿十二三岁了，已经到了童年的第三个阶段，如果说第一个阶段的重点是要解放儿童的身体，突出强调的是对儿童的保护和养育，第二阶段的重点是要解放儿童的心智，突出强调的是对儿童潜能的开发和身心协调性的发展，那么第三个阶段的重点则是发展儿童的理性，突出强调的是对儿童的智力培育和动手操作能力的培养。少年期的教育目标是把儿童培养成有劳动者的身手和哲学家的头脑的自然人，为了实现这个目标，卢梭对爱弥儿的少年期做了充分的分析和细致的规划。

## 一、少年期儿童的独特性

少年期是从儿童期向青年期过渡的一个时期，因此常常把这一时期叫作过渡期，这是因为 12 岁至 14、15 岁的少年在其生理和心理上都表现出特殊状态，正处在长身体、长知识比较显著的阶段，他们正在成长着的身体跟成人相比，具有许多不同的特点。少年期或过渡期的主要特点在于，这是一个半幼稚、半成熟的时期，是独立性和依赖性、自觉性和幼稚性错综矛盾的时期。儿童进入少年期后，生理方面发育很快，出现了一些前所未有的本质变化；在学习动机、学习态度、学习兴趣和学习能力的发展上也出现了一些新的特点；少年期情感丰富、强烈，情绪易外露，感情易冲动；个性发展上也出现了许多新特点，总体来讲，少年期个性的特点有二，其一是不平衡性；其二是极端性或偏执性，为了对儿童少年的生活、学习、体育锻炼等各方面提出适当要求，使他们在德、智、体几方面都得到全面发展，必须了解他们在这个时

[1][2]　[法国]卢梭.爱弥儿[M].李平沤译.北京：人民教育出版社，2005.209-210.

期的独特性。卢梭对这个时期的儿童进行了一番独到的描写：

现在是到了童年的第三个阶段了。

在十二三岁的时候，孩子体力的增长，比他的需要的增长快得多。他还没有感觉到有什么非常强烈和非常之大的需要；他的器官还处在不成熟的状态，好像是要等他的意志去加以强迫，它才脱离那个状态似的。他对空气和气候的伤害满不在乎，根本就不把它们放在眼里；他的体温就代替了他的衣服；他的食欲就是他调味的作料，凡是能够营养人的东西，在他这个年纪的时候都是好吃的；如果他困倦了，他一躺在地上就睡了；他到处都发现有他需要的东西；他没有任何臆想的需要使他感到烦恼；别人说些什么，对他是不发生影响的；他的欲望不超出他的两手所能够达到的范围；他不仅自己能满足自己的欲望，而且他的体力除了满足欲望的需要以外还有剩余；在他的一生中，只有这个时期他才是处在这样的情况的。[1]

在这个阶段中，个人的体力超过了他的欲望的需要，所以，虽然说这个阶段不是他的绝对的体力达到最大的时期，但是正是他的相对的体力达到最大的时期。这是生命中最珍贵的时期，一生中这样的时期只有一次；这个时期特别短促，尤其是想到怎样善于利用这段时间对他是极关重要的时候，就更觉得它是非常短促了。[2]

可以说是把他现在的生命的多余部分投放于将来；强壮的孩子为柔弱的成人准备食粮；为了要真正占有他所取得的东西，就要把它们放在他的手里和头脑里，放在他自己的身体里。所以说现在是到了工作、教育和学习的时期了。这并不是我任意选择的，而是大自然指导他这样做的。[3]

## 二、爱弥儿的文化学习

少年期正是人的求知欲望非常强烈的时期，他们精力充沛，思维和认知、兴趣和爱好发展很快。这个时期的儿童个体之间差异性日渐增加，心理发展中的独立性与幼稚性的矛盾日益突出，情绪容易受到外界环境的影响，自控能力比较弱，注意力容易分散。如果一切发展顺利，儿童就会具有求学做事、待人接物的基本能力；如果发展出现障碍，儿童就会缺乏生活的基本能力，

[1][2][3] [法国]卢梭.爱弥儿[M].李平沤译.北京：人民教育出版社，2005.212-214.

充满失败感。在学习方面，对枯燥的说教和单一陈旧的训练方式都不感兴趣，如果不能顺应儿童的需求，注意力很难集中到学习上。卢梭基于他对少年儿童的了解，提出了儿童在少年期进行文化学习的基本主张，这些主张对今天儿童的学习同样具有启示作用。

### （一）文化学习的主动性原则

卢梭非常重视儿童在文化学习过程中的主动精神，他认为主动性是一切教育的基本原则。儿童主动性的发挥依赖儿童天性中好奇心，一旦他们遇到新奇的、神秘的而且自相矛盾的事物，就会产生想探查究竟的行为，儿童的探究行为有三种形式，分别是感官探究、动作探究和言语探究。正是通过这些探究行为，儿童才能有选择性地了解周围事物，并在和周围事物相互作用过程中，积累大量的生活经验。儿童的内心里有一种非常强烈的需要，总希望自己是这个世界的发现者、研究者、探寻者，这正是儿童精神世界的独特之处。但是如果不能向儿童提供这种需要的适宜环境，也就是不让儿童积极接触周围世界中的事实和现象，缺乏认识的乐趣，儿童这种好奇与探知的需求就会逐渐消失，求知的欲望与兴趣也会一齐消失。所以说好奇心是儿童个体学习的内在动机之一，是儿童寻求知识的动力，好奇心引发动机，持久的动机转化成兴趣，它们涉及到人类行为的基本源泉、动力和原因，反映人类行为的主动性特征。孔子说过："知之者不如好之者，好之者不如乐之者"。卢梭深知其中道理，他写道：

同一种本能可以刺激人的不同的官能。当身体的活力极度发达的时候，精神的活力也跟着要受到教育。开始，孩子们只不过是好动，后来就变得好奇；这种好奇心只要有很好的引导，就能成为我们现在所讲的这个年龄的孩子寻求知识的动力。[1]

所以，在儿童时期学习的东西中，还需要抛弃那些不适合于我们天然的兴趣的东西，而且要把学习的范围限制于我们的本能促使我们去寻求的知识。[2]

以世界为唯一的书本，以事实为唯一的教训。[3]

老师的心中热情洋溢，他想把这种感受传达给孩子，他以为使孩子注意那些触动他本人的情感的地方，就可以使孩子受到同样的感动。自然的景色的生命，是存在于人的心中的，要理解它，就需要对它有所感受。孩子看到了各种景物，

---

[1][2][3]　[法国]卢梭.爱弥儿[M].李平沤译.北京：人民教育出版社，2005.215-217.

但是他不能看出联系那些景物的关系，他不能理解它们优美的谐和。要能感受所有这些感觉综合起来的印象，就需要有一种他迄今还没有取得的经验，就需要有一些他迄今还没有感受过的情感。如果他从来没有在干燥的原野上跑过，如果他的脚没有被灼热的沙砾烫过，如果他从来没有受过太阳照射的岩石反射的闷人的热气，他怎能领略那美丽的早晨的清新空气呢?[1]

绝不能向一个孩子讲一番他听不懂的话。不要描绘形容，不要滔滔论辩，不要咬文嚼字，不要吟诵诗句。

当你看见他的好奇心已充分动起来了，就向他提出几个简明的问题，引导他去解答他心中觉得稀奇的地方。[2]

我们从来没有设身处地揣摩过孩子的心理，我们不了解他们的思想，我们拿我们的思想当作他们的思想；而且，由于我们始终是按照自己的理解去教育他们，所以，当我们把一系列的真理告诉他们的时候，也跟着在他们的头脑中灌入了许多荒唐和谬误的东西。

对研究学问究竟是选用分析的方法还是选用综合的方法，人们是有争论的。并不是只能在这两者当中选择其一的。有时候，我们在同样的研究课题中可以进行分析，也可以进行综合。这两个方法同时采用，可以起互相验证的作用。[3]

在幼年时期，时间是很长的，所以我们要尽可能地抛弃一些时间，以免把它们用错了。问题不在于教他各种学问，而在于培养他有爱好学问的兴趣，而且在这种兴趣充分增长起来的时候，教他以研究学问的方法。毫无疑问，这是所有一切良好教育的一个基本原则。[4]

倘使他自行向你提出一些问题，你就看怎样能引起他的好奇心就怎样回答，而不要去考虑如何去满足他的好奇心；特别是当你发现他不是为求知而发问，而是胡说八道地问你一大堆没头没脑的问题时，你就应该马上停止回答，因为这时他在心中所想的不是你们所讨论的事情，而只是怎样用许多的问题来找你的麻烦。[5]

**（二）文化学习的有用性理念**

我们都知道应该让孩子学习,《三字经》有"玉不琢，不成器，人不学，不知义"的教义，强调学习对人成长的重要，可见学习对人类来说是不可或缺的一件事情。从本质上来说,学习是个体以心理变化适应环境变化的过程，即个体经验的获得和累积或心理结构的构建过程。也就是说，学习是在个体

[1][2][3][4][5]　[法国]卢梭.爱弥儿[M].李平沤译.北京：人民教育出版社，2005.218-224.

反映客观现实的基础上，在与现实客体相互作用的过程中，通过个体一系列的反映动作，在个体自身内部构建起调节行为的心理结构的过程。由于心理结构作为行为的调节机制而存在,因而心理结构的变化必将导致行为的变化。由学习引起的行为变化和非学习引起的行为变化具有不同的特点，由生理成熟、衰老、疲劳、创伤等因素导致的非学习引起的行为变化，其过程是非常缓慢的，能使行为水平降低，而学习可以提高个体的行为的速度和水平，使之更熟练、更合理等；像药物（如兴奋剂、镇静剂等）等非学习引起的行为变化持续时间较短，而像骑自行车等学习引起的行为变化相对可以保持较长的时间，具有稳定性，即使多年不骑自行车，只要稍加练习，即可恢复如初。人类个体通过学习来适应社会的发展，同时又推动着人类去改造和发展社会生活；学习不仅有助于个体的发展，促进个体的生理成熟和心理发展，而且也是推动人类进化的助力器；人类有史以来就离不开学习，而人类以后的发展、演化更需要学习；人类发展史从某种意义上讲也是人类学习史，学习是人类个体和人类社会发展的重要条件。人生有涯，而知识是无限的，在有限的生命里，学习什么内容才能对个体的成长最有帮助? 卢梭提出文化学习要本着有用性的原则，对学习内容进行选择，以保证儿童将来能幸福地生活。卢梭写道：

　　人的智慧是有限的；一个人不仅不能知道所有一切的事物，甚至连别人已知的那一点点事物他也不可能完全都知道。既然每一个错误的命题的反对面都是一个真理，所以真理的数目也同谬误的数目一样，是没有穷尽的。因此，我们对施教的内容和适当的学习时间不能不进行选择。在我们所能获得的知识中，有些是假的，有些是没有用的，有些则将助长具有知识的人的骄傲。真正有益于我们幸福的知识，为数是很少的，但是只有这样的知识才值得一个聪明的人去寻求，从而也才值得一个孩子去寻求，因为我们的目的就是要把他培养成那样的聪明的人。总之，问题不在于他学到的是什么样的知识，而在于他所学的知识要有用处。

　　在为数很少的知识中，凡是那些必须要具有十分成熟的理解力才能懂得的，凡是那些牵涉到一个孩子不可能理解的人的关系的，以及那些尽管本身是真实的，但将促使一个没有经验的人对其他的问题产生错误想法的，都想要统统抛开，不能拿来教育孩子。[1]

[1]　[法国]卢梭.爱弥儿[M].李平沤译.北京:人民教育出版社,2005.214-215.

这样一来，你就把你要教的东西限制在一个同现实的事物有关的很小的范围了；不过，这个范围，以孩子的思想衡量起来，仍然是一个很广阔的境界。

他在几何学上的进步可以作为他的智力发展的证明或一定的衡量尺度；但是，一到他能辨别哪些东西有用或没有用的时候，那就需要有很好的安排和方法，去引导他进行思考了。[1]

纯理论的知识是不大适合于孩子的，即使孩子在接近于长成少年的时候，对他也是不大适合的。[2]

随着孩子的智力愈来愈发展，有一些重要的问题使我们不能对他所学的东西进行更多的选择。一到他能自行考虑怎样才能获得他自己的幸福的时候，一到他能理解一些重大的关系，从而能判断哪些东西对他是适合或不适合的时候，他就有区分工作和游戏的能力了，他就会把后者看作是前者的消遣了。这时候，就可以拿一些真正有用的东西给他去研究，就应当要求他不仅要像做普通的游戏那样用心，而且还要持之以恒。[3]

重要的是，一个大人对孩子不知其用途的种种事物应当有深深的了解。如果你尽量教孩子学习在他那个年龄看来是有用的事物，你就发现，他的时间是充分利用了的。你为什么硬要他牺牲适合于他今天学习的东西，而去学习他未必能够长成到那样大的年龄的人才适合于学习的东西呢？你也许会说："等到他需用的时候，哪里还来得及学呢？"来不来得及学，我是不知道的，不过，就我所知，要提早学习是不可能的，因为，我们真正的老师是经验和感觉，一个人只有根据他所处的关系才能清楚地觉察哪些东西是适合于他的。一个小孩子是知道他要变为成人的；他对成人的状况可能具有的种种观念，对他来说，就是教育的理由；但是，他对这种状况不能理解的地方，就绝不应该让他知道。我这本书全是继续不断地在证明这个教育原理。[4]

### （三）文化教学的实证式方法

学习方法是通过学习实践，总结出的快速掌握知识的方法，因其与学习掌握知识的效率有关，越来越受到人们的重视。学习方法没有统一的规定，因个人条件不同，选取的方法也不同。实证式教学方法是要在复杂环境下学习事物间的相互联系的一种方式，具有一定程度的广泛适用性。孔德曾经把实证上升为实证哲学原理，并对其做了六点规定：①实证是"现实的"，与空想、

[1][2][3][4]　[法国]卢梭.爱弥儿[M].李平沤译.北京：人民教育出版社，2005.215-235.

玄想相对立；②实证是"有用的"，与空洞、无用、脱离生活实践相对立；③实证是"确实的"，与虚构、抽象相对立；④实证是"正确的"，与错误、暧昧、模糊相对立；⑤实证是"积极的"或建设的，与消极、否定、静止、孤立相对立；⑥实证是"相对的"，与绝对、固化性对立。通俗一点说，实证就是用真实的情景和真实的事物来对真实的材料进行研究获取经验的一种方法。

卢梭在对儿童的文化学习"学什么"进行了回答之后，又对"怎么学"进行了探讨。怎么学习涉及到学习方法的事情，死记硬背灌输式的学习方法是卢梭坚决反对和批判的。卢梭所要培养的爱弥儿是一个全新的社会新人，自然不能用老套的方法来培养，必须用新的教学方法，这种方法对教师的教育是一种新的尝试，对学生的学习同样是一种新的方法。姑且把卢梭的这种教师教和学生学的方法称之为"实证式"方法，因为这种教学方法是按照事物的本来面目进行教和学，通过对学习对象大量的观察、实验和调查，获取客观材料，从个别到一般，归纳出事物的本质属性和发展规律的一种教学方法。卢梭主张从学生的经验入手，采用渐进、操作和分析的手段，使学生的学习达到整体化和准确化的效果。卢梭写道：

首先，你要记住的是，不能由你告诉他应当学习什么东西，要由他自己希望学什么东西和研究什么东西；而你呢，则设法使他了解那些东西，巧妙地使他产生学习的愿望，向他提供满足他的愿望的办法。

只要他能善于理解和善于利用他所学的东西，则他究竟是学这还是学那，都是没有什么关系的。

用实际的事物！用实际的事物，我要不厌其烦地再三指出，我们过多地把力量用在说话上了，我们这种唠唠叨叨、废话连篇的教育，必然会培养出一些唠唠叨叨、废话连篇的人。[1]

难道就没有什么办法可以把分散在那样多书籍中的许多知识联系起来，就没有什么办法可以把它们综合起来达到一个共同的目的，即使人容易学习，有兴趣去学习，而且，即使像孩子那样年龄的人，也能鼓励他去学习？如果我们能够创造一种环境，以便在其中可以把人的一切自然需要都明显地显示给孩子，同时把满足这种需要的办法也巧妙地展现出来，那么，我们就可以利用这种环境的生动而天然的情景去初步训练他的想象力。[2]

[1][2]　[法国]卢梭.爱弥儿[M].李平沤译.北京：人民教育出版社，2005.237-244.

已经有人把它向我们描述过了。既然是我们非读书不可，那么，有一本书在我们看来对自然教育是论述得很精彩的。这本好书是什么呢？是《鲁滨逊漂流记》[1]。

你要极其小心的是，不能使你的学生接触到社会关系的一切概念，因为这不是他的智力所能理解的；但是，当知识的锁链使你不能不向他讲到人类的互相依赖时，你就不要从道德方面向他讲解，而必须首先使他的注意力放在使人和人都互相有用的工业和机械技术上[2]。

所以，我认为，为了使一个青年能够成为明智的人，就必须培养他有他自己的看法，而不能硬是要他采取我们的看法[3]。

你可以看到，一直到现在我还没有向我的学生谈到人，要是他能够懂得我在这方面所讲的东西，那他就太聪明了；他还不能那样明显地感觉到他同他周围的人的关系，所以还不能凭他自己的能力去判断别人。他唯一能理解的人，就是他自己，甚至对他自己的理解也不是十分完全的；但是，尽管他对自己的认识不够，他的认识至少是正确的。他不知道别人所处的地位，但他知道他自己所处的地位，并且牢牢地站在他所处的地位上。我们用来束缚他的，不是他不能理解的社会的法律，而是需要。现在，他仍然是一个自然人，我们要继续这样看待他[4]。

讲到这里就不要再多讲了，绝不要去解释这个制度对人们的道德的影响。无论你讲解什么东西，重要的是要好好地先揭示它的用途，然后才指出它的弊端。如果你要向孩子们解释符号是怎样使人们忘记了符号所表示的东西，解释金钱是怎样产生了世人的种种妄念的，解释盛产白银的国家是怎样变成最穷的国家的，那你不仅把孩子们看成了哲学家，而且简直把它们看成了圣人，要他们了解哲学及连哲学家也没有了解透彻的东西。

有那么多有趣的东西可以供我们用来引导一个学生的好奇心，而且，在这样做的时候，既不离开他所能理解的实际的物质关系，也不使他在心中产生任何一个他弄不清楚的观念！教师的艺术是，绝不要让学生把注意力放在那些无关紧要的琐碎的事情上，而要不断地使他接触他将来必须知道的重大关系，以便使他能够正确地判断人类社会中的善恶。同学生交谈的时候，必须善于启发你在他心灵中所培养的思想[5]。

当宴会正在进行的时候，当菜一道接一道地端上来的时候，当满桌的人都

[1][2][3][4][5]　[法国]卢梭.爱弥儿[M].李平沤译.北京：人民教育出版社，2005.245-254.

在那里呱啦呱啦地谈个不休的时候，我附身到他的耳边对他说："你估计一下，你在桌上所看到的这些东西在端上来以前经过了多少人的手？"这短短的一句话在他的头脑中引起了多少想法啊！

当他发现为了他在中午漂亮地穿一阵而晚上又放进衣橱里的这身衣服，世界上的每一个角落都得分担费用，也许还有两千万人为此而长年累月地劳动，成千成百的人为此而牺牲了生命，那他对奢侈将抱有怎样的看法呢？

你要仔细观察他考虑了所有这些问题以后在自己心中悄悄得出的结论。如果你不像我所讲的那样加以防备，他也许会抱另外的想法的，也许在看见那样多的人为了准备他的午餐而劳碌奔走的时候，他会把自己看作是世界上的一个要人。事先预料到他要做这样的理解的话，你在他还没有这种思想以前，就可以很容易防止他产生这种想法，或者，至少可以立刻消除他获得的印象。[1]

对整体有很好的了解的人，就能了解每一个部分应有的位置，对一个部分有彻底的研究的人，就能够成为一个有学问的人；至于要成为一个有卓见的人，那就需要对整体有彻底的了解了；需要记着的是，我们想取得的不是知识，而是判断的能力。[2]

### 三、爱弥儿的职业选择

少年时期所学所想所做，会为人的一生打下坚实的基础，少年时期所树立的职业理想，会成为个人为之奋斗的目标。在现代社会，职业分工越来越细化，职业已经成为人们在社会上身份地位、聪明才智和经济财富的象征，选择什么样的职业意味着一个人将过什么样的生活。职业是人们在社会中所从事的作为谋生手段的工作；从社会角度看，职业是劳动者获得的一种社会角色，通过参与社会分工，利用专门的知识和技能，为社会承担一定的义务和责任，获得合理报酬，满足物质和精神生活的劳动工作。职业选择是个人对于自己就业的种类、方向的挑选和确定，是人们真正进入社会生活领域的重要行为，是人生的关键环节。选择职业不仅反映个人的价值观与才干，也能反映个人未来的潜在需求和动机，是人的社会化的重要内容。职业选择要综合一个人所受的教育、兴趣、能力、性格倾向的程度、智力水平、身体条件、

---

[1][2]　[法国]卢梭.爱弥儿[M].李平沤译.北京：人民教育出版社，2005.255-258.

社会资源等各种因素，所以个人自我真正认知，了解自己的性格特点，认识自己具有什么样的能力、才干，是很重要的事情。

在卢梭所生活的时代，阶级等级森严，有些人的职业是天生就注定了的，贵族可以不劳而获，而真正的劳动者则生活贫苦。卢梭作为小资产阶级代言人，主张人们之间自由平等，靠劳动在社会中生存，每一个人都应当有一个合适的职业，选择职业时应根据个人的爱好和特长，所以卢梭主张在少年时期就应该选择一门职业，可以为步入社会独立谋生做准备。卢梭给爱弥儿选择的职业是木工，其理由这项职业既是自由的，又是实用的；既能锻炼身体，同时又是爱弥儿所喜欢的，作为一门手艺还能让爱弥儿独立的生存。卢梭写道：

在评价所有一切自然的物体和人制造的东西时，他所根据的是它们对他的用处以及他的安全、生存和舒适的显而易见的关系。[1]

在所有一切技术中，第一个最值得尊敬的是农业，我把炼铁放在第二位，木工放在第三位，以下类推。[2]

一到爱弥儿知道什么是生命的时候，我首先关心的是教他保持生命。一直到现在为止，我还没有讲过职业、等级和财产的区别，我在以后也不去讲这些东西的区别，因为各种身份的人都是一样的，富人的胃也并不比穷人的胃更大和更能消化食物，主人的胳膊也不见得比仆人的胳膊更长和更有劲，一个伟大的人也不一定比一个普通的人更高，自然的需要人人都是一样的，满足需要的方法人人都是相同的。

谁说得上你将来会变成什么样的人呢？凡是人所制造的东西，人就能够把它毁掉；只有大自然刻画的特征才是不可磨灭的，然而大自然是从来不会制造什么国王、富翁和贵族的。[3]

一个人在那里坐吃不是他本人挣来的东西，就等于是在盗窃；在我看来，一个人如果一事不做而靠政府的年金生活的话，就同抢劫行人的强盗没有分别。处在社会之外与世隔离的人，对任何人都没有负债务，所以他爱怎样生活就可以怎样生活；但在社会之中，他必然要借他人之力而生活，他应该用劳动来向他们偿付他生活的费用；这是任何人都不能例外的。所以，劳动是社会的人不可或免的责任。任何一个公民，无论他是贫或是富，是强或是弱，只要他不干活，就是一

[1][2][3]　[法国]卢梭.爱弥儿[M].李平沤译.北京：人民教育出版社，2005.250-261.

个流氓。

在人类所有一切谋生的职业中，最能使人接近自然状态的职业是手工劳动；在所有一切有身份的人当中，最不受命运和他人的影响的，是手工业者。手工业者所依靠的是他的手艺；他是自由的，他所享受的自由恰好同农民遭受的奴役形成对照，因为后者束缚于他的土地，而土地的产物完全由他人支配。[1]

那些奥妙的学问是用来培养心灵而不是用来培养身体的，所以，如果你不把你的依靠寄托于它们，而是在必要的时候寄托于你的手和你用手做成的东西，则一切的困难都不存在。[2]

我是绝对地主张爱弥儿学一门职业的。[3]

他要凭事物的真正用途去了解它们的价值；他所学的手艺，必须是鲁滨逊在荒岛上也是使用得着的。[4]

我们在这里也许太强调选择一门职业的重要性了。既然问题只是在于一门手艺，则这种选择对爱弥儿来说就是毫不费事的；通过我们迄今给他的种种锻炼，他学徒的期限已经是过了一半多了。你要他干哪种活儿呢？他什么都会：他已经会使用铲子和铁锹，会使用车床、锤子、刨子和锉刀，各种手艺的工具他都是很熟悉的。问题只是在于怎样把这些工具当中的某一种工具用得更熟练，以便努一把力赶上善于使用那种工具的工人；在这一点上，他有一个比谁都优越的条件，那就是他的身子灵便、手脚灵活，能毫不困难地做各种各样的姿势，即使长久地做什么动作，他也不觉得费劲的。此外，他的一切器官都是很健全的，而且还受过良好的锻炼；他已经懂得各种技术的机械原理。为了要成为一个干活的能手，他所欠缺的只是经验，而经验只要是有时间就能获得的。让我们来选择：在各项职业当中，他应该在哪一项职业上花足够的时间去孜孜不倦地干呢？现在的问题，就是这么一点。

让每一个人有一项适合于他的性别的职业，让年轻人有一项适合于他的年龄的职业。[5]

我不允许我的学生选择不卫生的职业，但是我不禁止他去从事艰苦的职业，甚至去从事危险的职业，我也是不加禁止的。[6]

为了尊重所有一切有用于人的职业，也不需要全都学会它们，只要我们不抱着不屑为之的态度就行了。当我们可以进行选择，而且又没有什么东西强制我们的

---

[1][2][3][4][5][6]　[法国]卢梭.爱弥儿[M].李平沤译.北京：人民教育出版社，2005.263-271.

时候，我们为什么不想一想在同一类职业当中，我们的爱好和倾向是适合于做哪一种职业呢？[1]

经过很好地考虑之后，我认为我最喜欢而且也最适合我的学生的兴趣的职业是做木工。

要是你的学生的天才确实是倾向于科学的研究，我也不会怪你给他选择一门适合于他的爱好的职业。[2]

如果到现在为止，我已经使人们懂得了我的意思，那大家就可以想象得出我是怎样在使我的学生养成锻炼身体和手工劳动的习惯的同时，在不知不觉还培养了他爱反复思考的性情，从而能够清除他由于漠视别人所说的话和因自己的情绪的宁静而产生的无所用心的样子。他必须像农民那样劳动，像哲学家那样思想，才不至于像蒙昧人那样无所事事地过日子。教育的最大秘诀是使身体锻炼和思想锻炼互相调剂。[3]

## 四、爱弥儿的观念形成

少年期是个性形成的重要时期，可塑性大，稳定性低，也是人生观、世界观和价值观的萌芽期，表现在他们对自然、社会、人生和三者之间关系都有了比较粗浅的零星的而非系统的看法，也就是少年期已经开始有了观念。观念是蕴含在人们的头脑中对自身和自身之外的世界以及二者关系的最一般思想和看法，观念作为一种主观意识，支配人们的行为，为人们的思想和行动提供一种原则性、方向性的指示和规范作用，人们会根据自身形成的观念进行各种活动。观念的内核是思维方式，思维方式决定了人最为基本的活动方向和样式，因此，观念正确与否直接影响到人的行为结果，形成正确的观念有利于做正确的事情。观念是自己造就的，由于人们自身认识的历史性和阶段局限性，就决定了人们观念也是在随着人类的发展在不断地发展，随着人类的进步在不断地进步。

卢梭把观念看作是具有判断力存在的复合感觉，由于人的认识能力不同，就会存在着简单的观念和复杂的观念，实质上反映了人的智力的高低。卢梭想要爱弥儿形成的观念是与自然实际相符合的，因为卢梭坚信大自然是从来

[1][2][3]　[法国]卢梭.爱弥儿[M].李平沤译.北京：人民教育出版社，2005.272-275.

不会欺骗人们感知觉的,人们总是自己在欺骗自己。在爱弥儿已经成长到人生的第三个阶段,卢梭希望爱弥儿收获的不仅是健康的身体还有健全的心灵。卢梭写道:

这样一来,我们又谈到我们自己了。这样一来,我们的孩子在意识到他自己以后,就快要脱离孩子的状态了。这时候,他比以往更加感觉到对各种事物都有依赖的必要了。我们在开头锻炼了他的身体和感官之后,又锻炼了他的思想和判断的能力。这样,我们就能使他把四肢的运用和智力的运用结合起来;我们训练了一个既能行动又能思想的人,为了造就这个人,我们还需要做的事情只是把他教育成和蔼与通情达理的人,也就是说,用感情来使他的理性臻于完善。不过,在进入这个新的事物的阶段以前,我们回顾一下我们刚刚过完的阶段,并且尽可能准确地看一看我们已经达到了什么境地。[1]

我们的学生起初是只有感觉,而现在则有了观念了;起初是只用感官去感触,而现在能进行判断了。因为,从连续发生的或同时发生的几种感觉的比较中,以及对这些感觉所做的判断中,可以产生一种混合的或复合的感觉,我把这种感觉称为观念。[2]

人的心灵之所以有其特点,正是由于这观念形成的方式。能够按真正的关系形成观念的心灵,便是健全的心灵;满足于表面关系的心灵,则是浅薄的心灵;能看出关系的真相的人,其心灵便是有条理的;不能正确地判断关系的人,其心灵便是错乱的;虚构出一些无论在实际上或表面上都不存在的关系的人,就是疯子;对各种关系不进行比较的人,就是愚人。在比较观念和发现关系方面的能力是大或是小,就决定了人们的智力是高或是低,等等。

简单的观念只是由感觉的互相比较而产生的。在简单的感觉以及在复合的感觉(我称他为简单的观念)中,是包含着判断的。从感觉中产生的判断完全是被动的,它只是断定我们所感触的东西给予我们的感觉。从知觉或观念中产生的判断是主动的,它要进行综合和比较,它要断定感官所不能断定的关系。全部的差别就在这里,但是这个差别是很大的。大自然从来没有欺骗过我们;欺骗我们的,始终是我们自己。[3]

学习正确地判断的最好方法是这样的:它要尽量使我们的感觉过程趋于简单,而且能够使我们不经过感觉也不至于判断错误。由此可见,虽然我们老早都能以

---

[1][2][3]  [法国]卢梭.爱弥儿[M].李平沤译.北京:人民教育出版社,2005.276-277.

这种感官的印象互相验证，但还须学会使每一种感官不需要另一种感官的帮助而自行验证它所获得的印象，这样，每一种感觉对我们来说就能变成一个观念，而这个观念和实际的情况往往是符合的。在这人生的第三个阶段中，我想得到的收获就是如此。[1]

我在这个阶段所实行的整个方法的精神就在这里。如果孩子在用两根指头交叉地转动一个小圆球的时候，觉得是两个圆球的话，我就要在他没有确实弄清楚只有一个圆球以前，不让他用眼睛看。

我想，这些解释足以清楚地说明我的学生的心灵到现在已经发展到什么程度，说明他达到这种程度所经历的道路。我的目的正是要他对事物保持无知，而不是拿各种各样的事物去教他。我向他指出通向科学的道路，按照这条道路前进就能获得真理，不过走起来是很漫长和迟缓罢了。我已经叫他开始走了几步，以便使他知道入门的途径，但是我没有允许他深入进去。[2]

## 五、15 岁爱弥儿的状况

爱弥儿已经长到 15 岁了，即将结束儿童期的生活步入青年期，总结爱弥儿 15 年来的成长，卢梭的内心充满着喜悦和无限的自豪。因为在卢梭的教导下，爱弥儿没有白白浪费光阴，而是成长为符合卢梭理想的一个社会新人。这样的一个人是完全按照自然的规律成长起来的，他身心健康、性格独立、热爱劳动，他喜欢追求真理，没有不良嗜好，按照自然所允许的范围生活得快乐和自由。卢梭描述道：

由于他不得不自己学习，因而他所使用的是他的理智而不是别人的理智；因为，为了不听信别人的偏见，就要不屈服于权威；我们所有的谬见，大部分都不是出于我们，而是从别人那里学来的。正如工作和劳累能使身体产生一种活力一样，这样继续不断地练习，也可以使他的精神产生一种活力。另外一个好处是，他的心灵的发育同他的体力的发育是成比例的。心灵和肉体一样，有多大的力量才能做多大的事。[3]

爱弥儿的知识不多，但他所有的知识都真正是属于他自己的，而且其中没有一样是一知半解的。在他经过透彻了解的少量的事物中，最重要的一项是：他知

[1][2][3]  [法国]卢梭.爱弥儿[M].李平沤译.北京：人民教育出版社，2005.280-283.

道有许多的事物是他目前不了解而将来能够了解的；有更多的事物是别人了解而他是永远也不能了解的；还有无数的事物是任何人都不能了解的。他虽然不是一个学识渊博的人，但至少是一个善于学习的人。只要他能够明白他所做的一切有什么用处，能够明白他为什么相信他所知道的种种事物，我就感到满意了。因为，再说一次，我的目的不是教给他各种各样的知识，而是教他在需要的时候怎样去取得知识，是教他准确地估计知识的价值，是教他爱真理胜于一切。

爱弥儿只具有自然的知识，而且纯粹是物理的知识。对于历史，他连这个名词都不晓得，他也不知道什么叫形而上学和道德。他知道人和事物之间的主要关系，但他一点也不知道人和人之间的道德关系。[1]

他对事物的认识，其根据不是事物的性质，而是事物对他的影响。对于外界的物体，他只按它和他的关系去进行估计，但是这种估计是准确可靠的，其间一点也没有掺杂什么妄念和成见。他最重视对他最有用的东西。由于他永远不违背认识这个事物的方法，因而就不会被别人的偏见所左右。

爱弥儿喜欢劳动，性情温和；他为人又耐心又顽强，而且还充满了勇气。他的想象力现在还没有活跃起来，因而不会使他在心目中把他遇到的危险想象得那样大；他对疾病满不在乎，他能够坚忍不拔地忍受一切痛苦，因为他还不知道怎样同命运进行斗争。

总之，在个人道德中，爱弥儿已经懂得所有那些关系到他自己的道德了。为了具备社会道德，他只需进一步认识到是哪些关系在要求人们遵循这种道德就行了，他在这方面所欠缺的知识，不久就可获得的。

他只考虑他自己而不管别人，他认为别人最好是不要为他动什么脑筋。他对谁都没有什么要求，也不认为他对哪一个人有什么应尽的义务。他在人类社会中是独自生活的，他所依靠的只是他自己。他比任何人都更应该依靠他自身，因为他完全达到了他那样年龄的人所能达到的圆满境地。他没有犯过什么过失，或者说，他所犯的过失都是我们无法避免的；他没有染上什么恶习，或者说，他所有的恶习都是任何人不能保证自己没有的。他的身体强壮，四肢灵活，思想健全而无偏见，心地自由而无欲念，在他的心中还没有显露端倪。他不扰乱别人的安宁，因而可以按大自然所能允许的范围生活得尽量地满意、快乐和自由。你认为一个孩子这样长到15岁，他的光阴是白白地浪费了吗？[2]

---

[1][2]　[法国]卢梭.爱弥儿[M].李平沤译.北京：人民教育出版社，2005.284-285.

# 第四章　爱弥儿的青春期

卢梭对儿童期和青年期的划分与当今世界上流行的年龄阶段分期有很大的不同，对年龄阶段的划分是随着社会进步和人类自身身体素质的变化而不断进行调整的。联合国《儿童权利公约》中规定 0-18 岁年轻人为儿童；1994 年以前，国际上对年龄段的划分一般认同的是：14 岁以前为少儿，15 岁至 64 岁为青壮年和逐渐进入的劳动年龄段（中国是到 60 岁）；64 岁以上为老年人；联合国世界卫生组织最近经过对全球人体素质和平均寿命进行测定，对年龄的划分标准做出了新的规定，该规定将人的一生分为 5 个年龄段，即：44 岁以下为青年人，45 岁至 59 岁为中年人，60 岁至 74 岁为年轻的老人，75 岁至 89 岁为老年人，90 岁以上为长寿老年人；而在中国比较普遍的年龄分段是：①童年指 0-6 周岁，②少年指 7-17 周岁，③青年指 18-40 周岁，④中年指 41-65 周岁，⑤老年指 66 周岁以后。可见对年龄阶段的划分并没有一个硬性的统一规定，既有习俗的传统成分，也有最新科学技术发展对人的认识进一步深化的理性成分。卢梭将 16 岁前的爱弥儿看作是儿童，分成了三个阶段，即爱弥儿的婴幼期、童年期和少年期；将 16 岁后的爱弥儿看作是青年，卢梭把青年爱弥儿分成了两个阶段，第一阶段是青春期，从 16 岁到 18 岁；第二阶段是婚恋期；从 18 岁到 20 岁。青年期被卢梭比喻为人的第二次诞生，是为了生活和为了做一个合格社会公民奠定人生基础的重要时期。

## 一、爱弥儿的青春期教育

进入青春期后，儿童的身心发展快速而不平衡，出现了一些鲜明的特点。第一个明显特征就是生殖系统的成熟，第二性征逐渐显露，开始出现性的需求和欲念，与异性的关系开始进入到生活的视野。第二个明显特征是自我意识的发展，由于身体迅速发育，使少年期很快出现了成人的体貌特征，由于生理上的变化发生得过于突然，在感到惶惑和不安的同时，个体不得不将自己的思想意识从热衷于嬉戏的外部世界抽回来，反转到自身的主观世界；许多心理学家认为，青春期是自我意识发展的第二飞跃期，以个体内心世界的丰富和心智内省为标志，第一次自我意识发展的飞跃期是在 1 至 3 岁，以儿童能够用代词"我"来标志自己为重要特点，其后儿童的自我意识虽然仍在继续发展，但发展速度则是相对平缓和稳定的；自我意识的发展还表现在实现同一性，比较关注外界对自己的评价和自我的认知是否一致。第三个明显特征是认知发生较大改变，智力发展较快，思维水平向高层次发展，思维的独立性和批判性增强，精神的需求开始增加，知识面和求知欲望增强。第四个明显特征是个性开始形成，行动的依赖性逐渐减少，性格开始朝向社会性与稳定性方向发展，主观能动作用增强，参与感和表现欲有所提高，做事动机的隐蔽性增强。针对青春期的这些特点，教育也要据此有针对性地实施。卢梭对爱弥儿的青春期教育，从教育的内容，教育的方法，教师的教育艺术和教育的结果这四个方面做了系统的论述。

**（一）青春期的教育内容**

卢梭关于青春期的教育内容，设定了三个主要的方面，分别是关于自爱的教育、关于性知识的教育和关于情感的教育。在青春期的诸多因素，卢梭主要选择了这三个方面的教育内容，大概是因为这三个方面和青春期的自我意识、性成熟和个性的发展这三个明显特性相对应，在卢梭那个时代，心理学和教育学并没有作为一门单独的学科发展起来，但是卢梭对青春期教育内容的选择还是显现了他的先见之明和真知灼见，在今天也并不过时。

1. 自爱的教育

青春期是对生命感受最强烈的时期，也是个体生命对自我意识最关注的时期，从这个时期开始，人开始思考生和死的问题，开始思考人生，开始思考生活的意义，开始意识到这个世界上的人和人之间的关系，人和世界的关系，开始迈出步入社会的最初步伐。以什么样的姿态来开始步入社会的人生旅程，卢梭给出的答案是先自爱，然后以爱自己之心去善待他人。自爱教育涉及的是生命，如果一个人连自己的生命都不爱，他还能爱什么？生命是我们存在这个世界上的根本，要以生命之心善待自己和他人。卢梭写道：

我们的种种欲念的发源，所有一切欲念的本源，唯一同人一起产生而且终生不离的根本欲念，是自爱。它是原始的、内在的、先于其他一切欲念的欲念，而且，从一种意义上说，一切其他的欲念只不过是它的演变。从这个意义上说，要是你愿意的话，就可以说，所有的欲念都是自然的。但是，大部分人的演变都是有外因的，没有外因,这些演变就决不会发生;这些演变不仅对我们没有好处,而且还有害处;它们改变了最初的目的,违反了它们的原理。人就是这样脱离自然,同自己相矛盾的。

自爱始终是很好的,始终是符合自然的秩序的。由于每一个人对保存自己负有特殊的责任,我们第一个最重要的责任就是而且应当是不断地关心我们的生命。如果他对生命没有最大的兴趣,他怎么去关心它呢?

因此,为了保持我们的生存,我们必须要爱自己,我们爱自己要胜过爱其他一切的东西;从这种感情中将直接产生这样一个结果:我们也同时爱保持我们生存的人。[1]

小孩子的第一个情感是爱他自己,而从这第一个情感产生出来的第二个情感,就是爱那些同他亲近的人,因为,在他目前所处的幼弱状态中,他对人的认识完全是根据那个人给予他的帮助和关心。[2]

人所应该研究的,是他同他周围的关系。在他只能凭他的肉体的存在而认识自己的时候,他应当根据他同事物的关系来研究他自己,他应当利用他的童年来做这种研究;而当他开始感觉到他的精神的存在的时候,他就应当根据他同人的关系来研究自己,他就应当利用他整个的一生来做这样的研究,现在我们已经达到开始做这种研究的时候了。

一到人觉得他需要一个伴侣的时候,他就不再是一个孤独的人,他的心就不再是一颗孤独的心了。他同别人的种种关系,他心中的一切爱,都将随着他同这个伴侣的关系同时发生。[3]

让我们首先就这里所阐述的紧要阶段谈几个重要问题。从童年到青春期,这段时间并不是像大自然那样安排度过的,它对每个人要随人的气质而变化,它对民族要随风土而变化。

自然的教育进行得晚,进行得慢,而人的教育进行得过早。前一种教育,是让感官去唤起想象;后一种教育,则是用想象去唤起感官;它使感官还没有成熟就开始活动,这种活动起先将损伤个人的元气,使他的身体衰弱,往后甚至还会削弱种族。[4]

2.性知识的教育

青春期的青少年性意识普遍萌生,同时对性知识了解相对贫乏,只要与性和性器官方面有关的知识都是属于性知识的范围。对青少年进行性知识的

[1][2][3][4]　[法国]卢梭.爱弥儿[M].李平沤译.北京:人民教育出版社,2005.290-294.

普及教育，有利于青少年生理和心理上的健康成长与发育，弘扬性文明。性知识可以削弱青少年对性的好奇心，避免因对性的猎奇而导致对性的错误认识或错误的行为。公开与青少年谈论性问题，通过讨论什么是合适的行为，性行为意味着什么，它的后果是什么，给青少年一个清晰、明确的行为准则，这样既能促使青少年用科学的知识和技能来保护自己，也能促进青少年自身的正常发育，因为性知识水平、性道德观念直接影响到青少年的身心健康。卢梭就主张在该交给孩子性知识的年龄，就要交给他，要满足孩子对性的好奇心，不要用撒谎的办法来逃避性教育，自然的秩序是不能够脱离的，而只能是遵守。卢梭写道：

既然人获得性知识的年龄，是随人所受的教育以及随自然的作用而有所不同，则由此可见，我们是能够以我们培养孩子的方法加速或延迟这个年龄的到来的；既然身体长得结实或不结实，是随我们的延迟或加速这个发展的进度而定，则由此可见，我们愈延缓这个进度，则一个年轻人就愈能获得更多的精力。

人们时常争论这个问题：是趁早给孩子们讲明他们感到稀奇的事情呢，还是另外拿一些小小的事情把他们敷衍过去？我认为，人们所说的两个办法都不能用。首先，我们不给他们以机会，他们就不会产生好奇心。其次，当你遇到一些并不是非解答不可的问题时，你不可随便欺骗提问题的人，你宁可不许他问，而不可向他说一番谎话。满足孩子的好奇心，比引起他的好奇心所造成的危害要少得多。

成年人如果意识不到对孩子撒谎的危害，就不能教育孩子知道对大人撒谎的危害。做老师的只要有一次向学生撒谎漏了底，就可能使他的全部教育成果从此为之毁灭。[1]

如果你没有把握使他在16岁以前不知道两性的区别，那就干脆让他在10岁以前知道这种区别好了。[2]

我认为，要使孩子们保持他们的天真，只有一个良好的办法，那就是：所有他周围的人都要尊重和爱护他们的天真。当我们真正尊重他们的天真的时候，我们同他们谈话就容易找到一些适合于他们的语句了。[3]

既要从人类也要从个体去认识人的关系；要按照这些关系去节制心灵的一切情感。

[1][2][3]　[法国]卢梭.爱弥儿[M].李平沤译.北京：人民教育出版社，2005.296-298.

人是不是可以自主地按照这样或那样的关系去节制。此外，现在的问题不在于一个人能够怎样教育他自己，而在于我们通过给我们的学生所选择的环境如何去教育他。阐明了我们采用什么方法就能使他遵守自然的秩序，就可以清楚地说明他怎样就能脱离那个秩序。[1]

3. 情感的教育

随着思维的日渐成熟和自我意识的觉醒，青春期的情感指向日益广泛，既有社会性情感，也有自我认知的态度体验。为了补偿由闭锁心理而带来的孤独感和苦闷感，友谊便成了青春期最主要的人际关系，他们渴望得到安慰理解和以此充实精神生活，朋友关系在青春期的生活中日益重要。此外感情体验的丰富性和两极性也是这个时期的重要特征，积极的情感能让人产生愉悦的心理和正能量，消极的情感则摧毁人的情感并产生折磨人的欲念。卢梭所强调的情感教育是基于道德的语境，将友谊、痛苦和怜悯三个方面作为情感教育的内容。卢梭认为友谊能播撒博爱的种子，痛苦能让人同病相怜而产生爱，怜悯是基于痛苦而产生的博爱，情感教育的目的就是要让人的内心产生善良、博爱、怜悯和仁慈以及所有一切自然而然使人感到喜悦的温柔动人的情感，并防止产生妒忌、贪婪、仇恨以及所有一切有害的欲念。卢梭写道：

经过细心培养的青年人易于感受的第一个情感，不是爱情而是友谊。他日益成长的想象力首先使他想到他有一些同类，人类对他的影响早于性对他的影响。所以，把蒙昧无知的时期加以延长，还可以获得另外一个好处，那就是：利用日益成长的感性给这个青年人的心中投下博爱的种子。正是由于在他一生中，只有这个时候对他的关心教养才能取得真正的成效，所以这个好处的意义更为重大。[2]

青春时期，不是对人怀抱仇恨而是对人十分仁慈和慷慨的时期。一个在20岁以前一直保持着天真的善良人家的孩子，在青春时期的确是人类当中最慷慨和最善良的人，他既最爱别人，也最值得别人爱。

对人的依赖，就是力量不足的表征；如果每一个人都不需要别人的帮助，我们就根本不想同别人联合了。

我们之所以爱我们的同类，与其说是由于我们感到了他们的快乐，不如说是由于我们感到了他们的痛苦；因为在痛苦中，我们才能更好地看出我们天性的一致，看出他们对我们的爱的保证。[3]

---

[1][2][3]　[法国]卢梭.爱弥儿[M].李平沤译.北京：人民教育出版社，2005.301-304.

如果你要在一个青年人的心中培养他那开始冲动的日益成长的感情，如果你要使他的性格趋向善良，那就绝不能用虚假的人们的幸福面貌在他身上播下骄傲、虚荣和妒忌的种子，绝不能先让他看到宫廷的浮华和富丽的排场，绝不能带他到交际场所和衣饰华丽的人群中去。[1]

长大到16岁的少年能够懂得什么叫痛苦了。[2]

怜悯，这个按照自然秩序第一个触动人心的相对的情感，就是这样产生的。

为了激发和培养这种日益增长的感情，为了按它的自然的发展倾向去引导它和认识它，如果我们不使一个青年人把他心中愈来愈扩充的力量用之于那些能扩大他的胸襟，能使他关心别人，能使他处处都忘掉他自己的事物；如果我们不十分小心地消除那些使他心胸狭隘，使他以自己为中心而时时都想到他个人的事物，换句话说，如果我们不促使他的心中产生善良、博爱、怜悯、仁慈以及所有一切自然而然使人感到喜悦的温柔动人的情感，并防止他产生妒忌、贪婪、仇恨以及所有一切有毒害的欲念——不仅使人的情感化为乌有，而且还使他发生相反的作用和折磨他自己的欲念，我们又怎样做呢？[3]

我可以把我在以上阐述的种种看法归纳成两三个明确易懂的原理。

原理一，人在心中设身处地想到的，不是那些比我们更幸福的人，而只是那些比我们更可同情的人。

为了使一个青年人心存博爱，就不能使他去羡慕别人红得发紫的命运，应该向他指出这种命运有它阴暗的地方，使他感到害怕。[4]

原理二，在他人的痛苦中，我们所同情的只是我们认为我们也难免要遭遇的那些痛苦。[5]

为什么帝王对他们的臣民一点也不怜惜呢？那是因为他们算定自己永远也不会成为一个普通的人。为什么穷人对富人那样的心狠呢？那是因为富人没有陷入穷困的忧虑。为什么贵族们对老百姓那样看不起呢？那是因为一个贵族永远不会成为一个平民。

原理三，我们对他人痛苦的同情程度，不决定于痛苦的数量，而决定于我们为那个遭受痛苦的人所设想的感觉。[6]

乍看起来，好像玩乐的次数和花样一多就可以增加人的幸福，而平淡单调的生活将使人感到厌倦；但仔细一想，事情恰好相反，我们发现心灵的甜蜜在于享

---

[1][2][3][4][5][6]　[法国]卢梭.爱弥儿[M].李平沤译.北京：人民教育出版社，2005.305-310.

乐适度，使欲望和烦恼无由产生。

有人认为，人的相貌只不过是大自然所描绘的特征的简单的发展而已。而在我看来，我认为，除了这种发展以外，一个人的面部的特征是通过心灵的某些感情的惯常的影响而不知不觉地形成的。在面貌上流露的这些情感是最真实不过的，它们流露惯了，就会在脸上留下持久的痕迹。[1]

**（二）青春期的教育原则**

由于青春期的特殊性，青春期的教育也要顺应地采取独特的方式方法，遵循一定的教育原则来进行。为此卢梭提出了青春期教育的四种教育原则：①正面的教育。正面的教育应尽量避免不好环境所带给青春期年轻人的恶劣影响，要营造一个让年轻人健康成长的良好环境，卢梭提出乡村的朴素生活能够延缓欲念的迅速发展，培养情感而不刺激感官；②反面的教育。反面的教育就是用事实事例做反面教材来教育学生，卢梭所举的例子就是让一个追逐酒色的人到花柳病人的病房，感受不良行为的恶果，从而达到教育的目的；③循序渐进。要能够耐心地等待儿童的自主成熟，而不要超前催促儿童的成长，犯揠苗助长的错误；④因势利导。只要对学生引导有方，就可以化不利因素为有利因素，卢梭认为青年时期的这股火，不仅不是教育的障碍，还可以转化为教育的动力，促进青年的成长。卢梭写道：

现在，回过头来谈我所采用的方法。我认为，当年轻人快要达到懂事的年龄时，我们就只能够让他们看到一些可以克制而不刺激其欲念的情景，就应当拿一些不仅不刺激他们的感官，而且还能遏制他们想象力的活动的事物给他们看，以便把他们日益成长的想象力从那些刺激欲念的事情上加以转移。[2]

随着他的知识愈来愈多，你就应当有选择地使他对那些知识具有一定的观念；随着他的欲望愈来愈强烈，你就应当有选择地使他看到一些能够克制欲念的情景。你们一定要少说多做，要善于选择地点、时间和人物，以实例教育你的学生，就一定能够收到实际的成效。[3]

儿童时期是怎样消磨的，这个问题并不重要，其间乘隙而生的恶习并不是不可纠正的，而在这个时期养成的美德也许要晚一些时候才能发生效益。庄稼要长得好，最好的办法之一就是要尽可能延缓作物的生长，使其发育虽缓而可靠。要防止一个少年在没有余力做成人的时候变为成人。[4]

---

[1][2][3][4]　[法国]卢梭.爱弥儿[M].李平沤译.北京：人民教育出版社，2005.319-323.

青年时期的这一股火，不仅不是进行教育的障碍，反而正是靠了这一股火，才能使他所受的教育紧张地进行和圆满地完成；正是这一股火，使你在一个青年长得同你一般强壮的时候，仍然能够控制他的心。只要他无所爱，他就只从属于他自己和他自然的需要；一旦他有所爱了，他就要从属于他所爱的人。这样就形成了使他同人类开始结合的联系。[1]

### （三）青春期的教育方法

卢梭将青春期的教育重点放在了对人的认识上，如果说在儿童期卢梭设想爱弥儿关注的是客观世界，是人和自然之间的关系，主要学习如何做事；那么从青年期开始卢梭让爱弥儿开始关注人的世界，主要学习如何做人，通过研究人和认识人来懂得如何做一个人，成为一个什么样的人。教人做事很容易，教人做人不容易，古语有"经师易得，人师难求"的说法，说的就是做人难，教人做人更难。教人做人涉及道德、价值和审美等诸多范畴，任何人都是独特的能动个体，能让人心悦诚服地接纳吸收教育所传达的思想，在潜移默化中接受教化，确实需要找到很合适对路的方法。卢梭主张通过认识人来认识社会，并将人放在社会中来认识，在这个过程中来完成人的成熟与长进，卢梭提出了他教人做人的独特方法。

#### 1. 观察判断法

我国有句古话：以人为镜，可知得失。人分两种，一种是生活在现实中的人，这是活生生的人，你可以看得见听得到，与之交往接触发生实实在在的关系；另一种是非现实中的人，他们生活在过去，或者生活在文字里，你只能听说或者传说，一切靠你的想象来与之交往。卢梭所运用的观察判断法，就是让学生在真实的现实生活中来认识人，看看周围的人，什么样的人是可以学习的，什么样的人是可怜的，什么样的人是令人憎恨的。观察判断的方法研究人认识人是一种直接的感官和感受，是一种现场版的榜样式教育，在教导学生用观察和判断的方法去了解人心天性的时候，卢梭特别指出要避免因为亲近周围的人而染上恶习，避免在观察人判断人的时候养成说长道短、讽刺挖苦和动不动就武断评判人的坏习惯，也不要用老师的经验和威信去代替学生自己的经验和理智的发展。卢梭写道：

我们终于进入了道德的境界：我们刚刚以成人的步伐走了第二步路。如果现

---

[1]　[法国]卢梭.爱弥儿[M].李平沤译.北京：人民教育出版社，2005.324.

在的时机适当的话，我就试想指出从心灵的最初的活动中是怎样产生良心的真正呼声的，从爱和恨的感情中是怎样产生善和恶的观念的。我将阐明"正义"和"仁慈"不仅不是两个抽象的词，不仅不是由智力所想象出来的纯粹道德的概念，而且是经过理智的启发的真正的心灵的爱，是我们的原始的情感的循序发展；我将阐明，如果单单通过理智而不诉诸良心的话，我们是不能遵从任何自然的法则的；如果自然的权利不以人心自然产生的需要为基础的话，则它不过是一种梦呓。[1]

要判明在他性格中占据上风的这些情感，是博爱敦厚还是残忍阴险，是宽和仁慈还是妒忌贪婪，就必须了解他自己认为他在人类当中占据什么地位，就必须了解他认为要达到他所希望的地位，需要克服哪些障碍。[2]

为了在这方面对他进行指导，就应当在通过人类共有的一些遭遇向他表述人是什么样的之后，再在这个时候通过人和人之间的不同向他讲一讲人的情形。所以，我们现在要衡量自然的和社会的不平等了，要描绘一幅整个社会秩序的图画了。

必须通过人去研究社会，通过社会去研究人；企图把政治和道德分开来研究的人，结果是这两种东西一样也弄不明白的。[3]

如果说问题只是在于按人的假面具向青年人讲述人的话，那我们就用不着向他们讲述了，因为他们经常都是看到这种假面具的；但是，既然假面具不是人，不能让它表面的光泽去引诱青年，那么，我们在向他们描绘人的时候，就要向他们如实地描绘人的本来面目。在我看来，这样做是合乎一个人对人类所抱有的最真挚的情感的。

根据这个看法，我们这时候教育年轻人，所采取的方法就要同我们从前所采取的方法完全相反，就要多用别人的经验而少用他自己的经验。[4]

我希望人们这样替一个青年选择社交界，希望他认为同他一块儿生活的人都是好人，希望人们教他仔仔细细地认识世界，把世界上的事都看作是坏事，希望他知道人天生都是很好的，希望他意识到这一点，希望他自己去判断他的邻人，然而也希望他了解社会是怎样使人堕落和败坏的，希望他能发现人们的偏见就是他们种种恶习的根源，希望他衷心地尊重个人而蔑视大众，希望他知道所有的人差不多都带着同样的假面具，但是也希望他知道有一些面孔比脸上所戴的面具还漂亮得多。[5]

[1][2][3][4][5]　[法国]卢梭.爱弥儿[M].李平沤译.北京：人民教育出版社，2005.328-331.

为了使他能够既了解别人的心而又不败坏自己的心，我打算就把离开我们很远的人指给他看，让他看其他时间或其他地点的人，以便使他虽能看到那种场合，但绝不能到那种场合中去进行活动。[1]

2. 历史示例法

历史是现实的镜鉴，以史为镜，可知兴替矣。历史给人们提供了经验，从历史中吸取经验和教训，从而为现实生活提供指导。卢梭非常重视对历史的学习，这是因为学习历史有很多的好处：第一，学习历史能够以史为鉴，避免我们犯类似的错误，避免走弯路；第二，学习历史有助于提高认识能力，因为历史现象背后往往存在着错综复杂的内在联系，为我们认识和解决问题提供有益启示；第三，学习历史让我们学会了推敲，真实的都是经得起时间推敲和考验的，虚假的是经不住时间推敲和考验的，因为历史如果被有意歪曲以致被滥用，则从虚假的历史中获得的经验不仅无益于指导现实，反而会妨碍历史作用的发挥，甚至可能产生极其严重的社会危害，所以要对历史的是与非、事实的存在与否做出对与错的判断与选择；第四，学习一些历史知识，可以陶冶情操，提高修养，增长人的智慧，开阔眼界和胸襟，在认识问题时站得更高、看得更远。正因为历史对人的成长有如此重要的价值，卢梭因此将学习历史作为了解人和了解人类的不可或缺的方法。卢梭写道：

现在是到了讲历史的时候了，通过历史，他用不着学什么哲学也能深入地了解人心；通过历史，他就能作为一个普通的观众，不带任何偏见和情绪，以裁判人而不以同谋或控诉人的身份对他们进行判断。[2]

为了认识人，就必须从他们的行为中去认识他们。在社会上，我们听见的是他们的话，他们口头上讲一套，然而却把他们的行为隐藏起来；而在历史上，他们的行为就要被揭露，我们就要按照他们所做的事情去评判他们。[3]

此外，在历史中所记录的那些事情，并不是怎样经过就怎样准确地描写的，它们在历史学家的头脑中变了样子，它们按照他们的兴趣塑成了一定的形式，它们染上了他们的偏见的色彩。[4]

事实！事实！让青年人自己去判断好了；要这样，他才可以学会了解人类。如果老是拿作者的判断去指导他，则他只能通过别人的眼睛去看问题，一旦没有这些眼睛，他就什么也看不见了。[5]

---

[1][2][3][4][5]　[法国]卢梭.爱弥儿[M].李平沤译.北京：人民教育出版社，2005.331-334.

我不主张学现代史，其原因不仅是因为他没有什么特色，不仅是由于我们这些人都是差不多的，而且是由于我们的历史学家没有一个不想出头，都想描绘一些有浓厚色彩的形象，而结果，那些形象是描绘得什么也不像的。[1]

在我看来，修昔底德是历史学家当中的一个真正的模范。他叙述史事而不加他的评语，然而他也没有漏掉任何一个有助于我们自己去评判历史的情景。他把他所讲的事实都展示在读者的眼前，他自己不仅不插身在事实和读者之间，而且还远远地躲开；这样一来，我们一点也不觉得在读史书，而好像是亲眼看到了那些事情。可惜的是，他自始至终只讲战争，我们在他的书中所看到的差不多都是世界上最没有教育意义的事情——打仗。[2]

一般地说，历史是有它的缺点的，其原因是由于它只能记载可以确定其人物、地点和时间的著名的重大事件，然而造成那些事件的日积月累的原因，是不能用同样的方法加以记述的，所以总付阙如。[3]

我们从童年时候起就埋头书本，已经养成了学而不思的习惯，我们对所读的东西印象极不深刻，在历史和人的生活中到处充斥的欲念和偏见，在我们身上也已经产生了，从而使他们产生的一切事情在我们看来都是很自然的，因为我们已经脱离了自然，以自己的面貌去判断别人了。但是，请你想象一下按照我的主张培养起来的青年，想象一下我18年来辛辛苦苦地实质保持了完备的判断力和健康的心灵的爱弥儿，想象他在布幕拉开的时候，头一次看到这个世界的舞台的情景，或者更确切一点，想象他站在舞台后面看演员们化装，在舞台后面数有多少绳子和滑车在用假情假景蒙蔽观众的眼睛，他将有怎样的感觉。他起初是大吃一惊，但接着就对他们表示一阵羞辱和轻蔑。看到整个的人类这样自己欺骗自己，自甘堕落地去做那些幼稚的事情，他感到非常地气愤；看到他的弟兄为了一场空梦就互相厮打，看到他们不愿意做人，而一定要把自己变成猛兽，他就感到非常痛心。[4]

毫无疑问，只要学生有了自然的禀赋，即使老师没有那么慎重地选择他所读的书籍，即使老师没有使他在读书之后对书中的东西进行一番思考，他这样学来的东西也可以变成一种实用的哲学，它同你们用来把学校中的青年的头脑弄得一团混乱的种种空泛的理论相比，还是踏实得多和有用得多。[5]

所有一切人类欲念的冲动，对那些想从历史的研究中，借死者的命运而认识自己和使自己变得聪明的人来说，都可以提供同样的教训。就教育年轻人来说，

[1][2][3][4][5]　[法国]卢梭.爱弥儿[M].李平沤译.北京：人民教育出版社，2005.334-340.

在最近的将来，最适宜于读安东尼的传记而不适宜于读奥古斯都的传记。爱弥儿近来在他所读的书籍中见到了许多奇怪的事物，弄得他摸不着头脑，但是他知道在欲念未产生以前，就必须先摆脱欲念的幻象；同时，由于他知道人无论在任何时候有了欲念就会使自己变得昏庸，因此，他事先就不会采取那种可以让欲念（万一他果真产生了欲念的话）迷惑他的生活方式。我知道，这些教训对他来说是很不适宜的，而在需要的时候，也许又会觉得它们既不及时也不够用；不过，你要知道，我想从阅读历史中得出来的并不是这样一些教训。在开始读历史的时候，我就抱有另外一个目的，如果这个目的没有完全达到的话，那无疑是老师的错误。[1]

3. 人物分析法

做人最重要的一点就是做自己而又不自私。人总是要回答自己是谁？在社会上应占什么地位，将来准备成为什么样的人以及怎样努力成为理想中的人等一连串的问题，对这些问题的回答反映了一个人的自我同一性水平。每个人在这个世界上都是独一无二的，认同自己，悦纳自己，保持价值观、信念和行为的内在一致性，需要经历较长时间的探索。一个人如果无法正确认识自己、无法理清自己的职责、无法承担自己的角色，也就无法选择自己的生活方式，不能获得内在的成长动力。青春期正是一个人自我同一性形成的关键期，卢梭选择在这个时期对爱弥儿进行研究人的教育，无疑是想通过对历史人物的分析，来完成爱弥儿自我同一性的发展。卢梭写道：

必须知道的是，只要自私心一有了发展，则相对的"我"就会不断地进行活动，而青年人一看到别人的时候，便没有一次不联想到他自己，并且把自己同他们加以比较。因此，在看过别人之后，他就想知道他在他们当中将处在怎样的地位。从你向青年人讲述历史的方法来看，我认为，你可以说是在使他们想变成他们在书中看到的那些人，是在使他们时而想做西塞罗，时而想做图拉真，时而又想做亚历山大；是在使他们头脑以清醒时就感到沮丧，是在使每一个人悔恨他自己不过是这样一个人。我不否认这种方法也有一定的优点；但就爱弥儿来说，万一他也这样把自己同别人加以比较，喜欢那样一个人而不愿意做他自己这样的人的话，即使说他想做一个苏格拉底，想做一个卡托，我认为我对他的教育也是全盘失败的。一个人只要开始把自己想象为另外一个人，不久以后就会完全忘掉他自己的。[2]

[1][2]　[法国]卢梭.爱弥儿[M].李平沤译.北京：人民教育出版社，2005.342-343.

要怎样才能正确地研究人呢？在研究他们的时候要有巨大的兴趣，在判断他们的时候要十分地公正，在设想人类的种种欲念时要具有一颗相当敏感的心，而且这颗心还要相当冷静，不受那些欲念的刺激。如果说在一生当中有一个适合于做这种研究的时期的话，那就是我替爱弥儿所选择的这个时期。过早了，他对世人是非常的陌生；再晚一些，他也许又同他们是一个样子。他已经看出了人的偏见的势力，然而他还没有受过这种势力的支配；他已经觉察到了欲念的影响，然而欲念还没有扰乱他的心。他是一个人，他要关心他的弟兄；他为人公正，他要评判他的同辈。如果他对他们的判断很正确，他也不想做他们当中的任何一个人；因为他们之所以有种种痛苦，完全是为了达到他们根据他们的偏见而设想的目的，而他是没有他们那些偏见的，因此，在他看来那样的目的是渺茫的。至于他，他所向往的东西都是用他的能力可以取得到的。他既然能够自己满足自己的需要，同时又不为别人的偏见所左右，他为什么要依赖别人呢？他有两只胳臂，身体又健康，又有节制，需要既不多，而且又有满足他的需要的手段。他是在绝对的自由的环境中养育起来的，因此他认为最大的罪恶是奴役。[1]

再前进一步，我们就达到我们的目的了。自私心是一个有用的工具，然而是一个危险的工具，它常常会弄伤使用它的手，而且很少有起好的作用而不起坏的作用的时候。[2]

### （三）青春期的教育艺术

教育有法，但无定法。卢梭虽然提出了在青春期的教育原则和教育方法，但是具体到教师运用这些原则和方法的时候，则要因地制宜因人因时而异，发挥教师劳动的创造性。这是因为教育虽然也有自身的规律，教育活动也需要遵循一定的规则，但教育的对象是人，人不是千篇一律的，而是富有多样性、差异性和个性化的。世界上没有完全相同的两片树叶，当然也不会有完全相同的两个人，对不同人的教育要采用不同的方式，这就需要教育的艺术。所谓艺术就是比喻富有创造性的语言、方式、方法及事物，教育需要因人而异，随机应变，更多的是充满激情与活力的创造性劳动，而在青春期这个特殊的阶段，更需要教师的教育工作体现艺术性。

1. 掌握教育的时机

卢梭认为教师应当掌握的最大一门教育艺术就是按照学生情况来实施教

---

[1][2]　[法国]卢梭.爱弥儿[M].李平沤译.北京：人民教育出版社，2005.344—345.

育，并且掌握好实施教育的时间和教育的方式。如果学生犯了错，最好不要直接批评学生，而是要先安慰，再采用寓言的方式来教育学生。俗话说，一把钥匙开一把锁，教师只有把教育做到了学生的内心深处，才能发挥教育的作用。卢梭写道：

> 我假设我的学生既不天才过人，也不头脑迟钝。我是在普通的人当中选择他的，以便能够证明教育能够对人起多大的作用。因此，要是爱弥儿由于我的培养而选择他目前的这种生活方式、看法和理解法，而不选择别人的生活方式、看法和理解法，那他就做对了；但是，如果他因此就认为他比别人的禀赋优异，比别人生得高尚，那他就错了，那他就是在自己欺骗自己了；必须使他觉醒过来，或者说必须预防他产生这样的谬误，以免太晚以后就改不掉。[1]

> 他对老师的信任是另外一种信任，那就是信任理智的判断，信任知识的渊博，信任他能理解而且觉得对他有益的长处。他从长期的经验中深深相信这个教导他的人是很爱他的，是一个聪明有识的人，并且是知道怎样为他谋求幸福的。他应当知道，为了他自己的利益，最好还是倾听这个人的意见。[2]

> 做老师的应当掌握的最大的一门艺术就是：针对情况进行劝勉，能预知这个年轻人在什么情况下可能听他的话，在什么情况下可能还是那样的执拗，以便处处让经验去教训他，同时又不使他遭遇太大的危险。[3]

> 在他未犯错误以前，就应当向他指出他的错处；而在他既犯以后，就绝不要去责备他，因为这样做只有使他生气，使他出于自尊而反抗你的。在教训他的时候，如果引起了他的反感，那是没有什么好处的。当你看见他因为没有听你的话而感到羞愧的时候，你要和和气气地用好言好语把他的羞愧遮盖过去。当他看见你为了他而忘记了自己，不仅不使他难堪，反而安慰他的时候，他一定会感激你的。如果在他伤心的时候，你再去责备他，他就会恨你，而且会发誓不再听你的话，以此表示他并不是像你那样重视你的意见的。

> 你对他的安慰，其本身就是对他的一种教训，如果他对你的安慰不起任何疑心，则这种教育便愈是能够收到效果。[4]

> 犯错误的时候，正是可以用来讲寓言的时候。我们借寓言这种奇异的形式去谴责犯罪的人，就既能教育他而又不冒犯他；他把寓言所讲的真理用来自己看，于是才明白它所讲的话果然不虚。从来没有上过别人的吹捧的当的孩子，是不可

[1][2][3][4]　[法国]卢梭.爱弥儿[M].李平沤译.北京：人民教育出版社，2005.346-350.

能懂得我在前面所解说的寓言的；可是，刚刚上过拍马屁的人的当的蠢孩子，就可以清楚地看出乌鸦的确是一个傻瓜。这样，经一事他就长一智，对一件事情的经验，他很可能不久就会遗忘，然而通过寓言，就可以刻画在他的心里。一切寓言中的教训，都是可以从别人的经验或他自己的经验中取得的。[1]

2. 发挥学生的能动性

主观能动性又称自觉能动性、意识的能动性，是指认识世界和改造世界中有目的、有计划、积极主动的有意识的活动能力。重视对人的主观能动性的发挥，是一种高超的教育艺术，用卢梭的话来说就是"教育的艺术是使学生喜欢你所教的东西"。发挥人的主观能动性，就要发挥人的意识作用，意识存在于人们的头脑里，作为一种无形的力量，不停地告诉人们应当做什么以及怎样去做，在实践中意识总是指挥着人们使用一种物质的东西去作用于另一种物质的东西，从而引起物质的形态发生改变，这种力量就是人的主观能动性，而如何调动人的主观能动性，就需要教师的教育创造，体现着教师的教育艺术。卢梭写道：

教育的艺术是使学生喜欢你所教的东西。为了使他对你所教的东西发生兴趣，那就不应该使他的脑筋对你所说的话是那样的默从，就不应该使他除了听你说话以外，便无事可做。做老师的固然应当自尊，但也要让学生的自尊心有发挥的机会，要让他能够说："我想一想，我懂了，我看出它的意思了，我学会了。"[2]

我在教育我的爱弥儿怎样生活，我教育他靠他自己的力量生活，此外，还教他怎样挣得他的面包。这还不够，为了要在世界上生活，还要知道怎样对人，还要会使用支配人的工具；要会估计文明社会中个人利益的作用和反作用，而且还要这样正确地预料重大的事情，使自己在事业中不受欺骗，或者至少使自己能够选用达到成功的良好手段。

要他们等到那个年龄才自己做主，是一点好处都没有的，而且将使他们长到25岁的时候还依然同15岁的时候一样，实际的事情一点也不懂。毫无疑问，我们要防止一个青年人由于无知或欲念的蒙蔽而自己害自己，但是，无论他在什么年龄都应该教育他对人和蔼，无论在什么年龄都应该在一个有见识的人的指导之下保护那些需要我们援助的穷人。[3]

他将做一切他认为是有用的和良好的事情。他不做任何多余的事，他知道凡

[1][2][3] [法国]卢梭.爱弥儿[M].李平沤译.北京：人民教育出版社，2005.350-353.

是不适合于他那种年龄的人去做的事，对他来说就没有一样是有用处的，就没有一样是有好处的。他知道他首先要对他自己尽他的责任，他知道青年人不应该过分地相信自己，他们的行为应当慎重，对年长的人应当尊敬，应当谨慎地少说废话，应当有节制地少做无聊的事情，然而要敢于做有意义的事情，要敢于说出真理。[1]

### 3. 用行动代替言辞

积极行动胜于一切言语，水滴无语但却可以穿石，梅花无语但却香傲冰雪。同样的道理，教育的成功也是靠行动来证明的。一个孩子良好的生活行为习惯证明了家庭教育的成功，一个学生良好的学习行为和品德行为证明了学校教育的成功，而一个人良好的修养和丰富的学识证明了教育的成功。再好的知识也要通过实践来检验，再好的美德也要作用于人才能显现，教育本身就是一种行动。卢梭一再强调要用行动而不是言辞教育青年，行动能让人学到在书本中学不到的经验，特别是美德的培养更不可能通过说教而获得，只有在实际生活的行动中才能获得和完善自身的美德。卢梭写道：

爱弥儿既不喜欢闹嚷，也不喜欢吵架，不仅不喜欢人和人吵架，甚至动物和动物打架他也是不喜欢的。这种和平的精神是他所受的教育的结果之一，因为这种教育丝毫没有使他养成自私和自高自大的心理，所以是不会使他以驾驭别人和使别人受痛苦而取得乐趣的。他看见别人痛苦，他自己也感到痛苦，这是一种自然的情感。[2]

所以爱弥儿是很爱和平的。他看到快乐的面孔就感到喜悦，当他能设法使别人露出笑容的时候，他自己也因此而感到欢喜。

我要不厌其烦地一再说明这一点：要以行动而不以言辞去教育青年，他们在书本中是学不到他们从经验中学到的那些东西的。当他们无话可说的时候，硬要叫他们去练习口才，当他们没有什么事情要说服别人的时候，硬要他们坐在教室的板凳上感受豪迈的语句的力量和巧言服人的妙处，这是多么荒唐啊！[3]

我愈想就愈认为，只要把仁爱之心这样地付诸行动，只要从我们做得好或做得不好的地方去找它的原因，就没有哪一样有用的知识是不能够灌输给一个青年人的心的；而且，除了在学校中获得的种种真正的知识以外，这样做，还可以使他获得一门更重要的学问，那就是把他所获得的知识应用于他的生活。[4]

只要把自爱之心扩大到爱别人，我们就可以把自爱变为美德，这种美德，在

---

[1][2][3][4]　[法国]卢梭.爱弥儿[M].李平沤译.北京：人民教育出版社，2005.354-358.

任何一个人的心中都是可以找到它的根底的。我们所关心的对象同我们愈是没有直接的关系，则我们愈不害怕受个人利益的迷惑；我们愈是使这种利益普及于人，它就愈是公正；所以，爱人类，在我们看来就是爱正义。因此，如果要使爱弥儿爱真理，要使他能认识真理，我们就必须事事使他远远地离开他自己的利益去考虑问题。他愈是关心别人的幸福，他的心就愈是开朗和聪明，而他也就愈少搞错什么是善和什么是恶；不过，我们不可让他仅凭个人的见解或不正确的成见而产生盲目的偏爱。贤明的人首先关心的是大家的利益，然后才是个人的利益；因为每一种利益都属于整个的人类，而不属于其中的某一个人。[1]

为了防止同情心蜕化成懦弱，就必须要普遍地同情整个的人类。这样，我们才能在有所同情的时候，就首先是同情正义，因为在一切美德中，正义是最有助于人类的共同福利的。理智和自爱使我们同情我们的人类更甚于同情我们的邻居；而同情坏人，就是对其他的人极其残忍。[2]

### （四）青春期的教育结果

青春期是一个待稳定的时期，人的可塑性很大；青春期又是一个富于变化的时期，人的发展具有多种的可能性。卢梭将青春期的教育培养目标定格在培养一个独立自主，有理性善思考的自然人；这样的人已经具备了在社会中生存的能力，不会轻易被欲念、偏见等恶的事物所诱惑，不会为其他外在的权威所控制，而是能够为自己负责任地去生活；这样的人需要精心培养和教育，需要用适当的方法来实施教育，这样的结果正是卢梭所希望看到的。卢梭写道：

如果你从一个青年的童年的时候起，就按照这个方法去教育他，而且在教育的过程中，如果他不受任何偏狭之见的影响，尽可能不为他人的权威和看法左右，请你想一想，结果他是像我的学生呢还是像你的学生呢？[3]

不过，你首先要想到的是，虽然是我想把他培养成一个自然的人，但不能因此就一定要使他成为一个野蛮的人，一定要把他赶到森林中去。我的目的是，只要他处在社会生活的漩流中，不至于被种种欲念或人的偏见拖进旋涡里去就行了；只要他能够用他自己的眼睛去看，用他自己的心去想，而且，除了他自己的理智外，不为任何其他的权威所控制就行了。[4]

---

[1][2][3][4]　[法国]卢梭.爱弥儿[M].李平沤译.北京：人民教育出版社，2005.358-362.

## 二、爱弥儿的贞洁教育

青春期最重要的标志就是性开始成熟，性是人类与生俱来的生理现象。性成为一个重要的议题是随着人类社会的进步而逐渐被人们所重视的，最具影响力的一个理论是来自弗洛伊德的本能理论，弗洛伊德认为性欲是人类最强烈的动机，是维持人生命的最原始本能。性在现代社会里，至少是生物性、社会性和心理性三种存在方式的综合体，在两性的差异上，不仅有来自生物上的差异，还有社会和心理上的差异。在历史和现实的发展历程中，性从来没有远离过人们的生活，只不过是说与不能说的区别。贞洁是性领域里的自我控制，是独立于任何信条和宗教的美德，是对爱情的忠贞和坚持结婚相守的态度；贞洁意味着用理性控制着自身的感情，懂得如何去爱。传统的贞洁观念往往具有节欲的色彩，不是自然的，甚至是一种极端的行为，由于禁欲有违人性而被指责为陈腐的、宗教的或是政治的伴随物，而科学的贞洁观念，则是拥有一种正确的性知识，保持自身的身心纯洁，避免性伤害，维护社会道德秩序的一种价值取向。人类能够以理智约束本能，也必须以理智约束本能。性道德作为人类生存发展的基本价值，不仅在于它继承了人类的全部性文明，更在于它是随着时代发展的。新时期的性道德观体现男女两性的人格完全平等，要求男女双方对等地保持贞洁，并且客观地更加重视心灵的贞洁，这就是一种发展和进步。

在 20 世纪 90 年代，作为对性自由的反省和省思，美国在青少年中开展了贞洁教育，有效地减少了少女怀孕、性病蔓延和心理创伤等青少年问题。当代美国贞洁教育的理念在于鼓励青少年在一个健康成熟的婚姻背景下经历性关系，通过对学生授以正确的性知识，使之保持身心纯洁，维护社会道德秩序，教育学生懂得性纯洁的价值在性自由交往之上，提倡青少年相互性尊重，自我控制和自我保护，其实质是性道德和性人格教育。[1] 我国则在 20 世纪 80 年代，随着社会的改革开放，人们的性观念和性自由也有了很大的改观，少数人群中也出现了性解放之类的思想。随着物质生活水平的提高，青少年性早熟现象也逐渐增多，也相继地引发了一些社会问题，如少女堕胎增多，

---

[1] 袁潇.当代美国青少年贞洁教育研究 [D].重庆：西南大学硕士论文，2010.9.

青少年性犯罪增加等现象。另外，离婚率上升，婚外性和婚外情现象也有蔓延趋势。这一切都表明，我国也需要加强贞洁教育，尤其是贞洁教育所涉及的性道德教育，性道德教育是对人性欲望的规范和调节，是要培养一种自律意识和行为道德感，突出人作为理性的性主体的特殊性。追溯到两百多年前，卢梭已经提出了贞洁教育的思想，并对贞洁教育的策略和内容做了阐述。

### （一）贞洁教育的策略

青春期最大的特点就是叛逆性增强，用于儿童教育的那一套方式方法已经不再起作用，说教和论理也失去效用。卢梭很懂得青年人的心理，也许在他经历过的青春期，他所受到的教育是如此让他难忘和愤恨，以至于他在设想对爱弥儿的教育时，竟是那样的成熟和理智，那么符合青年人的特点而又能因人和因材施教。卢梭反对教训学生，认为用早早结婚的办法来解决自然的欲念未必是最有用和最好的。卢梭把青年爱弥儿当作朋友，主张贞洁教育要对学生的心理起作用，要用新鲜的事物因势利导，用生动形象的语言，用实际发生的事例来进行。卢梭写道：

由于爱弥儿的童年是在你们的学生要到青年时期才能享受的自由中度过的，所以他到青年时期才开始遵守你们的学生在童年时期就已经遵守的那些规矩。这些规矩变成了你们的学生的桎梏，他们很恨它们，认为它们完全是老师之所以能一贯暴戾的原因。他们认为，只有摆脱这种束缚以后，才能脱离儿童的境地……同你的学生相反，爱弥儿以他自己成为一个大人和服从日益成长的理智的约束而感到光彩。他的身体已经发育起来，不再需要那样的运动，而且可以开始控制自己了，这时候，他的心灵正处在半成熟的阶段，竭力要寻求迅速的发展。因此，在你的学生看来，恰恰在这个时候应该发挥理智的作用哩。[1]

请你们研究一下离开自然秩序较远的人和离开自然秩序较近的人有什么区别。爱弥儿是在农村儿童和野蛮人所享受的那种自由中抚养起来的，因此，当他一天天长大的时候，也就有他们那样的变化和举止。所不同的是，他的活动不只是为了玩或为了生活，他在工作和玩的过程中还学会了运用思想。既然他已经通过这条道路达到了这个阶段，他现在就随时可以走上我向他指定的道路。我叫他思考的那些问题之所以引起了他的好奇心，是因为那些问题本身就是很有意思的，对他来说是很新鲜的，而且也是他的能力可以理解的。反之，你们的孩子由于已经

---

[1] [法国]卢梭.爱弥儿[M].李平沤译.北京：人民教育出版社，2005.463.

被你们那些枯燥的功课、啰嗦的教训和无止无休的问题弄得极其厌腻和疲惫，因而心情也变得十分忧郁。在这种情况下，他们怎能不拒绝把他们的心思用去思考你们压在他们身上的那一堆教条，怎能不拒绝把他们的心思用去思考他们的创造者，何况你们还把他们的创造者说成是他们的欢乐的敌人呢？他们一想到这些就感到厌恶和烦恼，强制的做法已经使他们变得很颓废。当他们今后开始安排自己生活的时候，应该怎样办呢？他们需要有新的东西才感到高兴，他们不再听你们对儿童们讲的那些语言。对我的学生来说也是这样：当他成为大人的时候，我对他说话就要像对一个大人说话的样子，而且说的尽是一些新鲜的事物。恰恰是你们的学生感到厌腻的事物，他觉得很合他的口味。[1]

自然的真正的时刻终究是要到来的，它是一定要到来的。他仍然是你的学生，但他已不再是你的小学生了。他是你的朋友，他是一个成人，你从今以后就应当这样看待他了。[2]

我敢断言，如果你对他的日益旺盛的欲念进行直接的干涉，糊里糊涂地把他目前所感到的新的需要看作罪恶，你还要他永久听从你的话，那是不可能的。只要你不遵循我的办法，我就不能向你担保今后的结果。你始终要想到的是，你是大自然的使者，而不是它的敌人。

第一个解决这个困难的办法是赶快让他结婚，这个办法用起来当然是最可靠又最自然，然而我怀疑它究竟是不是最好的办法，是不是最有用的办法。我同意青年人到了结婚的年龄就应该结婚。但是，他们结婚的年龄总是太提前了，其原因是由于我们使他们早熟，我们应当使结婚的年龄延迟到他们发育成熟的时候。

如果说问题只是听任他们的倾向发展，那还好办；不过，在自然的权利和社会的法律之间存在着这样多的矛盾，以至要调和它们，就必须不断地躲开矛盾和绕过矛盾，必须采用很多巧妙的办法才能防止一个生活在社会中的人变得十分虚伪。[3]

在教育成年人的时候，所采取的方法要和教育儿童的方法完全相反。既然他最后一定要知道这些事情，那就不能让他从别人那里知道，也不能让他自行知道，而只能从你这里知道。既然他今后不能不进行斗争，那么，为了使他不至于早点突然的袭击，就应当使他了解他的敌人。[4]

说教之所以最没有用处，其原因之一就是它是普遍地向所有一切的人说的，

[1][2][3][4]　[法国]卢梭.爱弥儿[M].李平沤译.北京：人民教育出版社，2005.464-468.

既没有区别，也没有选择。听众在禀赋、思想、性情、年龄、性别、职业和见解上既然是这样千差万别，我们怎能认为同一个说教对他们全都是合适的呢？也许，你说给大家听的话，要适合于两个人都是办不到的。我们所有的一切情感都是这样不稳定，以至在每一个人的一生中要找出两个时刻对他所听的同一个说教产生同样的印象，也是不可能的。你可以判断一下，当火热的感官扰乱了你的理智和压抑着你的意志的时候，你还有没有心思去听那严肃的智慧的教训。所以，除非你已经使他处于明白事理的境地，否则即使年轻人达到了有理智的年龄，你也不要同他谈什么理智。大多数教训之所以等于白说，其原因是由于老师的过错而不是由于学生的过错。[1]

由于我们忽视了影响想象力的表象的语言，我们便失去了语言之中最有力的语言。说话的印象总是很淡然的，我们通过眼睛比通过耳朵更能说动一个人的心。由于我们只讲一番道理，结果遂使我们的教训流为空谈，不能实践，单单凭理性，是不能发挥作用的，它有时候可以约束一个人，但很少能够鼓励人，它不能培养任何伟大的心灵。[2]

你千万不要干巴巴地同年轻人讲什么理论。如果你想使他懂得你所说的道理，你就要用一种东西去标示它。应该使思想的语言通过他的心，才能为他所了解。我再说一遍：冷冰冰的理论，只能影响我们的见解，而不能决定我们的行为；它可以使我们相信它，但不能使我们按照它去行动，它所揭示的是我们应该怎样想而不是我们应该怎样做。[3]

### （二）贞洁教育的内容

卢梭对贞洁教育内容的看法同当代社会贞洁教育的看法是极其近似的。卢梭认为贞洁是人对自身欲望的一种控制，情欲、爱情和诱惑是青春期所要面临的主要问题，不能恰当地处理这三个方面的事情，就会染上不良的习性，甚至是毁了一生的幸福。卢梭充分认识到贞洁教育对人在青春期之时的重要性，他认为贞洁教育至少包含了三个方面的内容，分别是对情欲的控制、忠诚于爱情和抵御不良的诱惑，并对此做了详尽的阐释。

#### 1. 情欲的控制

情欲是指人的各种情感和本能欲望，青春期的情欲表现对异性的渴望和对性事的关注与满足。男子对性事的关注是从青春期到来后开始的，而在青

---

春期之初，男子对身体的控制能力是很弱的，这是男人的生理发展过程中一个必然的阶段。男孩子能否恰当地控制自己的本能，是对他们的重要考验，也是区分他们在未来是否更显成功的一个重要标志，而存在于人的潜意识里的情欲更能体现出人性的美丑与善恶。情欲包含着人的自然性欲，性欲是人类繁衍下一代的本能欲望，性欲是人和动物共有的生理现象，只不过大多数动物的性欲是只存在于特定时间的一种自然现象，常常被称作发情期；而人类则没有发情期的概念，人类优于其他物种的原因，也在于人类在任何时候都可以引发性欲，可以繁育下一代，并为下一代的成长负责；人类除却繁育的责任，将性事作为一种享受，也是人类独有的一种文化现象。现代社会更强调人和人之间的平等与相互尊重，任何对他人的强迫性性行为都是一种犯罪，如果一个人不学会控制自己的性欲，就会可能导致性犯罪的行为。有学者把男子在18岁之前的情欲称为失控期，因此在青春初期教育青年人对生理现象有正确的认知，学会控制自己的情欲，是非常重要和积极有意义的事情。卢梭认为应当让爱弥儿知道这个不可思议的生殖之谜，不仅要让爱弥儿知道因情欲所引发的爱情包含着忠贞的义务，还要让爱弥儿知道在爱情的引导下走入婚姻是多么的神圣；要让爱弥儿知道什么是爱，什么是贞洁，要让爱弥儿知道只有崇尚贞洁才能获得健康、精力、勇气、美德，才能获得爱情的本身和人类一切真正的财富。卢梭写道：

在向他讲到这个不可思议的生殖之谜的时候，我们除了让他知道自然的创造者使这种行为具有快感之外，还应当让他知道这种行为之所以微妙，是由于有专属的爱情，让他知道有许多忠贞的义务包围着这种行为，使这种行为在达到目的的时候将获得双倍的快乐。我不仅把婚姻描写为一切结合之中最甜蜜的结合，而且还描写为一切契约之中最神圣不可侵犯的契约，因此，我要着重说明为什么这种结合是这样神圣地受到一切人的尊重，为什么任何人如果敢玷污它的纯洁就要受到世人的憎恨和诅咒；我将向他描绘一幅触目惊心的真实的图画，说明荒淫无度的恐怖，说明他的善行是多么愚蠢，说明在这条看不见的道路上一失足就要造成种种罪恶，就要把走这条道路的人拖入毁灭的深渊；我将有凭有据地向他指出崇尚贞洁，就能获得健康、精力、勇气、美德以及爱情的本身和人类的一切真正的财富。我认为，当我们已经使他希望保持贞洁的时候，我们将发现他的心就好倾听我向他讲解的保持贞洁的方法，因为一个人只要还保持着他的贞洁，他就会珍惜它，只是在他已经失去贞洁之后，他才会等闲视之的。[1]

在这件事情上，你对一个年轻人所施的一切教育之所以没有成效，那是由于你所施的这些教育还缺乏他那个年龄的人所能懂得的道理，而且重要的是，对任何年龄的人所讲的道理都要以一定的形式表述，才能得到他们的喜欢，这一点，你怎么不明白呢？如果必要的话，就用严肃的口气讲，但是，要让你所讲的话始终具有一种使他不能不听的魅力。我们不能干巴巴地说一些话来打消他的这些欲望，我们不能遏制而要引导他的想象，以免它产生可怕的结果。对他讲什么叫爱，对他讲妇女，对他讲快乐的事情，要使他在你的谈话中能发现使他年轻的心感到高兴的美妙的事物，要千方百计地使你成为他的知心人，因为只有在你变成了他的知心人的时候，你才能真正做他的老师。所以，别担心你的话会使他感到厌烦，他要求你告诉他的话，比你想谈的还多。[2]

树立了我的威信之后，我首先注意的是：要怎样才能避免使用这种威信。我想方设法地渐渐得到他对我的信任，以便成为他寻求快乐中的知心人和决定人。我不仅不打击他那样年纪的倾向的发展，我反而要熟悉它们的发展情况，以便加以控制；我要了解他的观点，才能对他进行指导；我决不牺牲他现在的快乐去寻求什么遥远的幸福。我不希望他有一时的快乐，但是，如果可能的话，我希望他有永久的快乐。[3]

2. 爱情的忠诚

贞洁教育的重要内容之一就是如何忠诚于爱情。爱情是人和人之间的强烈的依恋、亲近、向往，以及无私专一并且无所不尽其心的情感。自古以来人们对爱情就有着无尽的向往和憧憬，对忠贞的爱情故事进行了赞美和传颂，我国就有关于爱情故事的四大传说，它们分别是《牛郎织女》、《孔雀东南飞》、《梁山伯与祝英台》和《白蛇传》；西方则有《罗密欧与朱丽叶》、《简爱》等等经典爱情故事。爱情是人性的组成部分，黑格尔说："爱情确实有一种高尚的品质，因为它不只停留在性欲上，而且显出一种本身丰富的高尚优秀的心灵，要求以生动活泼、勇敢和牺牲的精神和另一个人达到统一。"爱情是基于一定的社会基础和共同的生活理想，在各自内心形成的互相倾慕，并渴望对方成为自己终身伴侣的一种强烈纯真专一的感情，性爱、理想和责任是构成爱情的三个基本要素。最感人的爱情誓言莫过于"无论贫穷还是富有、健康还

[1][2][3]　[法国]卢梭.爱弥儿[M].李平沤译.北京：人民教育出版社，2005.478-482.

是疾病、任风吹雨打，始终相爱相敬不离不弃。执子之手，与子偕老"。所以说爱情虽然不能脱离于社会现实条件的限制，但是在其精神本质上是超越时空的，人们往往把那种完全发自内心的愿为对方的快乐与幸福付出的真情状态称之为真爱。青春期正是对异性向往和渴望的躁动期，在这个时期让青年人对爱情有一个正确的认识，不仅能帮助青年人获得爱情，还能让青年人享受爱情的美好和喜悦，为幸福的婚姻奠定基础。卢梭给予爱弥儿的爱情教育是真实而客观的，他希望爱弥儿做一个好的情人，同时也能获得一位好的伴侣。卢梭写道：

有些人为了不让青年人掉入情欲的陷阱，就想一本正经地教育他，想使他对爱情产生厌恶，甚至想使他认为在那个年龄一产生爱情的念头便是犯罪，好像爱情只是老年人的事一样。我采用相反的教法，反而能更有把握地达到同样的目的。我不怕促使他心中产生他所渴望的爱情，我要把爱情描写成生活中的最大快乐，因为它实际上确实是这样。我向他这样描写，是希望他专心于爱情。我将使他感觉到，两个心结合在一起，感官的快乐就会令人为之迷醉，从而使他对荒淫的行为感到可鄙；我要在使他成为情人的同时，成为一个好人。[1]

爱弥儿生来不是为了永远过独居的生活的，作为社会的成员，他要为社会履行他的义务。既然他要同人们一起生活，他就应当对他们有所认识，他已经一般地了解人类，但是他还需要分别地了解个人。他已经知道人在世界上要做些什么事情，但是他还需要知道人在世界上应当怎样生活。[2]

正如人生中有一个年龄是适合于用来研究学问一样，在人生中也有一个年龄是适合于用来研究社会的习惯的。如果一个人既了解了这种习惯，又明白这习惯的道理，他就会有分别地遵从，因此也遵从得更恰当、更真诚。[3]

我的计划是在于为这件事情做好种种准备。我将对这个年轻人说："你的确需要一个女伴，让我们去寻找一个适合于你的伴侣，也许我们是很不容易找到她的，真正优秀的人是很少的，但是，我们既不着急，也不畏难。毫无疑问，总是有这样一个真正优秀的人的，到最后我们总会找到她，或者至少也会找到同她差不多的人的。"[4]

我决不因此就向青年人描绘一个根本不存在的十全十美的模特儿，我决不采取这个办法去骗他，但是，我要这样来挑选他的情人的缺点，要她的缺点同他

[1][2][3][4] ［法国］卢梭.爱弥儿[M].李平沤译.北京：人民教育出版社，2005.482-485.

的相适合，为他所喜欢，而且还要以她的缺点去改正他的缺点。我也不向他说假话，硬说我所描绘的人确实是有的，但是，如果他喜欢我所描绘的样子的话，他就会希望很快地得到这个样子的人。从希望到想象，这个过程是很容易走过的，因为，只要你巧妙地描绘，突出显著的特征，就可以使他想象的人物具有很大的真实感。我甚至可以给这个想象的人物取一个名字。我将笑着对他说："我们给你未来的情人取名叫'苏菲'，'苏菲'是一个吉祥的名字。如果你所选择的对象本来不叫'苏菲'，她甚至也要配得上我们称她为'苏菲'。现在我们可以预先把这个光荣的名字给她。[1]

但是，不管他是不是把我向他描绘得这样可爱的模特儿想象成哪一个人，只要这个模特儿描绘得很清楚，就既不会使他对所有同它相像的人减少爱恋之情，也不会使他对那些不像它的人不保持疏远，因为在他看来，这个模特儿好像是真有其人似的。这是多么便利的一个办法啊！采用这个办法，我们就可以保护他身临危险而心不受危险，就可以利用他的想象去控制他的感官。

青年人之所以走上歧途，不是由于他们的体质或感官的发育，而是由于人的偏见。[2]

我们是不能用金钱买得一个朋友或情人的。爱情不仅不能买卖，而且金钱是必然会扼杀爱情的。任何一个男人，即使他是人类当中最可爱的人，只要他用金钱去谈爱，单单这一点就足以使他不能够长久地受到女人的爱。在以金钱和淫乱构成的双重关系中，既谈不上爱情，也谈不上荣誉和真正的快乐。[3]

3. 诱惑的抵御

对贞洁构成最大威胁的莫过于不良的诱惑。诱惑来自于自身的欲望而指向于外部的刺激物，人之所以会受到诱惑，为诱惑所折磨一生，或者说人的一生都是在抵御诱惑中度过的，是因为人总是被各种欲望不断地刺激着。人总会为想要得到某种东西或达到某种目的的要求所支配，以期有意识的愿望能获得愉快的满足或体验，在两个人的感情世界里，既有物质上的诱惑，爱情也不能脱离物质而独立存在；也有精神上的诱惑，追求浮夸的浪漫和执着于表现突出自我；还有寻求新异的诱惑，当激情归于平静之时，人性本身总是会寻求新的向往，或是指向于肉欲或是指向于精神的欢愉。恋爱中的多角恋、婚姻中的婚外情，以及游戏般地对待性行为，追逐于感官的欲求和性关

[1][2][3]　[法国]卢梭.爱弥儿[M].李平沤译.北京：人民教育出版社，2005.486-520.

系中虚荣心的满足，都是不能控制内心欲望而被外界所诱惑的结果。卢梭认为人应当做自己欲念的主人，要能够抵御住诱惑而成为一个有道德的人，当一个人长到20岁已经相对成熟的时候，应该具备约束自己的能力；如果一个人在这个年纪还是色欲熏心而恶习难改，那是因为在年少时期没有打下良好基础，已经变得积重难返；这样的青年人在卢梭看来是没有前途和希望的，其行为是令人鄙视的。卢梭写道：

所以，对一个进入社会的青年来说，应该提防的不是色欲而是虚荣；因为，他将听从别人的倾向的支配而不听从自己的倾向的支配。他之所以这样放荡，是由于狂妄的心理而不是由于爱情。[1]

你认为爱弥儿长到20岁的时候是不可能还是那样的温顺。我们的看法简直是大相径庭！我，我却认为他在十岁的时候才很难管教哩，因为他在那个年龄，我凭什么东西去控制他呢？为了获得我现在对他的这种控制，我花了15年的苦功。在这段期间我不是在教育他，而是在使他做好接受教育的准备。现在他已经受到了足够的教育，所以才这样温顺。[2]

在20岁以前，身体一直是在成长，需要使用他的全部的精力。因此，在这个时期节制情欲，是由于自然的法则使然的，违反这个法则，就不能不损害身体。20岁以后，克制情欲就是一种道德的行为了，其目的是为了教导一个人怎样律己，怎样做自己的欲念的主人。但是，道德的行为有可以变通的地方，有例外的情形，有它们自己的法则。当人类的弱点使我们不能不在两害当中选择其一的时候，我们总是选择那个程度较轻的害处的；因为，我们宁可做一件错事，而不愿意染上一种恶习。[3]

有些人之所以堕落，之所以变成今天这个样子，正是由于他们在少年时期做了不名誉的行为。他们在不道德的行为中已经变得性情疏懒和卑鄙，他们的心胸极其狭隘，因为他们丧失了元气的身体很早就被破坏，他们剩余的精力已经不足以使他们奋发起来。他们滑头滑脑的样子正说明他们的心缺乏刚毅，他们不能体会高尚和伟大的情感，他们既失去了天真也没有活力，他们在任何事情上都是很下贱，很卑鄙可恶的，他们只能够做小小的瘪三和骗子，他们甚至没有足够的勇气去做赫赫有名的大强盗。在青年时期耽于色欲的人就会变成这样可鄙的。[4]

---

[1][2][3][4]　[法国]卢梭.爱弥儿[M].李平沤译.北京：人民教育出版社，2005.489-497.

### 三、爱弥儿的审美教育

审美教育又称美育，由德国启蒙时期的剧作家、美学家席勒在其《美学书简》中首次提出使用的。席勒认为审美教育，也称美感教育，是通过人们对美的形象的观察培养对美的情感，纯洁心灵，以达到人的全面、自由、和谐的发展。在当代社会，美育是全面发展教育的重要组成部分，审美能力是人的综合素质中不可或缺的重要组成要素，对学生进行美育是社会和学校的一项重要工作。美育是指借助于自然美、社会美和艺术美的手段，培养人具有正确的审美观点，高尚的道德情操和具有感受美、鉴赏美、创造美能力的教育。美育的目标不仅是培养和提高学生对美的感受力、鉴赏力和创造力，而且是要美化人自身，即帮助学生树立美的理想，发展美的品格，培育美的情操，形成美的人格。一句话，美育的根本宗旨是培育学生美好的人格和心灵。美育通过艺术手段，运用自然界、社会生活、物质产品与精神产品中一切美的形式给人们以耳濡目染、潜移默化的教育，以达到美化人们心灵、行为、语言、体态，提高人们道德与智慧的目的。

美育的历史几乎同人类文明的历史同样悠久。在我国，周代就形成了用"六艺"（礼、乐、射、御、书、数）对贵族子弟进行教育的体制。"乐"是集诗歌、音乐、舞蹈三位一体的美育课程，其他的"书"、"射"、"御"、"礼"虽各自教育内容不同，但也都包括了仪表美、行为美、语言美的培育；其后无论是两汉的赋，魏晋南北朝的辩谈、书画与雕刻，唐宋的诗词，元明清的戏曲与小说，还是历代的建筑、园林、工艺品，都对人们起着广泛的审美教育作用。在西方，雅典教育制度中包括缪斯教育和体育。缪斯是希腊神话中司文艺的女神的名字，缪斯教育就是综合性的文学艺术教育；体育中包含了希腊人重视身体的健美和动作的优美；希腊的教育还强调"美德"，即美与善的统一。中世纪的欧洲虽然贬低艺术，却仍然利用教堂建筑、教堂音乐、圣像画、宗教雕塑对人们进行审美教育。可见，在人类的历史上，从来就没有停止过对人进行审美教育。

卢梭所倡导的自然主义教育，也非常崇尚审美教育，卢梭的自然教育既包括了用自然美对人进行陶冶，比如他让爱弥儿亲近大自然，感受大自然，热爱大自然，倡导人们要按自然的规律去生活，同时卢梭也倡导文学、戏剧和艺术品对人的审美教育有特殊的作用，这是因为这些艺术形式都能诱发人的美好情感，让人感受审美事物的内在美，陶冶人的心灵，明辨是非善恶，寄托人的精神理想。所以卢梭在强调了各种感官的训练之后，又提出了培养学生的审美力问题，他认为一个人的审美力的培养不能脱离人的天赋和后天的社会环境，同样审美教育也是不可或缺的因素。卢梭写道：

"美"在表面上好像是物质的，而实际上不是物质的。审美的标准是有地方性的，许多事物的美或不美，要以一个地方的风土人情和政治制度为转移；而且有时候还要随人的年龄、性别和性格的不同而不同，在这方面，我们对审美的原理是无可争论的。

审美力是人天生就有的，然而并不是人人的审美力都是相等的，它的发展的程度也是不一样的；而且，每一个人的审美力都将因为种种不同的原因而有所变化。一个人可能具有的审美力的大小，是以他天赋的感受力为转移的；而它的培养和形成则取决于他所生活的社会环境。[1]

如果是为了培养我的学生的审美力，而必须在一些审美观尚未形成的国家和审美观已经败坏的国家进行选择的话，我选择的次序是颠倒的；我先选择后面这个国家，尔后选择前面那个国家。这样选择的理由是：审美观之所以败坏，是由于审美审得过于细腻，专门挑选大多数人看不到的地方来欣赏。过分细腻，就会引起争论；因为，我们对事物的区别愈细，则需要去别的地方就愈多，这样一来，对美的看法就会穿凿入微而很难一致。因此，有多少人便会产生多少种审美观。对个人的爱好进行争论，就会扩大哲学和人的知识范围，从而就可以学会如何思考。只有广泛地涉足于各种社会场合的人才能细腻地审美的，因为要把所有的美的样子都看过以后，才能注意到细微的差别，至于那些不常到稠人广众的场合中去的人，他们审美的时候只是看一个大样子的。[2]

我将十分注意地培养爱弥儿的判断力，以免使他受到破坏；当他的眼力已经是相当的敏锐，能够认识和比较人们的种种爱好的时候，我将引导他把他的审美力集中地用来鉴赏那些比较单纯的事物。[3]

一般地说，爱弥儿是更喜欢读古人的著作而不喜欢读我们今天的著作的，唯一的原因是：古代的人既生得早，因而更接近于自然，他们的天才更为优异。[4]

---

[1][2][3][4]　[法国]卢梭.爱弥儿[M].李平沤译.北京：人民教育出版社，2005.506-511.

我使爱弥儿追溯了纯文学的来源之后，还要告诉他现代的编纂者们是通过哪些途径而储蓄其知识的。报刊、翻译作品、字典，所有这些他都要瞧一下，然后就把他们束之高阁。为了使他快乐一下，我也让他到学院中去听学人们如何夸夸其谈地瞎说一通；我将使他看出：他们当中每一个人如果都自己单独研究的话，其作用是比同大伙儿一起研究更好一些的。

我带他去看戏，其目的不是为了研究戏中寓意，而是为了研究人们的爱好；因为，正是在戏场中，人们的爱好最能赤裸裸地展现在一个有思想的人的面前。研究戏剧，就必然会进一步研究诗歌；这两者的目的是完全相同的。如果他对诗歌有一点儿兴趣的话，他将多么高兴地去学习诗歌的语言：希腊文、拉丁文和意大利文！研究这些语言，他将获得无限的乐趣，而且对他是只有好处的；当他长到这样的年龄和处在这样的环境，对所有一切触动他的心弦的美是这样神迷的时候，他将觉得研究这些语言是很愉快的。[1]

所谓审美，只不过就是鉴赏琐琐细细的东西的艺术，它的确是这样的。不过，既然人生的乐趣有赖于一系列的琐细的实物，那么，对它们花这样一番心思也不是毫无意义的；我们可以通过它们去学习利用我们力所能及的东西所具有的真正的美来充实我们的生活。我在这里所说的，并不是道德上的美，因为这种美是取决于一个人的心灵的良好倾向的；我所说的只是排除了偏见色彩的感性的美，真正的官能享受的美。[2]

### 四、闲暇时的快乐原则

随着社会生产力越来越进步，人们的物质生活越来越丰富，闲暇的生活时间逐渐增多，有益的闲暇生活方式和有意义的闲暇生活内容对人们来说变得极其重要。闲暇时的生活状况反映了人们的世界观、人生观和价值观，休闲作为一种自由生活，其真正的内涵是挖掘自身潜能，实现自身价值的一种生活方式。不同的历史时期，不同的社会环境和不同的生活方式，人们对闲暇的理解和界定自然不同。闲暇一词最早来自拉丁语"Licere"，美国学者杰弗瑞·戈比通过研究发现，闲暇往往和时间、活动、存在方式和心态四种要素紧密联系在一起。马克思认为，所谓闲暇时间是指人们为了满足绝对需求

[1][2]　[法国]卢梭.爱弥儿[M].李平沤译.北京：人民教育出版社，2005.512−513.

所需要的劳动时间以外从事其他活动的时间，是全体社会成员为本身发展所需要的时间。从广义上看，闲暇时间应该是一个人一生所有的闲暇时间。从狭义的角度来讲，主要是指日常工作和家务劳动之余，可以自由支配，用于娱乐、消遣、学习、个人爱好和创造性活动等满足精神文化生活需要的时间。换句话说，闲暇是指个人不受其他条件限制，完全根据自己的意愿去利用或消磨的时间，其特点具有自由性，个人性和情感性。

人和人的差异不仅体现在工作上面，也体现在如何进行休闲和利用闲暇时间上面，对人们的闲暇时间进行引导，特别是对青少年的闲暇教育已成了全球性的一个问题。通俗地讲，就是人应该怎么玩？怎么玩才能快乐？按照什么精神去玩？在爱弥儿即将步入社会之际，以一个青年独自享有自己生活的时候，卢梭提出了进行闲暇时如何享乐的主张。卢梭首先指出了一条很重要的观点，那就是财富和快乐并不成正比例，在一个人基本能满足自身生存需求的情况下，快乐更多的是和一个人的精神世界有关。卢梭认为快乐的三个重要原则是：①快乐是要合乎自然规律的；②快乐要活在当下；③快乐要与人分享。人如果能够身体健康，平实地欣赏大自然所给予人类的美，学会按照自然的规律来做事，欣赏生活中的自在，那么就能获得真正的快乐。不幸的是人们总是在及时行乐，看似快乐其实这种快乐是假装出来的，不是发自内心的，而是表演给人看的，卢梭很鄙夷这种快乐。卢梭写道：

在享乐方面，我跟他人不同的是：我好声色而不好虚荣，我要尽情地讲求舒适的享受而不炫耀于浮华的外表。

在这盖满了大地的许许多多的财富中，我将寻求我最喜欢和最能占有的东西。为此，我的财富的第一个用场是用来买得闲暇和自由，其次用来买得健康，如果健康可以用钱买得到的话。由于要买得健康就必须节制欲念，而没有健康，就没有生活的真正乐趣，因此，我要节制我的肉欲。

我时时刻刻要尽量地接近自然，以便使大自然赋予我的感官感到舒适，因为我深深相信，它的快乐和我的快乐愈相结合，我的快乐便愈真实。[1]

我将尽情地享受一个季节中一切令人赏心悦目的美，享受一个地方独具一格的特殊风味。我的爱好是多种多样的，我的习惯是互不相同的，然而它们都始终是合乎自然的。[2]

[1][2]　[法]卢梭.爱弥儿[M].李平沤译.北京：人民教育出版社，2005.514-515.

当大自然不愿意给我们东西，而我们硬要向它索取的话，它是给得很勉强的，是有怨言的，这样的东西质量既不好，而且也没有味道，既不给人营养，也并不爽口，再也没有什么东西比提早上市的果子更淡而无味的了。在三伏天吃热炒栗子舒不舒服？难道说大地不用我花多少气力就给我提供了那么多鹅莓、草莓和各种鲜果，而我不吃，却偏偏去吃刚出锅的热果子么？正月间，在壁炉架上摆满了人工培养的绿色植物和暗淡而没有香味的花，这不仅没有把冬天装扮起来，反而剥夺了春天的美；这等于是不让自己到森林中去寻找那初开的紫罗兰，不让自己去窥看那胚芽的生长，不让自己欢天喜地喊道："世人啊，你们不要灰心，大自然还活着咧！"[1]

既然我们自己比谁都能够更称心如意地办好自己的事情，那么，即使我们论权势赛过亚历山大，论财富胜过克里苏斯，我们也只有在自己确实不能做到的时候，才要别人帮忙。[2]

我和我所交往的人之间的唯一的联系是：互相友爱、兴趣一致和兴趣相投；我将以成年人而不以有钱人的身份同他们交往；我不容许在我和他们交往的乐趣中掺杂有利害关系的毒素。[3]

由于我们徒然去追逐那些转瞬即逝的快乐，我们反而丧失了同我们常相伴随的快乐。我们要随着我们年龄的增长而改变我们的兴趣，正如我们不能违背四时的季节行事一样，我们也不能违背年龄的大小行事。在任何时候都要克制自己，而不能一反自然，枉费心机地去寻欢取乐，将消耗我们的生命，使我们不能充分地享受。[4]

善于变换环境和兴趣的人一到了今天就会抹去昨天的印象，他在别人的心目中好像是没有这个人似的；不过，他是很快乐的，因为他每时每刻和在每一件事情上都是照着他自己的意思去做的。我也要独一无二地永久地采取这种方式。我到了一个环境，就过那个环境的生活而不问其他的环境如何；我每一天都按当天的情况去做，好像它同昨天和明天毫不相干似的。[5]

愉快的心情、田间的劳动和活泼的游戏，这三者可以说是世界上的第一流的厨师。[6]

如果你希望你的快乐中不带丝毫的苦味，那你就不要排除他人而独自一个人享受，你愈让大家来共享你的快乐，你就会愈觉得你的快乐完全不带一点儿苦味。[7]

[1][2][3][4][5][6][7]　[法国]卢梭.爱弥儿[M].李平沤译.北京：人民教育出版社，2005.516-528.

再说一下，排除他人而独享乐趣，反而会使乐趣化为乌有。只有同人家分享的快乐，才是真正的快乐；要想独自一个人乐，是乐不起来的。[1]

任何一个人，只要他脱离了这些原则，无论他多么有钱，多么挥金如土，他也领略不到生活的意义。[2]

毫无疑问，人们会反对我说，这样的娱乐法是谁都会的，照着这些办法去玩，就不一定非要有钱不可了，这句话，正是我要得出的结论。只要你想得到快乐，你就可以得到快乐；只因习俗的偏见，才使人觉得一切都很困难，把摆在我们眼前的快乐也全部赶走了；一个善于欣赏和真正懂得逸乐的人，是不需要有金钱的，只要他有自由和自己做自己的主人就行了。任何一个身体健康、无冻饿之虞的人，只要他抛弃了他心目中臆想的财富，他就可以说是一个相当富有的人了，这就是贺拉斯所说的"以中庸为贵"。[3]

# 第五章　爱弥儿的婚恋期

在这一卷的开篇，卢梭就说："现在，我们已经演叙到青年时期的最后一幕了，不过，还没有到大功告成的时候。"之所以没有大功告成，是因为在卢梭看来一个成年的男人要成家立业才算得上是完满，爱弥儿也不例外。卢梭首先表明了这样的一个立场："一个成年人单独一个人生活，那是不好的。"在此之前的四卷当中，卢梭都以男性的视角对男孩子的成长和教育进行了论述，而在这一卷当中，卢梭同样以男性的视角却对女孩子的成长和教育进行了论述，这是因为大自然将人类打造成为男女两种性别，男人和女人都是雌雄同体的，在男女成熟之后将要组建家庭时候，一方的存在是以另一方的存在为前提的，爱弥儿的伴侣苏菲或者是女人就自然而然地走进卢梭的作品之中。卢梭本人也强调为了让人类繁衍生息，遵循自然的法则，成年的男女要组建家庭结婚生子，与自然相违背的事情都是不好的。爱弥儿是按照卢梭的自然教育思想培养成长起来的青年男子，他所具备的身心特点，他所拥有的思想品质和人格特点，需要寻找一个什么样的女子才能够与其相匹配呢？这样的女子具有怎样的品性，她又是如何成长起来的呢？当爱弥儿寻找到了这样的一个女子，相互欣赏和接纳的两个年轻人又该如何相处才能走进婚

[1][2][3]　[法国]卢梭.爱弥儿[M].李平沤译.北京：人民教育出版社，2005.528-530.

姻的殿堂，在婚姻的殿堂里两个人应如何经营家庭呢？卢梭带着他的思考，对青年男女的爱情和婚姻进行了阐释，通过对爱弥儿伴侣苏菲的描述，也对女子教育进行了论述。当然卢梭在这些方面的见解，是有着他那个时代和社会的局限性的，特别是关于女子养成的品性方面，有着浓厚的父权色彩，对于这些内容我们要进行批判性的借鉴。卢梭的贡献在于他看到了婚恋教育是人生不可缺少的重要内容，也是任何时代和社会男女两性都要面对的问题，他强调男女双方在自身品性上的门当户对，也强调男人和女人在养育孩子和照顾家庭的各自责任，这些内容对当代人来说也是需要学习的和勇于承担的，对生活在今天的我们仍然具有启示作用。但是另一方面，卢梭对女子的看法还是有很多偏颇的，虽然卢梭提出了天赋人权和自由平等的先进思想，由于当时社会和时代的局限以及在卢梭自身的父权思想的作用下，卢梭对女子教育并没有提出进步性和革命性的主张，反而更多地遵从女子附属于男子的这样思路。在今天主张男女平等的时代，我们在看待卢梭有关女子教育的时候，应该采用一种客观和扬弃的态度。

## 一、男女两性的关系

卢梭在描述爱弥儿伴侣苏菲及其教育之前，对男女两性关系进行了深刻的思考和分析，他认为在两性关系上自然法则起着强大的推力作用，男人和女人的相同与差异，所有一切男女两性的特征，都应当看作是由于自然的安排而加以尊重。由于自然造就了男女两性的不同，所以男人要有男人的气质，女人要有女人的气质，男人是强的具有进攻性，女人是弱的采取防御，因此男女两性是不可能平等的。卢梭用自然法则推导出男女两性关系之间的不平等，进而为他所提出的理想中女子形象——苏菲以及对女子的教育奠定了立论的基础，那就是女子教育与男子教育也是不同的，男女的教育应该符合自然法则所赋予男女关系的各自地位与作用，男女关系的性质构成了男女教育的目的，可以说卢梭对男女两性关系的论述也在一定程度上起到了性教育的作用。那男女关系是怎样的呢？卢梭写道：

爱弥儿现在是一个成年人了，我们曾经答应过给他一位伴侣，现在应该把她给他了，这个伴侣就是苏菲。[1]

如同爱弥儿是一个成年的男子一样，苏菲应当是一个成年的女人，也就是说，她应当具备所有一切成年女性的特征，以便承担她在身体和精神方面应当承担的任务。现在，让我们从男性和女性的异同着手，进行一番研究。[2]

我们确切知道的唯一的一件事情是：男人和女人共同的地方在于他们都具有人类的特点，他们不同的地方在于他们的性。从这两个观点来看，我们发现他们之间既有那样多相同的地方，也有那样多相反的地方，以至我们可以说，大自然把两个人既做得这样相像，又做得这样不同，确实是奇迹之一。

所有这些相同和相异的地方，对人的精神道德是有影响的；这种影响是很显著的，而且大家都是亲身经验得到的，所以我们用不着争论到底是男性优于女性，还是女性优于男性，或者两种性别的人是相等的。因为，每一种性别的人在按照他或她特有的方向奔赴大自然的目的时，要是同另一种性别的人再相像一点的话，那反而不能像现在这样完善了！就他们共同的地方来说，他们是相等的；就他们相异的地方来说，是无法比较的。[3]

在两性的结合中，每一种性别的人都同样为共同的目的而贡献其力量，不过贡献的方式是不同的。由于方式不同，所以在两性的精神上也就产生了一个显而易见的差别。一个是积极主动和身强力壮的，而另一个则是消极被动和身体柔弱的；前者必须具有意志和力量，而后者只要稍为有一点抵抗的能力就行了。

如果承认这个原理的话，我们就可以说，女人是特地为了使男人感到喜悦而生成这个样子的。

如果说女人生来是为了取悦于和从属于男人的话，她就应当使自己在男人看来觉得可爱，而不能使他感到不快。他对她之所以那样凶猛，正是由于她有动人的魅力；她应当利用她的魅力迫使他发现和运用他的力量。[4]

至高的上帝在任何事情上都希望人类具有荣誉心，他在把无限的欲望赐予人类的同时，又赐予调节欲望的法则，以便使人类既能自由，又能自己控制自己；在人类正当地运用其性能力的时候，他还使人类获得一种当时即能享受到的赏赐，那就是，如果人类按照他的法则而诚实地从事的话，就会得到乐趣。[5]

两性之间最自由和最温柔的动作是绝不容许真正的暴力的，大自然和人的理性都是反对使用暴力的。大自然之反对使用暴力，表现在它使较弱的一方具有足

[1][2][3][4][5]　[法国]卢梭.爱弥儿[M].李平沤译.北京：人民教育出版社，2005.531-535.

够的力量，想抵抗就能够抵抗。理性之反对暴力，在于真正的暴力不仅是最粗野的兽行，而且是违反性行为的目的的，因为一则是由于这样做，男人就等于是向他的伴侣宣战，从而使她有权把侵害者置于死地，以保卫她的人身和自由；再则是由于只有妇女才能独自地判断她自己的处境，同时，如果任何一个男人都可窃夺做父亲的权利的话，则一个孩子便无法辨认哪一个人是他的父亲了。

这样，我们可以根据两性体质的差异而得出第三个结论，那就是：较强的一方在表面上好像是居于主动，而实际上是要受较弱的一方的支配的；其所以如此，并不是由于男子惯于向妇女献小殷勤，也不是由于他以保护人自居，表现得宽宏大量不拘细节，而是由于一种不可变易的自然的法则，因为这种法则使妇女可以很轻易地刺激男人的性欲，而男人要满足这种性欲，就比较困难，从而使他要依对方的兴致为转移，并且不得不尽力取悦对方，以便使她承认他为强者。[1]

至于说到性行为对两性的影响，那是完全不平等的。男性只不过在某些时候才起男性的作用，而女性终生都要起女性的作用，至少她在整个的青年时期要起女性的作用；任何事情都可以使她想起她的性别，同时，为了很好地起到她的作用，她就需要一套同她的性别相适应的做法。她在怀孕期间需要得到照顾，她在坐蓐期间需要休息；她在授乳期间需要过一种安适而少活动的生活；为了抚养孩子，她应当性情温柔和有耐心，她应当具有一种不为任何事物所挫折的热情和爱；她是孩子们和父亲之间的纽带，只有她才能使他爱他们，使他相信他们确实是他的。为了使全家的人亲密相处，需要她做出一些多么细致的安排啊！[2]

两性之间相互的义务不是也不可能是绝对平等的。这种不平等的现象决不是人为的。它是合理的，在两性当中，大自然既然是委她以生男育女的责任，她就应当向对方负责抚育孩子。毫无疑问，任何人都是不容许背信弃义的，任何一个不忠实的丈夫，如果在他的妻子尽到了女性的艰巨的责任之后，竟剥夺了她应当享受的唯一的报酬的话，他便可以说是一个不正直的野蛮人。但是，如果妻子不忠实，则后果就更糟糕了，她将拆散一个家庭，打破自然的一切联系；由于她给他养的是一些私生子，所以她既出卖了丈夫，也出卖了孩子；她不仅不忠实，而且还不贞洁。[3]

当我们论证了男人和女人在体格上和性情上不是而且也不应当是完全相同之后，我们便可由此得出结论说：他们所受的教育也必须是有所不同。他们固然应当遵循自然的教训，在行动上互相配合，但是他们不应当两者都做同样的事情；

[1][2][3]　[法国]卢梭.爱弥儿[M].李平沤译.北京：人民教育出版社，2005.535-538.

他们工作的目的是相同的，但是他们工作的内容却不一样，因此促使他们进行工作的情趣也有所差异。我们已经尽了一番力量把男子培养成一个天性自然的男子，现在，为了使我们的工作达到完善，且让我们探讨一下怎样培养妇女，使她们适合于这种男人。[1]

## 二、适宜女子的教育

卢梭在论述了男女两性的不同因而需要有不同的教育之后，提出了要始终遵循大自然的指导，培养女性本来就应该具备的品质，如果按照男性的品质去培养女性，显然是害她们。卢梭认为一个贤明的母亲不要违反自然而是要遵循自然，把女孩培养成一个好女人，这样的好女人不仅能够经管家务，还应遵循大自然所赐予她们的聪慧和可爱的心灵，教育她们有思想和有眼光、有所爱和有所认识。卢梭一方面承认女人对男人的涵养作用，另一方面却认为女性不仅要在生活上依赖男人，在情感上依赖男人，还要听凭男人的评价，所以卢梭对女子的教育是有些矛盾性的，矛盾性的存在正是因为卢梭所持有的男人中心的立场。男人和女人本来就是相互依赖和相互补充的，只有两性关系的和谐和平等，男人和女人才能在相互支持中获得幸福。

卢梭关于女子的教育内容是全方位的，包含了德、智、体及性格多个方面的教育，还提出了适切的教育方法。卢梭对女子提出了很多的要求，比如女子要有淑静的态度；女子要身体健康；要防止女孩子们厌弃工作而只知玩乐；要防止女孩子任性和入迷；女孩子要学会乖乖地听话；要遵守规矩；千万不能撒谎；不因说实话而显得粗鲁；禁止问一些乱七八糟的问题；对宗教有正确的理解和爱宗教；等等。对女子这么多的规矩只能说明这样的一个事实：女子教育是非常重要的，培养一个良好的女子不是一件容易的事情。卢梭同样将女子的教育交给了家庭，特别是交给了母亲，卢梭认为用不着给女孩子请教师，她们的父亲、母亲、弟兄、姐妹、保姆、镜子，特别是她们自己的兴趣，都可以做她们的教师，但是母亲在这些众多人中起主要的作用，母亲不仅是女孩子效仿的榜样，身为女性的经验也可以更好地教导女儿，总之，一定要用适合女性特点的教育来培育她们。卢梭说："我无论是从女性

[1]　[法国]卢梭.爱弥儿[M].李平沤译.北京：人民教育出版社，2005.541.

特殊的天职方面去考虑，还是从她们的倾向或义务方面去观察，都同样地使我了解到什么样的教育才适合于她们。"[1] 因此卢梭从以下几个方面谈论了适合女子的教育。

### （一）关于女子的身体养育

任何事物都有其独特的存在价值，因其本身的缘故值得拥有，对人来说，身体是生命的有机体，是心灵的承载物，是人所存在之根本。身体发肤受之父母，延续了人类种的繁衍和生命更迭，人类文明转换成的种种基因及其进化之记忆，都在人的身体中得到印证。身体是实在的，没有了身体这个前提，人类的精神也就没有了栖息地。正因为如此，身体特别是健康的身体才是根本，一个孱弱的身体也是人的一种存在，但正如卢梭所说，如果一个人的全部生活都是了为了避免死亡，这样的生活有多大的意义呢？健康的身体对男女都是必要的。由于男女社会分工的不同，男女身体构造的不同，对男子身体的养育要求和对女子身体的养育要求还是有差异的，对女子的身体养育应符合女子的生理特点，还要符合社会对她们角色分配的需要，关于这一点，卢梭进行了着重强调：

首先要母亲的身体好，孩子的身体才能好；首先要女人关心，男子才能受到幼年时期的教育；而且，他将来有怎样的脾气、欲念、爱好，甚至幸福还是不幸福，都有赖于妇女。所以妇女们所受的种种教育，和男人都是有关系的。使男人感到喜悦，对他们有所帮助，得到他们的爱和尊重，在幼年时期抚养他们，在壮年时期关心他们，对他们讲谏忠言和给予安慰，使他们的生活很有乐趣，所有这些，在任何时候都是妇女们的天职，我们应当从她们小时候起就教育她们。[2]

女孩子们的这种最初的教育，不论是从哪里得来的，总之是一种很好的教育。既然是身体先精神而生，则我们就应当首先培养身体，这个次序对男人和女人来说都是一样的。但是，培养的目的是不同的：在男人是培养它长得壮而有力，在女人则是培养它长得灵巧。这并不是说男性只能独一无二地具有男性的品质，女性只能独一无二地具有女性的品质，这只是说这些品质在每一种性别的人的身上应当有主有次。女子也必须有足够的体力，做起活来才感到轻松；男子也必须相当的灵巧，做起活来才觉得容易。[3]

所有一切妨碍和束缚天性的东西都是由于风尚不好而造成的，就身体的装饰

---

[1][2][3]　[法国]卢梭.爱弥儿[M].李平沤译.北京：人民教育出版社，2005.543-546.

和心灵的修养来说,确实是这样的。生命、健康、理性和舒适,应该是压倒一切的,不舒适的事物绝不会显得优美;苗条并不等于瘦弱,为了讨得人家的爱,就不应当有一副不健康的样子。一个人生病的时候固然是可以引起人家的同情,但是,要想得到人家的喜欢,就必须长得活活泼泼,身体健康。[1]

### (二)关于女子的性格教育

性格是指人对现实的态度和相应的行为方式中比较稳定的、具有核心意义的个性心理特征,是一种与社会相关最密切的人格特征。性格表现了人们对现实和周围世界的态度,并在一个人对自己、对别人、对事物的态度和所采取的行为举止中表现出来。性格是在社会生活中逐渐形成的,同时也受个体的生物学因素的影响。我国古语云:"积行成习,积习成性,积性成命。"西方也有谚语:"播下一个行为,收获一种习惯;播下一种习惯,收获一种性格;播下一种性格,收获一种命运。"可见东西方对性格在人的生活中的重要性是比较看重的,对性格形成的看法也比较一致。不同文化对人的性格好坏有不同的标准,在同一文化中,对性别不同的男女也有不同的性格期待,不同的社会和时代对女子的性格品质有不同的需求和内涵上的诠释,而像善良、温柔、机智等这些美好的性格品质是对女子性格的普遍要求,懒惰、跋扈等不良的性格特征则是共同排斥的。卢梭从他的教育立场出发,谈及了对女子的性格教育,他写道:

男女两性都是具有同样的良知的。女孩子一般都是比男孩子更温顺一些的,而且,正如我在后面即将谈到的,我们可以管她们管得严一点。但是,不能因此就得出结论说我们可以强迫她们做她们不明白其用处的事情;做母亲的人要善于向她们指出我们叫她们做的事情有什么用处。由于女孩子的智力比男孩子的智力成熟得早,所以要做到这一点是比较容易的。[2]

你必须把你叫女孩子去做的事情的意义给她们讲清楚,但是一定要她们把那些事情做好。懒惰和桀骜不驯是女孩子的两个最危险的缺点,而且,一有了这两个缺点,以后就很难纠正。女孩子们应当做事细心和爱劳动;这还不够,她们从小还应当受到管束。如果这样做对她们是一种苦楚的话,这种苦楚也是同她们的性别分不开的;而且,要是不受这种苦楚,她们将来一定会遭受更大的痛苦的。她们一生都将继续不断地受到最严格的约束:种种礼数和规矩。必须首先使她

[1][2] [法国]卢梭.爱弥儿[M].李平沤译.北京:人民教育出版社,2005.548-550.

们习惯于这种约束，她们才不会感到这种约束的痛苦；必须使她们习惯于控制她们种种胡乱的想法，以便她们自己能使自己顺从他人的意志。[1]

做母亲的人即使管束她的女儿，只要管得恰当，则不仅不会减少反而会增加她对母亲的爱，因为，既然妇女生来就处在隶属他人的地位，所以女孩子们也会懂得她们是应该服从别人的。[2]

必须使她们在一生之中时时刻刻都要知道有所约束。要经常使她们玩得正高兴的时候，可以马上停止，毫无怨言地去做另外的事情。要做到这一点，只要养成习惯就行了，因为习惯可以变成第二天性。

由于养成了受约束的习惯，结果就会使一个妇女形成一种终生都必须具备的品质：温顺。她之所以必须具备这种品质，是由于她始终要永远听从一个男人或许多男人的评判，而自己又没有办法不受他们的评判的影响。一个女人应当具备的第一个重要的品质是温柔，因为，她既然是生成要服从有那样多恶习和缺点的男人，则她从小就要知道她应当毫无怨言地忍耐一个丈夫不公正的行为和错误。她之所以要这样温柔，不是为了他，而是为了她自己。[3]

凡是自然存在的东西都是好的，没有哪一个普遍的法则对人类是有害的。上帝使女性长得那样特别机灵，从而就极其公平地补偿了她在体力方面的不足；没有这种机灵，女人就不是男人的伴侣，而是他的奴隶。正是由于他的才智优越，所以她才能保持她的平等的地位，才能在表面上服从而实际上是在管理他。女人有许多不利的地方，例如男人的缺点，她本身的羞怯和柔弱；对她有利的，只是她的才能和美丽的容貌。她培养她的才能和修饰她的容貌，不是很应该的吗？不过，美丽的容貌并不是每一个女人都有的，而且这种容貌由于许多意外的事情将遭到毁伤，由于年龄的增长而日益消逝，由于风俗习惯的不同将损害它的美的效果。所以只有机智才能作为女性所有的真正的资本；不过，我们所说的机智，并不是社交场合中所赞赏的那种无助于幸福生活的机智，而是善于适应其地位的机智，是利用我们的地位并通过我们的优点来驾驭我们的艺术。[4]

## （三）关于女子的品德教育

优秀的品德如同美丽的花朵一样令人赞赏，人之品格有优劣之分，言行见于外，修养涵于内。个人品德主要是指个人依据一定的道德行为准则在行动时所表现出来的稳定心理特征及价值趋向，是个人道德自觉的结晶，也是

---

[1][2][3][4]　[法国]卢梭.爱弥儿[M].李平沤译.北京：人民教育出版社，2005.551-556.

社会道德规范、道德原则在个人身上的综合体现，它涵盖道德认知、道德情感、道德行为、道德意志等各个方面。美德是一个人的第二张名牌，虽然生活中以貌取人的人还是有的，但是一个人的美德才是他真正的形象，从古到今美德都是一个人的必修科目，相对男人来讲女子的品德更受到重视，这是因为女人不仅要生儿育女，也还要涵养着男人。卢梭写道：

一个女人可以用化妆品来使她出一出风头，但要获得别人的喜爱，还是要依赖她的人品。[1]

只要有热心和才能，就能养成一种审美的能力；有了审美的能力，一个人的心灵就能在不知不觉中接受各种美的观念。也许，这就是女孩子为什么比男孩子能更早地具有规矩和羞耻的观念的原因之一。[2]

要妇女们做到彬彬有礼，要教育女孩子们学会礼貌，是用不着费多大的力气。第一个教她们对人有礼的，是她们的天性，我们所能做的，只不过是顺着天性的发展，继续对她们进行教育，使她们按照我们的习惯而表现其对人的礼貌。[3]

两性的社会关系是很美妙的，由于有了这种关系，结果就产生了一种道德的行为者，女人便是这个道德的行为者的眼睛，而男人则是它的胳臂，但是，由于他们二者是那样的互相依赖，所以女人必须向男人学习她应该看的事情，而男人则必须向女人学习他应该做的事情。如果女人能够像男人那样穷究种种原理，而男人能够像女人那样具备细致的头脑，则他们彼此将互不依赖，争执不休，从而使他们的结合也不可能继续存在。但是，当他们彼此和谐的时候，他们就会一起奔向共同的目的；我们不知道他们当中哪一个人出的气力多一些，每一个人都受对方的驱使，两个人都互相服从，两个人都同样是主人。[4]

此外，需要提到的是，只要女孩子们还不能够运用他们的理智，只要他们日益增长的情感还未启发她们的道德心，只要她们还没有长到这样的年岁，对她们来说，是好是坏就全看她们周围的人是不是这样做的。吩咐她们做的那些事情都是好事情，禁止她们做的事情都是坏事情，她们对那些事情不应当知道得太多。从这里我们可以看出，对她们周围的人和管教她们的人进行选择，比选择男孩子周围的人和管教男孩子的人，还重要得多。她们开始自己判断事物的时刻终于要到来的，因此，现在是改变她们的教育计划的时候了。[5]

因此，她们应当培养一种能够平衡这两方面的影响的才能，这种才能既可以

[1][2][3][4][5]　[法国]卢梭.爱弥儿[M].李平沤译.北京：人民教育出版社，2005.556-574.

不让她们的良知走入歧途，又可以纠正偏见谬误，这种才能就是理性。可是，一提到理性……培养理性是不是有助于她们去承担她们所负的任务呢? 培养理性同她们应当具有天真的心是不是相符合呢?[1]

由于研究和解决这些问题的方式不同，因此形成了两个相反的极端。有些人主张女人只能够督促女仆纺纱或缝纫，从而把她们变成男人的第一个仆人; 另外一些人则觉得她们现有的权利还不够，因此还要使她们来夺取我们的权利。在一切适合于女性具有的身份方面让她们占我们的上风，而在其他方面又使她们同我们相等，这岂不是把大自然赋予丈夫的优势转交给妇女了吗?

在这个哲学的世纪，她必须具备一种经得住考验的美德，她必须事先知道人们可能对她说些什么，和她对人们所说的话应当抱怎样的看法。[2]

此外，她的为人既然要由男人来评判，他就应当取得男人的尊重，而且，特别是要取得她的丈夫的尊重; 她不仅应当使他爱她这个人，而且还应当使他认可她的行为; 她应当在公众面前证明她无负于他的选择，她应当通过人们给予妇女的光荣而替她的丈夫增光。如果她对我们的社会一无所知，如果她不懂得我们的习惯和礼数，不明白人们做评判的依据，不明白是哪些情绪在左右他们做出这样或那样的评判，她又怎能做到上面所说的那几点呢? 她既然要按照她自己的良心又要按照人们的舆论行事，她就应当懂得怎样把这两者加以比较和调和，而且要懂得只有在它们互相冲突的时候她才应当按照她自己的良心去做。对于他人的评判，她应当有所取舍，她必须知道什么时候应当接受，什么时候应当反对。[3]

大体上就可以确定妇女们适合于什么样的教育，他们从青年时期起应该思考一些什么问题。

我已经说过，女性承担的义务在表面上看起来是很容易的，而实际上要恪尽这些义务，那就很困难了。她们首先应当认识到哪些义务对她们有好处，从而才能对承担那些义务感到喜欢，这是使他们易于履行那些义务的。只要她乐于承担，她就能够很快地认识到她有哪些义务。你要尊重你的妇女的地位，不论上帝使你生下来是什么身份的人，你都要始终做一个善良的女人。重要的是，要按照大自然的安排而生活; 妇女们是能够极其容易地成为男子所喜欢的人。[4]

## （四）关于女子的智能教育

现代社会对人的智能要求是越来越高了，对智能的研究也更加的深入和

[1][2][3][4]  [法国]卢梭.爱弥儿[M].李平沤译.北京: 人民教育出版社，2005.574-582.

广泛。20世纪80年代，美国著名发展心理学家、哈佛大学教授霍华德·加德纳博士提出多元智能理论，二十多年来该理论已经广泛应用于欧美国家和亚洲许多国家的幼儿教育上，并且获得了极大的成功。霍华德·加德纳博士指出，人类的智能是多元化而非单一的，主要是由语言智能、数学逻辑智能、空间智能、身体运动智能、音乐智能、人际智能、自我认知智能、自然认知智能等多项组成，每个人都拥有不同的智能优势组合。加德纳教授认为：人的智能是多元化的，每个孩子都是独一无二的，都有着聪明之处，也都具有在某些领域成才的能力；没有人是全能，也没有人是全无能。而现代研究成果表明，男女在智能上并没有明显的优劣之分，如果说男女智能有差别那也只是表现在不同组合的优势不同。从现代的这种智能理论反观卢梭关于女子的智能看法，明显地看到卢梭对女子智能的看法存在着严重的偏见，他认为男子比女子天才优厚，所以他的论述也是有失公允的，但是在卢梭这个时代已经注意到女子智能教育的问题，也算是有进步倾向了。卢梭写道：

抽象地和纯理论地探求真理，探求原理和科学的定理，要求探求的人能够把他的概念做综合的归纳，那是妇女们做不到的。她们应当研究实际的事物，她们应当把男人发现的原理付诸应用，她们应当仔细观察，以便使男人们能论证原理。在一切同妇女们的天职无直接关系的事物上，她们看问题的时候应当斟酌男人的心理，应当着眼于以人们的爱好为唯一目的的有趣味的事物；因为，在需要运用思想的事物上，她们是没有理解的能力的，她们也没有相当精细的头脑和集中的注意力去研究严密的科学。[1]

妇女的心思比男人的心思细致，男人的天才比女人的天才优厚；由女人进行观察，由男人进行推理，这样配合，就能获得单靠男人的心灵所不能获得的更透彻的了解和完整的学问。一句话，就能获得我们能够加以掌握的对自己和对他人都确实有用的知识。[2]

妇女们周围的人就是她们应该阅读的书；如果她们读得不好，那是因为她们有缺点，或者是因为某种欲念蒙蔽了她们的眼睛。然而，要真正地尽到做母亲的责任，她们不仅不应该抛头露面地出去交际，而且还应该像女修道院中的修士一样过着深居简出的生活。因此，我们应该像对待那些送入女修道院的女子那样对待未嫁的少女。在她们为断绝念头，远远地离开她们不应该享受的娱乐以前，让

---

[1][2]　[法国]卢梭.爱弥儿[M].李平沤译.北京：人民教育出版社，2005.582-583.

她们去看一看那些娱乐的情景，以免它们的假象有朝一日使她们的心灵不得安宁，扰乱她们幽静的生活。……未婚的少女是可以做一点儿撒娇的样子的，玩耍就是她们主要的事情。已婚的妇女有她们的家务事，是不需要再出去物色丈夫的……做母亲的人啊，你们无论如何都要以你们的女儿做你们的伴侣。你们要使她们具备一个清晰的头脑和诚实的心，然后把纯洁的眼睛可以看到的一切事物都让她们去看。跳舞、集会、运动，甚至戏剧都应当让她们去看一看；所有一切在轻浮的少年以错误的眼光看来感到入迷的东西，在健康的眼睛看来是没有什么危险的。愈是让她们去好好地看一看那些闹闹嚷嚷的玩意儿，她们便会愈早地对它们感到厌恶。[1]

有一些进入社交界的女孩子，除了她们的母亲以外，便没有其他的人管她们，然而她们的母亲往往比她们还疯狂得多，只能够教她们的女儿照她们那个样子去看待各种事物。母亲的榜样是比理性更能影响孩子的，因此使她们认为跟着妈妈去做就是对的。做母亲的人在女儿的心目中是有威信的，她们的话是无可争辩的。所以，如果说我主张一个做母亲的人应该把她的女儿带到社交场合中去看一看，那是根据了这样一个假定才这样主张的，这个假定是：她要使她的女儿看到社交场合中真正的情景。[2]

要能够对恬静的家庭生活感到喜爱，就必须对它有所认识，就必须从童年时期起领略到这种生活的甜蜜。只有在母亲家才能学会怎样爱自己的家；如果做母亲的人在这方面没有对她们进行教育，她们将来也是不喜欢教养她们的孩子的。可惜的是，在大城市中，没有人对女孩子们进行家庭教育了。大城市中的社交场合是那样的多和那样的乱，以致再也找不到一个清闲的地方过安静的生活，甚至在自己的家里也如同在公共场合一样。[3]

尽管一般人都日趋堕落，尽管大家都普遍地抱有偏见，尽管对女子实施的教育不好，但总有一些妇女还仍旧保持着一种不为外力所左右的判断能力的。既然是这样，那么，当这种判断的能力受到了适当的教育的培养，或者说得更确切一点，当这种判断的能力没有受到不良教育的败坏的时候，如果我们要着眼于保持或培养自然的情感的话，我们该怎样做呢？为了要做到这一点，是用不着那样啰啰嗦嗦地说一长串话来使年轻的女子听了感到厌烦的，也用不着那样一五一十地向她们讲一篇干巴巴的道德经的。向男孩子和女孩子讲解道德，那等于是在消灭

[1][2][3]　[法国]卢梭.爱弥儿[M].李平沤译.北京：人民教育出版社，2005.583-586.

他们所受的一切良好教育的效果。像那样冷冰冰地教训一阵，其结果必然会使他们对说教的人和他们所讲的话产生反感。同年轻的女孩子们讲话的时候，千万不能拿她们所负的天职去吓唬她们，也不能把大自然加在她们身上的束缚说得那样严重。你向她们阐述她们的天职时，话要说得简明，说得中肯，不要使她们以为履行那些天职是一件不愉快的事情，你切不可有一点儿不高兴或盛气凌人的样子。所有一切要她们动脑筋思考的问题，我们也应该动脑筋思考一番之后才说；如果用问答的方式对她们讲解道德，则其内容也要像教义问答那样的简明和明了，但是说话的语气不要那样严肃。必须向她们指出，这些义务就是她们的欢乐的源泉和权利的根据。你要爱别人，才能得到别人的爱；你要幸福快乐地生活，就必须使自己成为一个为人家所喜欢的人；你要人家听从你的话，就必须使自己值得人家的尊敬；你要爱惜自己的体面，才能得到人家的称誉。要做到这几点，是不是很困难呢？妇女的权利是多么光荣！是多么值得尊重！当一个妇女善于行使她的权利的时候，男人的心将对那些权利表示多么的关切啊！一个女子是不一定非要等到有了相当的年龄或已经衰老的时候才能享受那些权利的。只要她有美德，她就可以开始行使她的权利；一到她长得亭亭玉立的时候，她凭她的温柔的性格就能够树立威信，使男子看到她那种淑女的样子感到敬畏。如果一个16岁的女孩子长得又聪明又可爱，平时寡言鲜笑，善于理解别人，同时，态度又是那样的温柔，语言又是那样的诚恳，美丽的容貌又显示了她的女性的青春，羞怯的样子又使人感到喜悦，她尊重别人，从而也赢得了人家的尊重，见到这样一个少女，哪一个粗野无礼的人还敢不收藏他那傲慢的气焰，还敢不检点他的行为呢？[1]

所有这些，虽说是一个女孩子形之于外的表现，但我们绝不能把它们看作是无关紧要的表现；她们之所以有魅力，不仅要以感官的美做它们的基础，而且还要我们从心眼里认为妇女是我们男子的良好行为的天然评判者。谁愿意受到女人的轻视呢？在世界上是没有哪一个人愿意受女人的轻视的，即使是不喜欢妇女的人，也是不愿意受到她们的轻视的。[2]

### （五）关于女子的教育方法

好的教育动机能够达成好的教育效果，还需要好的教育方法。俗话说，一把钥匙开一把锁，对女子的教育也要采用适合女子的方法，而最好的方法莫过于调动其自身的内在积极因素，而不是从外部强加给她们的，在这个方

---

[1][2] ［法国］卢梭.爱弥儿[M].李平沤译.北京：人民教育出版社，2005.588-589.

面卢梭看得还真是透彻。

如果我们善于运用她们的积极性，我们将完成多么多的伟大的事业啊！可惜在现今这个时代，妇女们有力的影响已经丧失，她们的话男人已不再听从，这是多么可悲的时代！这真是堕落到了极点。所有一切风俗敦厚的民族对妇女都是很尊重的。你看一看斯巴达，看一看日耳曼，看一看罗马，如果在这个世界上曾经有过光荣和美的荟萃之处的话，那就是罗马。在罗马，妇女们所歌颂的是伟大的将军的战功，妇女们所哭泣的是丧失了国家的元老；她们的夸赞和诉愿是神圣的，是对共和国事业的最庄严的裁判。所有一切巨大的变革都是由妇女发端的：是一个妇女使罗马获得自由的，是一个妇女使平民成为执政的，是一个妇女结束了十人团的暴政的，是妇女们把被围困的罗马从流放的反叛者手中解救出来的。[1]

不论在哪一个时代，自然的关系都未曾改变过，由自然的关系中产生的或好或坏的影响也始终是一样的。……

对自己进行克制，始终是一个很高尚的行为，即使是因为听从荒唐的说法而克制自己，那也是很高尚的。只要有真正的爱好荣誉的心，有见识的妇女就会按她的地位去寻找她一生的幸福。对一个心灵高尚的美丽的女人来说，保持贞操是一个极为可贵的道德。她看见整个的世界都在她的脚下，她战胜了一切，也战胜了自己。她自己的心就是一个宝座，所有的人都来向它表示敬拜；为两性所尊重的温柔和专一的情感，以及世人的敬重和她的自尊心，不断地使她在某些时候进行的斗争是光荣的。她所遭受的艰苦是转瞬即逝的，然而她在艰难困苦中获得的荣誉是永不磨灭的。一个高尚的妇女，当她以自己优良的品德和俊秀的容貌而引起骄傲的时候，她心里是多么愉快啊！[2]

所负的天职愈艰巨，则我们之所以要负担这些天职的理由便愈加鲜明。道貌岸然地用一本正经的话来谈这些极其重大的事情，年轻的女子是听不进去的，是不能够把他们说得口服心服的。由于这种语言同她们的思想状况太不相称，她们背地里就会把那些话当成耳边风，一点也不重视。所以，结果是反而容易使她们听任她们的倾向的发展，而不能够从事情的本身中找出她们必须抵抗的倾向发展的理由。毫无疑问，如果我们采用良好的教育方法去培养一个女孩子，则她就可以获得抵抗各种诱惑的武装；如果我们只拿一些一本正经的话去灌注在她的心理，或者说得更确切一点，灌注在她的耳朵里。则她一碰到一个狡猾的引诱者，

[1][2]　[法国]卢梭.爱弥儿[M].李平沤译.北京：人民教育出版社，2005.589-591.

她就肯定会变成他的牺牲品的。……过高和过低的观念都同样是不足以说服人的，是不能够自圆其说的；因此，必须举出一些能够为女性并且能够为她那样年纪的女孩子所能懂得的理由。只有在你说明了她之所以要尽那些天职的理由之后，你才能够使她重视她的天职。[1]

如果你想使年轻的女子喜欢良好的品行，那你就不要再三再四地向她们说，你们要规规矩矩，而应该使她们认识到规规矩矩的行为将给她们带来巨大的利益，应该使她们认识到规规矩矩的行为的全部价值，而且使她们喜欢这种行为。仅仅给她们指出在遥远的将来要获得这种利益，那是不够的，必须马上从她们那样年岁的人所有的种种关系中，从她们的情人的性情中使看到这种利益。必须向她们描述有品德的男子是什么样子，教她们怎样识别这样的人，怎样爱他，怎样为了自己的利益而爱他；要向她们证明，只有这样的男人才能把她们看作朋友、妻子和情人，使他们得到幸福。要通过理性去培养她们的美德；要使她们认识到女性能否树立威信和获得优越的地位，不仅取决于她良好的行为和性情，而且还取决于男人的良好行为和性情；此外，还要使她们认识到，她们对卑鄙恶劣的人是没有办法的，不尊重道德的人是不会尊重他的情人的。[2]

至于一个长得又聪明又可爱的诚实的妇女，能够使她周围的男人不得不尊重她的女性，平时寡言鲜笑十分端庄的妇女，一句话能够取得男人的尊敬和爱的妇女，只要她做一个手势，就可以把他们差遣到天涯海角，就可以叫他们到她所指定的地方去作战，去争取荣誉，去牺牲生命。在我看来，这种威信是崇高的，是值得花一番心血去获得的。

我们便是按照这种精神培养苏菲的，我们培养她的时候，做法是十分的仔细，但又没有花太多的力气，我们是顺着而不是逆着她的爱好去做的。[3]

### 三、伴侣苏菲的人品

卢梭给爱弥儿描绘了一个理想的伴侣——苏菲，苏菲与爱弥儿不仅门当户对，而且都能够很好地做一个成年的男人和女人。伴侣之间若能彼此符合对方心目中的形象是相当有情缘的，如果还能门当户对那是再好不过了！所谓的"门当"与"户对"是古民居建筑中大门建筑的组成部分，这种用于镇

[1] [法国]卢梭.爱弥儿[M].李平沤译.北京：人民教育出版社，2005.592-594.

宅的建筑装饰现今存留不多了。门当，原指大宅门前的一对石鼓，因为鼓声宏阔而威严，厉声如雷霆，百姓信其能够辟邪，故民间用石鼓代门当；户对，即置于门楣上或门楣双侧的砖雕、木雕。典型的有圆形短柱，短柱长一尺左右，与地面平行，与门楣垂直，它位于门户之上，且取双数，有的两个一对，有的四个两对，故名"户对"。有"户对"的宅院，必须有"门当"，这是建筑学上的和谐美学原理。因此，"门当"、"户对"常常同呼并称，后成了社会观念中男女婚嫁衡量条件的常用语。现代意义上的门当户对不仅仅指双方的政治地位和经济条件及家庭情况的相当，门当户对还有了新一层的含义，那就是男女双方自身在文化修养、性情品格及思想观念等方面具有比较接近的一致性，这样的男女双方比较志同道合，组合在一起的婚姻家庭易于沟通与相互理解。爱弥儿是什么样男儿，在前面四卷的描述中，我们已经确切地知道了，现在我们需要了解与爱弥儿相称的伴侣苏菲是什么样的女人呢？卢梭用细腻、温润的笔触描绘了一个理想女性，她善良忠厚，虽然没有令人惊艳的外貌，但是却有摄人心魄的美丽；她衣着得体，朴实聪明，勤劳能干，但也有一些小缺点。卢梭是这样描述苏菲的：

现在，让我们按照我向爱弥儿所讲的形象，按照爱弥儿自己所想象的能够给他带来幸福的妻子的形象，简单地描述一下苏菲的人品。

爱弥儿现在已经长成为成年的男子，而苏菲也长成为成年的女人；他们可以骄傲的，就是这一点。在我们目前这种男性和女性混杂不清的情况下，能够像样地做一个男子和一个妇女，那差不多就是一个奇迹了。[1]

苏菲出生在一个良好的人家，她的天性很善良，她的心很敏感，这颗极其敏感的心有时候会使她产生很难平静的想象。她对事物的观察是非常正确的，但不怎么深刻；她的心情很悠闲，然而是不平衡的；她的样子长得很普通，但是讨人喜欢的，从她的相貌就可以看出她为人是十分的忠厚；你刚接近她的时候也许觉得她没有什么特殊的地方，但在离开她的时候你心里就不能不有所感触。别人有一些良好的品质是她没有的，而她自己的好品质，也许在程度上还不如别人；但是，要一个人把一些良好的品质配合起来形成一副很好的性格，那就谁也不如她了。甚至连她的缺点，她也知道怎样去利用；如果她长得十全十美的话，也许她反而不如现在这样令人喜欢了。[2]

[1][2]　[法国]卢梭.爱弥儿[M].李平沤译.北京：人民教育出版社，2005.594-595.

苏菲并不美丽，但男子们一到她身边就会忘掉比她美的女人，而美丽的女人一到她身边就会觉得自己并不怎么美。……她使你看到她的时候感到喜欢，但是不会使你心里入迷；她使你一看到她便感到动心，但是又说不出动心的道理。[1]

苏菲很爱打扮，而且也懂得怎样打扮。她的母亲除她以外，就再没有雇用收拾房间的仆人。她有很高的审美力，所以总穿扮得很好看；不过，她是很讨厌华丽的衣服的，她的衣服又简朴又淡雅。她所喜欢的是合身的衣服。她很清楚什么颜色的衣服才合乎她的身子。没有哪一个年轻女子像她那样在表面上对装饰品是随随便便穿戴在身上的，但是在每一件装饰品上你都看不出她精心搭配的痕迹。她的穿扮在表面上显得很平常，但实际上是十分好看，引人注目的。……当你看到她的时候，你会说她是"一个朴实的聪明的女孩子"。[2]

苏菲有一些天生的才能，她只知道用她清脆的声音节拍准确而和谐地唱歌，用两只灵巧的脚轻松活泼地练习走路；在任何场合都能毫无拘束和大大方方地向人家行礼。……她发现风琴的清脆的声音可以使声调听起来更加美妙，才逐渐逐渐地学习和声；最后，在她长大的时候，她便开始领略到音乐的美，对音乐感到喜欢了。[3]

苏菲最喜欢的是女性专长的工作，剪裁和缝制衣服之类的工作，她也是非常喜欢的。没有哪一门针线活她不会做或不乐于做，但她最喜欢的是做花边。她对所有一切家务事情都是很专心细致地做的。她也会做菜和做一切杂事，她很熟悉各种食物的价值和质量的优劣，她很会计数、算账，她简直就是她母亲的管家。由于她自己将来一定是要做一个家庭主妇的，所以她在经管她父母的家庭的时候，就可以学会怎样经管她自己的家。任何事情，只有在你自己会做的时候，你才能够有效地指挥别人去做。……她的第一个天职是做一个好女儿。她心中所考虑的是怎样侍奉她的母亲，怎样尽心竭力地替她分担一部分劳苦。……尽管她喜欢吃精美的饮食，但她并不喜欢到厨房去做菜。她在这方面是极其考究的，这样一种过度的考究已经变成了她的缺点之一：她宁可让一餐的饭菜都烧焦煮烂，也不愿意弄脏自己的衣袖。由于同样的理由，她也不愿意去整治菜园。[4]

这个缺点，是由她的母亲对她的教育造成的。照她的母亲看来，在妇女们应当做到的许多事情中，最重要的事情之一就是保持清洁，保持清洁是大自然一定要妇女们非做到不可的特别重要的事情。……注意清洁已经是她的一种习惯，

---

[1][2][3][4]　[法国]卢梭.爱弥儿[M].李平沤译.北京：人民教育出版社，2005.595-597.

每天要占去她的一大部分时间，而且首先是搞完了清洁工作然后才搞其他的事情。在她看来，东西做得好不好是次要的，而最重要的是做得干净。[1]

她在注意个人的仪表上尽管花费了一些心思，但她并没有因此就忘掉她应当把她的生命和时间用之于更高尚的事情。她不愿意因为过分地讲究身体清洁而玷污了灵魂；与其说苏菲很清洁，不如说她很善良、很纯洁。[2]

苏菲是很贪吃的，她天生的食量就是很大的；不过，由于她已经养成了良好的习惯，所以她对饮食是很有节制的，而且在目前，由于她有了很好的道德修养，所以在饮食上是更有节制了。……贪吃的习惯对女性是有很大影响的，如果让她们贪吃的话，那是极其危险的。在童年时候，她一看到糖果和糕点就经不住考验，总是口里发馋，拿几个来吃的。她的妈妈一再地当场捉住她、惩罚她，让她挨饿。最后，她的妈妈终于使她明白糖果对牙齿是有害的，而且吃得太多会使身体发胖的。这样，苏菲就改正了这个缺点，到她一天天长大的时候，她就有了其他的爱好，因而使她改掉了这种贪口腹的习惯。[3]

苏菲的头脑很聪明，但还说不上是十分的敏慧；她的思想很健全，但还说不上是十分的深刻……。苏菲天生就是很活泼的，而且在童年的时候还有点儿调皮；不过，她的妈妈后来就有意识地一点一点地制止她那种轻浮的样子，以免到了非改掉这种样子不可的时候，她已经就变得相当的稳重了。[4]

她处在这成年和童年之间的时期，所以这两种人的样子都有一点。

苏菲的心太敏感了，所以她的脾气很难保持平衡；不过，由于她为人是十分的温柔，所以即使在脾气发作的时候也不会使别人感到难堪；她只是让她自己难过一阵罢了。

她并不是一点人任性的心情都没有的。由于她的脾气有些过于急躁，所以她对人家所说的话喜欢表示反抗，因而每每使她自己不能约束自己。但是，只要你在一段时间内不去管她，让她的心情恢复平静，则她为了弥补她的过失而采取的办法，那简直就是一种美德的表现了。如果你惩罚她，她也乖乖地忍受。你将看到，她感到羞愧的不是受到惩罚，而是做错了事情。……总之，对于别人的过失，她可以耐心地忍受；而对于自己的过失，则乐于改正。[5]

苏菲是有信仰的，不过，她的信仰是很合理的，而且是很简单的……，她只知道最重要的事情是实践道德，她将做一切善良的行为，以便在做这种行为的过

---

[1][2][3][4][5]　[法国]卢梭.爱弥儿[M].李平沤译.北京：人民教育出版社，2005.597-600.

程中将她整个的生命奉献给上帝。她的父母在这方面给她的种种教训，其目的都在于使她养成公谨而谦逊的习惯。……他们的办法是以身作则，使自己的榜样深深地刻画在她的心里。

苏菲是很爱美德的，这种爱已经变成了支配她的一切行为的力量。她之所以爱美德，是因为任何事物都没有美德那么美；她之所以爱美德，是因为美德能促使妇女获得光荣。她认为，一个德行优良的妇女就等于是一个天使。她爱美德，是因为她把美德看作是得到真正的幸福的道路……。她之所以爱美德，是因为可敬的父亲和温柔而严肃的母亲热爱美德，他们不只是满足于以自己的美德而获得幸福，他们还要为了她的幸福而爱美德；而她最大的幸福是：实现她为他们创造幸福的愿望。[1]

苏菲的终身都将是一个贞洁和诚实的妇女，她在她的内心深处已经发誓要做到这一点，而且，她是在她已经明白这个誓言是值得遵守的时候，才发这个誓的。[2]

正如男子是妇女的品行的评判人一样，妇女也是男子的品行的天然评判人，这是他们之间相互的权利，男女双方都是十分知道的。苏菲知道她有这种权利，而且也知道运用这种权利，不过，由于她知道她很年轻，知道她没有经验，知道她自己的地位，所以她在运用这种权利的时候是很有分寸的，她懂得什么才评判什么，而且也只有在她能偶从其中得出某种有意义的论点的时候，她才进行评判。[3]

苏菲是一点世故的气息都没有的，但她对人是十分的亲切、殷勤，而且无论做什么事情都是温雅的。在为人做事方面，她那种快乐的天性对她的用处，比许多巧妙的手段对她的用处还大。她对人是有一定的礼貌的……；她之所以对人有礼，完全是出于一种真诚的使人感到高兴和愉快的愿望。她一句无聊的奉承话都不会说，也不会咬文嚼字地去恭维人……。她尤其是不喜欢转弯抹角地说话的。对别人给予她的关心，对别人向她表示的尊敬，她也以礼相待，或者简单地对那个人说"谢谢你"。对于别人诚恳地给予她的帮助，她是感激在心里的，因此也就听不到她口头上表达什么谢意了。[4]

她不仅在已婚的妇人面前是那样沉默寡言，对她们表示尊敬；而且，在已婚的男人或年纪比她大得多的人面前，她也是这样。她从来不坐在他们的上手，除非他们叫她坐，她才只好坐，而且只要情况一许可，她马上又会回到她在下手的

[1][2][3][4]　[法国]卢梭.爱弥儿[M].李平沤译.北京：人民教育出版社，2005.601-604.

座位的。她之所以这样做，是由于她知道：妇女固然是应该受到尊重，而年纪大的人则更应该受到尊重，因为年长的人照理说来都是很贤明的，所以比任何人都应该受到大家的尊敬。[1]

由于她对女性的权利极其尊重，由于她的纯洁的感情使她的内心产生了一种骄傲，由于她本身的种种美德使她感到了一种力量，使她认为自己是值得尊重的，因此，如果别人甜言蜜语地向她说奉承话，她就会很生气的。

这并不是说她不喜欢人家称赞她，只要称赞她的话说得恰到好处，只要她认为你称赞她是出自诚心，她也是喜欢听你的称赞的。[2]

## 四、男女婚恋的教育

苏菲15岁的时候，由于她的判断力已经很成熟，她在各方面都长得像一个20岁的女孩子，她的父母就不再把她当作一个小女孩看待了。在苏菲身上刚刚有了青年人特有的激动不安的现象时，她的父母就发现了并赶快做好了应付这种发展的准备。处于青春时期的少女在身体上的变化会带来情绪上的波动，在青春期这个年龄的孩子，很容易出现叛逆和抗拒的心理，苏菲的父母深知到这一点，所以他们对苏菲说话的时候，语气很温柔，内容也颇有意义。他们那种富于感情和内容的话，是很适合与向苏菲这样的年纪和性格的人说的。作为父母，对孩子最关心的事情莫过于婚姻大事，这是关涉到女孩子大半辈子的事情，世上没有哪个父母不希望自己的孩子过得幸福快乐。不论在过去和还是在现在，婚姻对一个人来说，特别是对一个女孩子来说，都是非常重要又非常慎重的事情，嫁给一个什么样的男人，等于选择了过一种什么的生活，因为自从人类进入到父权社会，婚姻制度以一种"从夫居"的形式被固定下来，也就是说结婚的时候意味着女子要到男子那里去生活，而且传统社会长期以来形成了"男主外，女主内"的分工模式，更固化了女子在婚姻中对男子的从属地位，即使在当代社会男女平权已经有了长足的发展，婚姻里的利益依然是对男子更有利的，何况在苏菲所处的封建社会末期，女子在婚姻里的地位与男子根本是不平等的。人品正派的男人不仅能给女人带来安全感，还能对家庭负责，找一个人品可靠的男人做丈夫也就成为了婚姻

---

[1][2]　[法国]卢梭.爱弥儿[M].李平沤译.北京：人民教育出版社，2005.604-605.

要素的首选。婚姻在某种程度上能决定一个人的一生命运，换一种说法婚姻也是一种生命的赌注，一旦缔结了婚姻，婚姻就成为了男女双方的利益共同体，离婚意味着双方的失败，没有人能从婚姻中完美地退出，在失败的婚姻里没有赢家，只能是双输，所以一个美好的婚姻意味着双方共同受益。但是没有人敢为婚姻的幸福做担保，因为没有人能预知婚姻的未来，没有人能预测未来会是什么样儿，但是有一点可以确定的是一个好的男人不仅能担负起家庭的责任和重担，也能保护好他的女人和孩子。人们都对婚姻抱着美好的期盼，期望过上夫妻恩爱白头偕老的幸福生活，找一个什么样儿人做自己的终生伴侣，也就成了青年男女的头等大事，父母对子女进行婚恋教育也是做父母必须应尽的一个义务。

### （一）苏菲父母的教诲

苏菲的父母在向她进行婚恋教育方面是非常尽职的，他们爱着苏菲，关心着苏菲，并以极其贤明的态度来对待苏菲的感情，给苏菲以尊重和自由的选择，但同时又给予苏菲正确的引导。

她的父亲一定会向她这样说：

……一个人的婚姻可以决定一个人一生的命运，所以必须用充分的时间去考虑它。

再没有什么事情比选择一个好男人更难的了，如果说真有比选择好男人更难的事情的话，那就是选择一个好女人了。苏菲，你将来就要成为一个这样可真可贵的女人。[1]

婚姻是否能取得最大的幸福，在很多方面要取决于男女双方是不是相配……。我们只能首先注意到在主要的方面是不是相配，如果在其他方面也相配，那当然是更好；如果不相配，那也没有关系。十全十美的幸福在世界上是不存在的。[2]

在有些方面是就自然的情况来说是相配的，而在另一些方面是就社会制度来说是相配的，在还有一些方面则完全是按照世人的舆论说来是相配的。做父母的人可以判断男女双方是不是由符合后面这两种相配的情形，至于第一种相配的情形，只能由孩子们自己去判断。……婚姻之是否幸福，完全取决于两个人的关系。[3]

丈夫和妻子应当互相选择。他们必须以共同的爱好作为第一个联系。他们应当首先听从他们的眼睛和心的指导，因为结婚之后，他们的第一个义务就是彼此

---

[1][2][3]　[法国]卢梭.爱弥儿[M].李平沤译.北京：人民教育出版社，2005.606~607.

相爱，而彼此相爱或是不相爱，是并不取决于我们的，所以要履行这个义务，就必须具备另外一个条件，那就是在结婚以前双方就是彼此相爱的。这是自然的法则，这个法则是任何力量都不能够废除的。

我们把所以要让你享受完全的自由的道理讲过之后，也必须向你讲一讲你必须很明智地运用你的自由的道理。……如果说问题只在双方的品德要相等的话，那我们就没有理由来限制你的愿望；但是绝不能够使你的愿望超出了你的财产可能达到的范围，同时不要忘记你的财产是很少的。尽管一个配得上你的男子不至于把财产上的不平等看成是婚姻的障碍，但是你应当考虑到他未曾考虑到的问题。苏菲，必须效法你的母亲，只能够同一个娶你为荣的男子结婚。[1]

有一些人将向你求婚，不过这些人也许是配不上你的。……尽管你有很好的判断力，尽管你能够看出他们的品德，但是你毕竟缺乏经验，你不懂得世人的伪装有多么巧妙。一个狡猾的坏人很可能对你的爱好进行一番研究，以便想办法来引诱你，在你的面前吹嘘他有种种的美德，其实他是没有那些美德的。苏菲，也许你还来不及发现你上了他的当，你就被他毁灭了，等到你发现你的错误的时候，已经是悔之不及了。我们的感官给我们造成的陷阱是最危险的，而且也是我们的理性很难避免的。[2]

我们的做法是要同习惯的做法完全相反，由你去选择，而只是在形式上征求一下我们的意见。苏菲，你要使用你的权利，你要自由地和明智地使用你的权利。应当由你自己去选择同你相配的人，而不能由我们去选择；不过，你在双方相配的条件方面是不是选错了，那就要由我们来判断，我们要判断你是不是在不知不觉中按照你自己的愿望去选择的。……你要选择一个诚实的人，他的人品要能够使你感到喜欢，他的性格要同你的性格相适应……。只要他有干活的能力，只要他有好的品行和爱他的家，他就可以算是一个有相当的财产的人。如果他能以自己的美德使他的职业受到人们的尊重，他的社会地位就是很光荣的。即使全世界的的人都责备我们，那有什么关系呢？我们所考虑的并不是别人是否赞同，而是你的幸福。[3]

卢梭继续写道：

并不是所有的人都能意识到热爱诚实的事物就可以使人的心灵获得巨大的动力，意识到为人恳切和行为端正就可以使一个人从他的本身获得巨大的力量。有

[1][2][3]　[法国]卢梭.爱弥儿[M].李平沤译.北京：人民教育出版社，2005.608-610.

一些人认为一切伟大高尚的事物都是空幻的，这些人的卑微和邪恶的头脑永远也认识不到正是因为爱道德爱得入了迷，所以才能控制人的欲念。[1]

聪明有识的人是不喜欢闹闹嚷嚷、玩玩乐乐的事情的，只有那些没有思想的人才喜欢这种无聊的事情，才认为糊糊涂涂地过日子是幸福的。由于苏菲找不到她所要寻找的人，很失望地发现她所见到的人不过如此。[2]

她愈来愈显得憔悴，她的健康开始败坏。她的母亲对这种变化很感不安，决定要弄清楚其中的原因。她把苏菲带到一边，用那种只有温柔的母亲才有的疼爱和动人的语言，使她吐露了她心中难过的原因。她的母亲不仅不无端地责备她，反而给她以安慰和同情，搂着她哭泣。她的母亲极其贤明，决不会把她的痛苦看作是犯罪，因为，正是由于她本身素重道德，所以才使她这样伤心的。[3]

如果说问题只是在于找一个年轻的伙伴，那马上就可以选择一个人的，不过要选择一个终生的伴侣，就不是那么容易的；何况双方都要互相选择，所以必须等待，而且往往在找到一个可以终生相处的人以前，不能不白白地浪费一些青春。苏菲的情况就是这样，她需要一个情人，而且这个情人是配做她的丈夫的；不过，说到要称她的心意的话，那样一个情人和那样一个丈夫差不多都是同样难找的。所有漂亮的男性青年，只是在年纪上同她是相当的，至于在其他方面，那就不相当了。由于他们显得很轻浮、爱好虚荣和说杂七杂八的废话，而且一举一动都没有规矩，互相模仿那种装腔作势的样子，所以她很不喜欢他们。她要寻找的是一个人，可是所遇到的尽是猴子；她要找一个高尚的灵魂，可是一直没有找到。

"我是多么不幸啊！"她对她的妈妈说："我需要寄托我的爱情，可是找不到一个我所喜欢的人。那些人尽管引起了我的注意，但是我的心是讨厌他们的。我还没有见到过一个使我产生而不使我打消希望的人；相爱而不相敬，是不能持久的。唉！这样的人，你的苏菲是不要的！她所喜欢的人的形象早就深深地刻画在她的心里了。她只爱这样一个人和使他得到幸福，而她也只有同他在一起才能过愉快的生活。她宁可虚度年华，宁可不断地同自己的感情斗争，宁可痛苦地然而是自由地死去，也不愿意同一个她不喜欢的人在一起，使自己灰心失望、极度痛苦；她宁愿死，也不愿意活受罪。"[4]

### （二）婚姻的各种观念

对于什么样的两个人缔结的婚姻是合适的，恐怕不同的人会有各种各样

[1][2][3][4]  [法国]卢梭.爱弥儿[M].李平沤译.北京：人民教育出版社，2005.611-614.

的想法和观念。在婚姻关系中，不仅包括婚姻双方之间的自然关系，还包括婚姻双方的社会关系，卢梭对合适婚姻有他自己的看法，他认为婚姻关系中也要遵循大自然的意思去做，自然关系比社会关系更重要，自然关系遵循两性相悦的原则，而社会关系则遵循男高女低男强女弱的原则。卢梭写道：

　　由于每一个人的性格受各种社会制度影响而得到发展，由于每一个人的思想不仅是因为他所受的教育，而且还因为天性和驾驭之间正确的或错误的配合，使人形成了特有的个性，因此，男女双方要进行选择的话，便只有把他们互相介绍，让他们自己看一看在各方面是不是彼此相宜，或者，至少让他们做出对彼此都最为合适的选择。

　　不幸的是，社会生活一方面发展了人的性格，另一方面也使人分成了等级；由于性格的发展和等级的划分是不一致的，所以等级的划分愈细，不同等级的人便愈容易混淆。正是由于这个原因，才产生了许多不相配称婚姻和败坏秩序的事情；很显然，人们愈不平等，自然的情感就愈容易败坏；等级的差距愈大，婚姻的联系便愈松弛；贫富愈悬殊，父亲和丈夫便愈是没有恩情。不论是主人或奴隶，他们都不再爱他们的家了，他们所看重的是他们的等级。[1]

　　如果你想防止这些弊病和获得美满的婚姻，你就必须摒弃偏见，必须把人类的社会制度忘得一干二净，而只按照大自然的意思去做。如果一个男人和一个女人只是在一定的条件下是相配的话，那他们是不能结婚的，因为将来条件一变，他们彼此就不再相配了；但是，如果两个人不论是处在什么环境，不论是住在什么地方，不论是占据什么社会地位，都是彼此相配的话，那他们就可以结成夫妻了。我的意思并不是说在婚姻问题上可以不考虑社会关系，我的意思是说自然关系的影响比社会关系的影响要大得多，它甚至可以决定我们一生的命运，而且在爱好、脾气、感情和性格方面是如此严格地要求双方相配。[2]

　　尽管在婚姻问题上并不是非要双方的社会地位相等不可，但是，如果双方的社会地位相等，再加上他们在其他方面也相配，那么，平等的社会地位就可以使其他相配的因素具有更多的价值；相等的社会地位是不能抵消任何一个相配的因素的，但是，如果双方在各个方面都是相等的话，那他们之间是否适于结婚，就要看他们的社会地位是否相等了。[3]

　　一个男人同比自己高贵或比自己低微的家庭联姻，对婚姻之是否美满是有很

---

[1][2][3]　[法国]卢梭.爱弥儿[M].李平沤译.北京：人民教育出版社，2005.618-620.

大的关系的。同比自己的等级高的女人结婚，是完全不合道理的；同比自己等级低的女人结婚是比较合理的。既然一个家庭只能通过它的家长和社会关系发生联系，所以家长的社会地位是可以决定全家人的社会地位的。当他同一个等级比他低的女人结婚的时候，一方面它既没有降低自己的身份，另一方面又提高了他的妻子的身份；反之，如果同等级比他高的女人结婚，他既降低了他的妻子的身份，而自己的身份也一点都没有得到提高。所以，同等级比自己低的女人结婚有好处而无坏处，同等级比自己高的女人结婚有坏处而无好处。再说，按照自然的秩序来看，妇女也是应当服从男子的。因此，如果他娶一个等级比他低的女人的话，自然的秩序和社会的秩序便彼此吻合，万事都很顺利。但是，如果他娶了一个等级比他高的女人，情况就恰恰相反了。他就必须在后面这两种情况之间选择其一：不损害他的权利就损害他的恩情，不做负义的人就做受轻贱的人。[1]

女人管束男人的方法是用温情去管束，是用巧妙的手腕和殷勤的态度去管束；她是采取关心男人的方式去命令男人做事的，她是采取哭泣的方式去吓唬男人的。她应当像一位大臣那样统治他的家，从而才可以想做什么就命令男人去做什么。从这一点上说，我可以担保，凡是治理得井井有条的家，也就是女人最有权威的家。[2]

无论就男性或女性来说，我认为实际上只能划分为两类人：有思想的人和没有思想的人。其所以有这种区别，差不多完全要归因于教育。有思想的男人是不应当同没有思想的女人结婚的，因为，如果他娶了这样一个女人的话，他就只好一个人单独去用他的思想，从而便缺少那种共同生活中的最大的乐趣。成天为生活劳碌的人，他们心中所想的完全是他们的工作和利益，他们的精神似乎全部灌注在他们的两只胳臂上了。这种无知的状态是无碍于他们的诚实和道德的，反而常常还有助于他们的诚实和道德；我们对于我们的天职往往是想得多，但结果只是说了一番空话而不实行。[3]

此外，一个女人如果没有运用思想的习惯，她又怎样培养她的孩子呢？她怎样判断什么事情是适合于她的孩子去做呢？连她自己都不懂得什么是美德，她又怎能教她的孩子去爱美德呢？她只会宠爱或吓唬孩子，不把孩子们养成专横的人便会把孩子们养成胆怯的人，不把孩子们养成模仿大人的猴子便会把孩子们养成鲁莽顽皮的儿童，在她手里是不可能养出聪明可爱的儿童的。[4]

[1][2][3][4] [法国]卢梭.爱弥儿[M].李平沤译.北京：人民教育出版社，2005.620-623.

因此，一个受过教育的男人是不宜于娶一个没有受过教育的女人的，他不应该到没有受教育机会的阶层中去选他的妻子。不过，我倒是十分喜欢朴实和受过粗浅教育的女子，而不喜欢满肚皮学问和很有才华的女子的，因为她将把我的家变成一个由她主持的谈论文学的讲坛。对丈夫、孩子、朋友、仆人以及所有其他的人来说，有才华的女人都是灾祸。……她的尊严在于不为人知，她的光荣在于她的丈夫对她的敬重，她的快乐在于她一家人的幸福。[1]

就应该谈一谈女人的相貌了。首先引起我们注目的是相貌，然而我们应当放到最后才考虑的也是相貌，不过，我们不能因此就说相貌好不好是不要紧的。我觉得，不仅不应当追求而且还应当避免讨一个花容月貌的女人做妻子。当你一占有了一个女人的时候，你不久就会觉得她的姿色是不美的；六个星期之后，尽管在你看来她的姿色不过如此，但只要她这个人还存在，她就会给你带来许多的危险。除非一个美丽的女人是天使，否则她的丈夫将成为人类当中最痛苦的人；再说，即使她是一个天使，她怎能不使他时时刻刻都处在敌人的包围之中呢？……用不着过多久的时间，丈夫就会觉得美或丑是无所谓的，美人会招来麻烦，而丑陋的人反而会带来好处。不过，如果丑得令人讨厌的话，那就最糟糕不过了；讨厌的感觉不仅不会消失，而且会不断地增加，以致最后会变成怨恨的。这样的婚姻无异乎是地狱，娶了这样的女人，还不如死了的好。

对一切事物，都求它一个中等；就拿美色来说，也不例外。清秀而楚楚可人的容貌，虽然不能引起你的爱恋，但能讨得你的喜欢，所以我们应当选择这种容貌；这种容貌的女人一方面对丈夫既没什么损害，另一方面对双方都有好处。温雅的风度是不像姿色那样很快就消失的，它是有生命的，它可以不断地得到更新。一个风度温雅的女人在结婚30年之后，仍能像新婚那天一样使他的丈夫感到喜悦。

正是因为考虑到这几方面，所以我才选择了苏菲。[2]

## （三）年轻人的恋爱

在苏菲为寻找不到心爱的人而感到万分的痛苦和忧虑之时，爱弥儿也在经受着同样的煎熬。苏菲也像爱弥儿一样是一个大自然的学生，苏菲就是爱弥儿将来的妻子，他们见面的时刻终于到来了。年轻的一对恋人品尝着爱情的羞涩与甜蜜，彼此间的期盼与猜忌，享受着因爱而进行的考验和因两情相悦而带来的欢愉，在认识不到5个月的时间里，两个人已经想到要结婚，只

---

[1][2]  [法国]卢梭.爱弥儿[M].李平沤译.北京：人民教育出版社，2005.623-625.

是因为两个人的年纪尚轻，所以爱弥儿要到外面的世界游历两年，回来再和苏菲结婚。卢梭写道：

我们怀着忧郁和沉思的心情离开巴黎。这个乱哄哄的城市不是我们活动的中心。爱弥儿对这个大城市轻蔑地瞟了一眼，以愤懑的语气说："我们在这里枉自寻找了好些日子！啊！我称心的妻子是不会在这里的。"[1]

我们看了一个地方又想看另外一个地方，我们继续不断地前进。我把我们第一次行程的终点定得很远。要把终点定得很远，是很容易找到一个借口的，因为我们之所以从巴黎出来，就是为了到远方去寻找一个妻子。

有一天，我们比平常多赶了些路程，走入了不辨路径的群山和幽谷之中，迷失了前进的道路。幸运得很，我们找到了一个农民，他把我们带进了他的茅屋；我们津津有味地吃完了他给我们做的那一顿简便的晚餐。当他发现我们这样疲劳和这样饥饿的时候，他对我们说："如果上帝把你们引到了山那边的话，你们也许还可以受到更好的招待哩……你们将找到一个忠厚的人家……将找到乐善好施的人……找到极其善良的人！……这并不是说他们的心比我的心更好，而是说他们比我更富裕，而且据人家说，他们在从前比现在还要富裕哩……谢谢上帝，他们现在也不算穷，这一乡的人都领受到了他们剩下来的那一点财产的好处。"[2]

这个农民清楚地向我们讲明了那一家人的房子在什么方向以后，我们就出发了。

主人让我们住在一个非常之小然而是十分清洁和舒服的房间里，房间里生着火，还给我们预备了一些换洗的衣服和各种需要的东西。

我们擦干身子和换好衣服之后，就去见我们的居停主人；他把我们介绍给他的妻子，她对我们不仅十分客气，而且还很关心。[3]

他赶快为我们做好了晚餐。在走进饭厅的时候，我们看见了五份餐具；我们都坐好了，可是还剩下一个空位子。一个年轻的姑娘走进来，向我们深深地行了一个礼，然后一言不发地端端正正地坐着。[4]

大家对一个男人和一个女人初次见面时候的情形给予他们两个人一生的影响，是认识不足的。大家不知道，双方初次见面的印象，同爱情的印象以及驱使他谈爱的心情的印象，是同样很深刻的；它将产生深远的影响，而且这种影响将随着年龄的增长而一直延续到人死了以后，它的作用才能停止。[5]

第二天早晨，我猜想爱弥儿尽管还是穿他那一身旧的旅行装，但总会细心地

---

[1][2][3][4][5]　[法国]卢梭.爱弥儿[M].李平沤译.北京：人民教育出版社，2005.625-635.

穿得整齐一点。果然不出我的所料。

我希望看到苏菲也打扮得更加漂亮一点，可我的想法完全错了。那种庸俗的搔首弄姿的做法，是只适合于那些想取得人家喜欢的女人的。真正的爱情的娇艳是更加微妙的，打扮的方法是完全不同的。苏菲穿得比昨天还要简单，甚至可以说是非常的随便，当然，她一身的衣服还是极其清洁的。……苏菲知道浓妆艳抹是求爱的一种方式，但是她不知道过分随便也是一种求爱的表示，那就是说，她不愿意以穿扮而要以她的人品求得对方的欢心。[1]

在变化无常的人生中，我们要特别避免那种为了将来而牺牲现在的过于谨慎的畏首畏尾的做法；这种做法往往是为了将来根本就得不到的东西而牺牲现在能够得到的东西。我们应当使一个人在什么年龄就过什么年龄的快乐生活，以免花了许多心血之后，还没有过快乐的生活就死了。如果说我们每一个人都有一个享受生命的时候的话，那就是在少年时期结束的时候，因为在这个时候一个人的身心的各个部分的发育最为健全，同时，在这个时候正是达到他一生的过程的中途，离开他觉得很短促的两端最远。[2]

我的爱弥儿他现在已经年过20，长得体态匀称，身心两健，肌肉结实，手脚灵巧；他富于感情，富于理智，心地是十分的仁慈和善良；他有很好的品德，有很好的审美能力，既爱美又乐于为善；他摆脱了种种酷烈的欲念的支配和偏见的束缚，他一切都服从于理智的法则，他一切都倾听友谊的声音；他具有许多有用的本领，而且还通晓几种艺术；他把金钱不看在眼里，他谋生的手段就是他的一双胳臂，不管他到什么地方去，都不愁没有面包。可是现在，他被一种日益增长的情欲弄得迷迷糊糊的，他的心燃起了第一道情火；她甜蜜的幻想给他打开了一个欢乐的新天地；他正在爱着一个可爱的人，而且从这个人的性格上看，比从她的样子上看还要可爱；他满怀希望，等待着他应得的报酬。由于他们心心相印，由于他们纯洁的感情互相投合，才产生了他们最初的爱情，这种爱情是能够持续长久。凭着他的信心，尤其是凭着他的理智，他无所畏惧、无所悔恨地如醉如痴地爱着；他无所忧虑，他所考虑的只是他和她的不可分离的幸福。[3]

她（苏菲）没有忘记她的父母对她的教训。她的家很穷，而爱弥儿的家很富有，这一点她是知道的。他首先要赢得她的尊重！他需要具有怎样的品德才能使苏菲不至于感到这种财产上的不平等不是他们的婚姻的障碍呢？[4]

[1][2][3][4]　[法国]卢梭.爱弥儿[M].李平沤译.北京：人民教育出版社，2005.637-646.

由于苏菲这样顽强地抵抗和保持缄默使他（爱弥儿）感到烦恼，他便向他的朋友吐露他的心事。

作为朋友的我问苏菲，没有花什么力气就从她口中套出了她不讲我也早知道的秘密。可是，我很不容易使她同意我把这个秘密去告诉爱弥儿；最后，我终于得到了她的同意，于是我跟着就去告诉爱弥儿了。[1]

"她深深知道，有钱的人是把他的财产看得重于一切的。他们是宁肯要黄金而不要美德的。当他们把别人为他们所做的工作和他们付给别人的金钱拿来一比，他们总觉得别人所做的工作不如他们付出的金钱多，即使别人以毕生的精力为他们干活，他们也认为别人吃了他们的面包，就欠了他们的债。啊，爱弥儿，你应该怎样做才能消除她的疑惧呢？你要她能充分了解你，那不是一天、两天就能做到的事情。所以，你要把你高贵的心灵的宝库打开来让她看一看你有哪些东西可以弥补你因为有了财产而产生的缺陷。"[2]

他花了许多力气之后，终于使苏菲自己愿意公开地对他行使一个情人的权威，"她规定他应该做什么，她命令他而不请求他，她接受他的帮助而不说什么感谢的话，她规定他去看她的次数和时间，规定他必须到了某一天才能去，而且只能够在她那里待多少小时。所有这些都不是闹着玩，而是十分严格地执行了的；正因她是经过了审慎的考虑才接受这些权利，所以她行使这些权利的时候就非常认真，以致往往使爱弥儿后悔他不应该把这些权利给她。[3]

苏菲不仅没有因为征服了他而感到骄傲，相反地，除了对那个造成这种变化的人以外，她对任何人都更加宽厚，不再是那样的苛求。她意识到她是独立的，然而她高尚的心灵并没有因此而妄自尊大。由于她已经选好了她的情人，所以她对一般的人就表现得无拘无束、十分洒脱；她既然不过问他们是不是有长处，所以她也就不再像从前那样对他们的行为有很多的责难，她觉得他们都是讨人喜欢的。[4]

爱情是排他的，是希图对方偏爱自己的。它同虚荣的区别在于：虚荣是只向对方提出种种要求而自己却什么也不给对方，是极不公平的；反之，爱情是向对方提出了多少要求，而自己也给予对方多少东西，它本身是一种充满了公平之心的情感。再说，他愈是要求对方的爱，便愈是表明他相信对方。当一个人产生了爱情的幻想的时候，是容易相信对方的心的。如果说爱情使人忧心不安的话，则尊

---

[1][2][3][4]　[法国]卢梭.爱弥儿[M].李平沤译.北京：人民教育出版社，2005.647–658.

重是令人信任的;一个诚实的人不会单单爱而不敬的。因为,我们之所以爱一个人,是由于我们认为那个人具有我们所尊重的品质。[1]

# 结局　爱弥儿和苏菲的婚姻

卢梭在《爱弥儿》第五卷之后加了一个《游历》和《附录》,作为对这部作品中主人公结局的交代。《爱弥儿》一共五卷,在第五卷的最后,爱弥儿和苏菲确定了情人关系,故事基本上就结束了。但是卢梭并没有就此搁笔,而是又表达了他对婚姻的看法。家庭伴随着人的一生,家庭有原生家庭和因结婚而组建的新生家庭之分,原生家庭是指自己出生和成长的家庭。原生家庭的气氛、传统习惯、子女在家庭角色上的效仿学习对象、家人互动的关系等,都影响子女日后在自己新家庭中的表现。个体在人生的前期都是在原生家庭中接受教育,带着原生家庭的深深烙印走入恋爱和婚姻,最终组建自己的新家庭。在新的家庭里,男女双方都要经受着由于角色转变而带来的压力,都要面临新家庭中出现的问题。即使爱弥儿在婚前接受了良好的教育,苏菲和爱弥儿情投意合,苏菲也正是爱弥儿想要找的伴侣,但是结婚后的新生家庭能走向何方,两个人在婚姻中的状况如何,并不是靠着美好的愿望就能决定的。卢梭之所以加上了爱弥儿和苏菲的婚姻关系作为最后的结局,是否在说明任何好的教育和好的天性在不良社会环境影响下都变得更加的脆弱和无力,他所推崇的自然主义教育在残酷的社会现实面前受到了极大的挑战,良好的教育培养了社会的公民,但是否良好的教育能培养合格的丈夫和合格的父亲?培养合格的妻子和母亲?受过良好的教育能否造就幸福的婚姻?良好的教育能否帮助人抵御不良的诱惑?克服人生中遇到的不可预知的困难?不知道这是不是卢梭留给后人的一道思考题。

## 一、游历

在《游历》中,卢梭描写了爱弥儿和苏菲订婚之后,爱弥儿在导师的带领下去国外游历,之所以这么做的原因是在卢梭看来,苏菲还不到18岁,而

[1]　[法国]卢梭.爱弥儿[M].李平沤译.北京:人民教育出版社,2005.662.

爱弥儿也刚刚才满 20 岁，这样的年纪是恋爱的最佳时期，却不是结婚的好时候。卢梭认为在这样的年龄就想做父亲和母亲是不适宜的，要想把孩子们抚育好，最低限度父母本身不能是孩子。而且年轻的女人因为还不到年龄就生男育女会败坏了身体和缩短寿命，因为母亲的身体不好孩子也会长得很瘦弱，何况母亲和孩子都同时发育，如果把身体发育所需要的一份养料分给两个人，结果母亲和孩子都得不到大自然所定的份额，两个人长得都不会好。卢梭提倡爱弥儿晚一些结婚，娶一个健壮的妻子和养育健壮的子女，而不要为了满足自己急切的欲望就牺牲他们的生命和健康。在卢梭看来，结婚意味着一个男人的成熟，意味着要担负起做丈夫和做父亲的责任，成为一个家庭的一家之长，同时也才能够成为国家的一个成员，懂得做人的责任，做公民的责任，懂得生活的真谛与代价，知道应当为谁去死，了解什么样的社会地位适合自己。中国也有成家立业之说，认为一个男人只有结婚了，开始负担家庭责任了，才能在社会中占有一席之位。

读万卷书，行万里路。用去差不多两年的时间，爱弥儿游历了欧洲的几个大国和许多小国之后，学会了两三种主要的语言，并且在那些国家中亲眼看到了自然风光、政治制度、艺术和人物方面的真正的奇异的景象。经过游历爱弥儿增长了见识，懂得了许多道理，在思想上也成熟起来，爱弥儿决心要做一个自由的人，他说："除了大自然和法律的束缚以外，就不再给自己戴上任何枷锁。要想使自己得到自由，是用不着特别地做什么事的，只要你不愿意失去你的自由就行了。我只有回头去依赖自然，否则我就不能够摆脱我对人的依赖。我首先要从不依赖财产做起，我要摆脱一切使我同财产发生关系的因素；如果父母把财产遗留给我，我就让它保持它原来那个样子；如果他们不给我，我反而能不受财产的牵制。我决不会为了保存我的财产而操心，我要坚定地按我的本分行事。不论我是穷是富，我都要保持我的自由。就我来说，我是把一切偏见的束缚都打破了的，我只知道服从需要的法则。只要我能够保持独立和富裕，我就有生活的手段，我就能够活下去。只要我有做工的手，我就能够生活。当我的手不能做工了，别人供养我，我就活不下去；别人抛弃我，我就死掉好了；即使别人不抛弃我，我也是愿意死的，因为死亡并不是贫穷造成的一种痛苦，而是一个自然的法则。不管死亡在什么时候到来，我都不把它看在眼里，在它的面前，我绝不做偷生的打算；然而在我活着的时候，它也是永远不能够妨碍我的生活的。在成人以后，我就能够像上帝那样独立地生活，因为，我既然是满足于我现在的地位，我便用不着同命运做斗争。现在，把苏菲给我，我就可以自由了。"[1] 爱弥儿回到了苏菲的身边，他们结成了一对夫妻。关于结婚和以后的婚姻生活，卢梭写道：

很少有人知道在举行婚礼的那一天应该用怎样的语气向新婚的夫妇说话才算适宜。有些人死气沉沉地板着面孔讲，而有些人则随随便便把话说得十分的轻浮，在我看来，这两者都同样是不适当的。我宁可让一对年轻人的心自己去体会他们的乐趣，自己去感到激动和感到陶醉，也不愿意人们纠缠不休地去分散他们的心，用空洞的好话使他们感到烦恼，或者，用一些粗俗的笑话使他们感到难堪，尽管这些笑话在另外一种时候说来可以使他们感到很有趣，但在举行婚礼那一天来说就会使他们感到不愉快了。[2]

我常常想，如果我们在结婚之后仍然能保持爱情的甜蜜，我们在地上也等于进了天堂。这一点，迄今还没有人做到过。你们愿不愿意听我告诉你们一个在我看来是唯一能够树立这种榜样的办法？这个办法又简单又容易，那就是：在结为夫妇之后继续像两个情人那样过日子。你说这并不困难，但也许比你所想的困难得多。

你如果把一个结子打得太紧，结子就会断掉的。婚姻的结合就是如此：你想使婚姻的结合愈紧密，结果它反而会不紧密的。婚姻的结合要求夫妇双方都要忠实，忠实是一切权利中最神圣的权利；不过，一要求忠实就必然会使一方把对方管束得过严的。强制和爱情是不能融合在一起的，要命令一方给予快乐是办不到的。

大体上说，男人是不像妇女那样始终如一的，总是比妇女更易于对爱的甜蜜失去兴趣的。妇女们早就料到男人的心是容易变的，并且因此而感到不安，这就是她们比较妒忌的原因。[3]

不论是采用占有或控制的办法都是不能够束缚一个人的心的，一个男子对同他私通的女子的爱比对他自己的妻子的爱深厚得多。要怎样才能够使温存的关心变成一种义务，把最甜蜜的爱情变成一种权利呢？要使它成为一种权利，就需要双方有共同的愿望，除此之外，在大自然中是找不到其他的办法。法律能够对这

[1]　[法国]卢梭.爱弥儿[M].李平沤译.北京：人民教育出版社，2005.734-736.
[2][3]　[法国]卢梭.爱弥儿[M].李平沤译.北京：人民教育出版社，2005.741-743.

种权利加以限制，但不能够使它扩大。肉体的快乐本身当然是很甜蜜的！但能不能够用强迫的办法去取得这种应该由肉体快乐的本身产生的美妙感觉呢？不能，结婚以后两个人的心是联在一起了，但身体不能受到管束。你们应当采取的办法是彼此忠实而不是互相殷勤、讨取欢心。你们中间每一个人都不能再许身给另外一个人，但你们两人除了自愿以外，谁也不应该强迫谁。[1]

一切快乐都要从爱情中去取得，而不能够强要对方把使你快乐作为一种义务，即使她对你做的是一件很小的事情，你也千万不可把它看作是你应享受的权利，而应当把它看作是她对你的恩情。[2]

即使结婚之后，也只有在两相情愿的时候，做快乐的事才是合法的。我的孩子，你们别担心这个法则会使你们彼此疏远，相反地，它将使你们两个人都更加有意地互相取悦，并且防止过多地做快乐的事情。只要你们彼此忠实，单单依靠天性和爱情就已经足够使你们互相亲近了。[3]

## 二、附录

在《附录》中，卢梭用书信的方式以爱弥儿为书信的作者叙述了爱弥儿和苏菲婚后生活所经历的波折，爱弥儿是个没有父母的孤儿，结婚之前都是在老师的照料和引导下进行生活，爱弥儿结婚之后，爱弥儿的老师离开了他们，经历过最初的美好生活，痛苦和悲伤的事情一个接着一个地发生，首先是苏菲的父母相继去世，接着他们可爱的女儿也死去了，亲人去世的打击让苏菲成天以泪洗面。为了离开这个令人悲哀的地方，加上爱弥儿在首都有些事情需要处理，他们搬到了巴黎这个大城市，在这个充满着偏见和罪恶的不良城市中度过了两年的时间。在这段时间里，在社会的不良风气、恶习和他人行为引诱的环境中，在虚伪友情的陷害中，人类心灵的脆弱和变化无常，都考验着爱弥儿和苏菲的感情以及他们的婚姻。爱弥儿在这个城市中消沉了，对苏菲的感情也变淡了，苏菲参加了城市里的社交活动，把她死去的亲人和活在她身边的人也都忘记了，儿子一天天长大起来，不像从前那样依赖苏菲，而苏菲也学会了如何摆脱儿子的拖累。在不知不觉中，爱弥儿和苏菲都变了，变得两个人彼此想远远地避开对方的监督，以便爱怎么活动就怎么活动，再

---

[1][2][3]　[法国]卢梭.爱弥儿[M].李平沤译.北京：人民教育出版社，2005.743-745

也不像从前那样结合成一个人，而是相互分离的两个人，即使偶尔聚在一起，两个人的心再也不互相亲近了。在不良的社交风气影响下，特别是受到周围朋友把夫妇间的权利看得无所谓，彼此都不约束，无拘无束地随着兴趣去玩的熏染下，爱弥儿和苏菲也变得离心离德，开始做有辱对方的事情的时候，还要相互回避，到后来互相侮弄也用不着回避了，爱弥儿和苏菲再也不能够互相亲近了。在结婚十年之后，在经过这么一段长时间的冷淡之后，苏菲怀上了别人的孩子，在极度的自责和羞愧中苏菲坦率地告诉了爱弥儿。受到侮辱的爱弥儿，感到极端的痛苦和愤恨而离家出走了，在不断的反思与自省中思考着过往以来生活的点滴，思考着他和苏菲的感情与关系，思考着这件事对他的打击以及他对苏菲的认识和重新再认识，一方面他和苏菲曾有的爱情在召唤着他，另一方面怨恨之心又煽惑着他，爱弥儿的心中正经历着一番的斗争。看看爱弥儿是如何告白内心的想法的：

我整个的童年时期是过得挺愉快的，是在自由、欢乐和天真无邪的状态中度过的；我所受的教育同我的游玩从来没有分开过。[1]

我长成一个青年人，我仍然过着幸福的生活。当我达到心有欲念的年岁，我用我的感官培养了我的理智；使别人走入歧途的欲念，对我来说正是通向真理的道路。我学会了如何才能头脑清醒地判断我周围的事物，判断我应当从我周围的事物中取得什么乐趣；我是根据又真实又简单的原理去判断的，权威和他人的议论是不能改变我的看法的。为了要发现事物同事物之间的关系，我就对每一件事物同我之间的关系进行研究，通过两个已知项，便可以找到第三项；为了要通过所有一切同我有关的事物去认识宇宙，我只需认识我自己就够了；把我的地位一加明确，其他的地位就可以找到了。[2]

由于我的年龄增长，我的感官也开始活跃起来，它们要求我寻找一个伴侣；你用情感使我的感官的火焰趋于纯洁；我正是通过促使感官冲动的想象力学会如何抑制我的感官的。[3]

作为两个孩子的父亲，我把我的时间分别用于我所钟爱的妻子和她所生育的可爱的孩子；你帮助我为我的儿子实行一种同我所受的教育完全相似的教育；我的女儿，在她母亲的教养之下，也在学她的母亲的样子。[4]

她之所以不忠实，正是由于你自己不忠实造成的。她曾经发誓要忠实于你，

[1][2][3][4]　[法]卢梭.爱弥儿[M].李平沤译.北京：人民教育出版社，2005.752-754.

而你不也是曾经说过你要永远爱她吗？你抛弃她，然而却希望她忠实于你！你轻视她，但是却希望她始终尊敬你！是你自己的冷淡无情使你失去她的心的，你想为她所爱，你就不应当有任何时候不值得爱。她只是在你违背了你的誓言以后，才学你的样子违背誓言的；你不对她有片刻的冷淡，她就永远不会对你变节的。[1]

然而一个妇女虽然是犯了错误，但她之所以犯错误，是由于过失而不是由于她有那种恶习，而且她已感到悔恨，对于这样的妇女，是应该怜悯而不应该恨她的，我们可以毫不羞愧地同情她和原谅她；人们所指责的她所做的坏事，其本身就可以保证她将来不再做那种坏事。[2]

忠贞、美德和爱，一切都可以重新获得，而不能重新获得的是信任，没有信任，在夫妻生活中就只能产生反感、苦恼和厌腻，天真的迷人的美已经消失了。[3]

一想到我的儿子，就使我对他的母亲产生了前所未有的温情。我觉得有了这个结合点，就永远不会使她在我的心中成为一个同我不相干的人，孩子们在生育他们的人之间构成了一个无法分解的纽带，构成了一个不能离婚的天然的和不可辩驳的理由。多么可爱的孩子啊，两个大人之中，谁也是不能离开这些孩子的，他们是必然会把两个大人连在一起的；这种共同的利益是如此的可贵，以致当两个人之间没有其他联系的时候，孩子们就成了他们的联系。[4]

在经过一番考虑之后，爱弥儿找了份木工工作下定决心不再回去，胸中的怨恨也消除了，对爱弥儿来说，苏菲已经死了，再也不把她看作是罪人了，而是看作一个可敬和可怜的妇女，不去想她的过错，而是怀着怜悯的心情回忆一切令爱弥儿感到惋惜的事情。爱弥儿曾经想过要剥夺苏菲做儿子母亲的权利，但是理性的思考让爱弥儿明白，从一个母亲的手中夺走她的孩子，这个损失是没有办法补偿的，特别是在像苏菲这样的年龄，更是无法补偿的，这等于是为了报复母亲的旧怨而拿孩子做牺牲；这是感情用事，而不是诉诸理智的行为，除非孩子的母亲是疯子或者是丧失了天性的人，否则是不能这样做的。苏菲正是爱弥儿的儿子所需要的一个母亲，即使他可以得到另外一个母亲，那也是不如这个母亲好的。爱弥儿和苏菲非常地相互了解，爱弥儿了解苏菲这个高尚而骄傲的人甚至在做错事的时候也是十分刚强的，她宁愿接受惩罚也不愿接受宽恕，她认为即使能弥补她的过错，但也不能洗刷清白，即使受尽一切应受的苦，也不能公平地偿清她欠的债，她讲出她的罪过，但

[1][2][3][4]　[法国]卢梭.爱弥儿[M].李平沤译.北京：人民教育出版社，2005.769-778.

是绝口不谈一切可以原谅她和对她有利的理由。当爱弥儿和苏菲不能共同抚养他们的孩子时，那就交给一方来抚养，爱弥儿决定将儿子交由苏菲来抚养，并决定一个人徒步行进，成为一个世界的人，打定主意后就给家里人、苏菲给爱弥儿的老师写信，离开了木工场，离开了祖国，爱弥儿要把整个世界当作他的国家。

爱弥儿做过农民，有时候做过手工匠人，有时候又做艺术家，甚至有时候还做有才干的办事人，不管到哪里爱弥儿都有拿出来应用的知识。爱弥儿所受教育的成果之一就是：只要他能干什么活儿，马上就会使别人相信他能专心干那种活儿，因为爱弥儿为人十分单纯，有了一个职位就不觊觎另外一个职位。爱弥儿宛如香客般地长途跋涉，他到了马赛，做了一名水手，在航海过程中同海盗进行过战斗，到了阿尔及尔港口还是被海盗们带下船去，押送到监狱，由于和欧洲各国的领事及僧侣没有来往，就没有被赎出去，爱弥儿成了奴隶，被主人卖过几次后，被卖给了一个公共建筑的承造人，在一个野蛮的监工监督之下干活，由于不堪受到恶劣的待遇，爱弥儿发动了一场造反，结果是爱弥儿取代了那个野蛮的监工，成为了阿尔及尔的一条新闻，受到总督的接见，被送给了总督，成为了阿尔及尔总督的奴隶。由于遇到了一系列的事情，爱弥儿最后来到了一个荒岛。他在这个荒岛的岸边发现了一座教堂，教堂的周围长满了鲜花，树上结满了甜美的果实。爱弥儿每天都去这个教堂，苏菲就在这座教堂里做修女，可是爱弥儿并不知道，是什么原因使他来到这种地方？是他自己的过程和行为使他忘怀了她的样子。最后爱弥儿还是将苏菲认了出来，但是由于苏菲感觉到不配做他的妻子，而甘心做他的奴隶，爱弥儿使用了一些手段，终于使苏菲屈服，于是苏菲又得到了爱弥儿，爱弥儿原谅她并非出自本身而犯的过错，而她也呕尽许多心血去补偿她的过失，她痛改前非，从而恢复了她本来的为人。苏菲的美好德行，在没有机会表现以前，只是约略为爱弥儿所知，但是当苏菲的美好德行得到机会充分表现以后，更加赢得了爱弥儿的尊重和钦敬。

卢梭给爱弥儿和苏菲安排了这样的团圆结局，真的令人庆幸，也由衷地为这对历尽波折的夫妻破镜重圆而感到高兴。婚姻是人无法回避的生活选择，要么拒绝要么接受，在婚姻中并没有什么定律可以遵循，但是幸福的婚姻需要双方共同的努力、付出和精心地去经营，需要双方对婚姻具有高度的责任感和奉献精神，需要双方对婚姻承诺的遵守和坚定不移地执行。列夫·托尔斯泰说过："幸福的家庭都是相似的，不幸的家庭各有各的不幸。"在婚姻之中无法预料到的波折都会令婚姻蒙上阴影或者令婚姻破裂，诸如爱的消失、失去信任、突然的贫穷或者富有、不忠的行为和其他无法预料的事件等等，只有深深相爱着的人和对婚姻充满着白头偕老信念的人，对婚姻的波折做好了充分心理准备的人，才能在波折来临的时候渡过难关，与心爱之人彼此鼓励和扶持，即使伤过痛过也能相互原谅和宽容，重新给自己和对方建构新生活的机会。爱弥儿和苏菲的婚姻波折在两个人的意料之外，但是这两个充满了责任、爱意和尊重的人，在经过各自的反思和领悟之后终于重逢在一起，这样的故事情节和结局对后人婚姻具有警醒的教育意义。

# 后　记

《爱弥儿》作为卢梭的一部经典教育名著，在上大学时就已敬仰，对它的认识却止步于介绍和评价，而没有亲捧在手细细品味与体会。神往之下终有灵犀，这次吉林文史出版社要出一套中外教育名著导读，于是毫不犹豫接下任务。

捧书在手，反复赏读，愈发由衷的赞叹，两百多年前卢梭的思想已经闪耀着许多教育的真谛！顺应自然的自由成长，在今天看来仍然是一种奢望，但卢梭已经为此做了种种的设想和安排，其考虑之周详，设计之精当，毫无做作可言的教育之法，无不在涤荡着众多玄学理论的尘埃。

竭所学之力，试图把握卢梭教育思想之精髓，以现代人的视角和言说方式将其展现出来，本是所要达成的目的，无奈读写过程中必有可商榷之处，因陷入太深而不能反转躬身，期待有识之士给予完善之恩。

在此书写作过程中，个人也得到了卢梭教育思想的滋养和熏陶，助益于专业素养的提升和学识的丰富，写作的辛劳相比于这些收益的获得已是微不足道。

感谢原作者和译者，感谢写作此书所参阅的所有参考文献的作者们，感谢出版此书的吉林文史出版社，感谢具体负责此书的康迈伦编辑，感谢张东升先生对写作的支持，感谢李艳丽和万家乐所给予打字上的帮助，感谢工作所在的北华大学教育科学学院。

在此书结束之际，希望这本导读能对做父母的人教育孩子有所帮助，能对从事教育工作的教师有所帮助，能对处于成长中的青少年有所帮助。祝愿所有的人都有一个美好的教育过程与成长经历，祝愿天下的情侣都有美好的感情和幸福的婚姻。